우리의 삶,
모두의 리터러시

리터러시
총서
02

우리의 삶,
모두의 리터러시

HUMAN LITERACY

강영훈 · 고현범 · 문은희 · 박종현 · 서진영 · 오덕열 · 윤민아
윤　영 · 이현정 · 장윤경 · 장은영 · 정미선 · 좌현숙 · 진시원

SOCIAL LITERACY

GLOBAL LITERACY

한국문화사

우리의 삶, 모두의 리터러시

1판 1쇄 발행 2025년 5월 30일

지 은 이 | 호남대학교 인문사회과학연구소
　　　　　강영훈 · 고현범 · 문은희 · 박종현 · 서진영 · 오덕열 · 윤민아
　　　　　윤　영 · 이현정 · 장윤경 · 장은영 · 정미선 · 좌현숙 · 진시원
펴 낸 이 | 김진수
펴 낸 곳 | 한국문화사
등　 록 | 제1994-9호
주　 소 | 서울시 성동구 아차산로49, 404호(성수동1가, 서울숲코오롱디지털타워3차)
전　 화 | 02-464-7708
팩　 스 | 02-499-0846
이 메 일 | hkm7708@daum.net
홈페이지 | http://hph.co.kr

ISBN 979-11-6919-318-4　93300

- 이 책의 내용은 저작권법에 따라 보호받고 있습니다.
- 잘못된 책은 구매처에서 바꾸어 드립니다.
- 책값은 뒤표지에 있습니다.

오류를 발견하셨다면 이메일이나 홈페이지를 통해 제보해 주세요.
소중한 의견을 모아 더 좋은 책을 만들겠습니다.

이 저서는 2022년 대한민국 교육부와 한국연구재단의 지원을 받아 수행된 연구임 (NRF2022S1A5C2A04093480)
This work was supported by the Ministry of Education of the Republic of Korea and the National Research Foundation of Korea (NRF-2022S1A5C2A04093480)

발간사

호남대학교 인문사회과학연구소는 지난 2019년부터 '초연결 사회에서의 인문학적 리터러시 능력 함양을 위한 교양교육 연구'라는 주제로 한국연구재단의 인문사회연구소 지원사업을 수행하고 있다. 본 사업은 초연결 사회를 관통하는 인문학적 어젠다인 '인문학적 리터러시(Humanistic literacy)' 개념을 학문적 차원에서 성찰하고 그 결과를 대학의 교양교육과정에 연계하여 인문학 교양교육의 새로운 모델을 창출하는 데에 목적이 있다.

2019년 9월부터 시작된 사업이 어느덧 마지막 6년차 사업에 이르렀다. 그간 우리 연구소는 연구 과제의 원활한 수행을 위해 단계적으로 계획을 수립하고 사업을 운영하였다. 1단계 사업 기간(2019년 9월 ~ 2022년 8월)에는 인문학적 리터러시 능력에 대한 학문적 토대를 마련하고, 국내·외 인문학적 리터러시 관련 문헌연구와 시대에 걸맞는 교양교육을 목표로 하는 <삶과 리터러시>를 개발하여 운영하였다.

2단계 사업 기간(2022년 9월 ~ 2025년 8월)에는 1단계 사업 결과를 바탕으로 수정·보완의 과정을 거쳐 '실천적 리터러시' 함양을 위한 다양한 (비)교과 프로그램을 개발·운영하였다. 6년 간의 사업 기간 동안 인문학적 리터러시를 나·사회·세계의 세 국면에 상응하는 휴먼·소셜·글로벌 리터러시로 구성하여 각각에 포함되는 리터러시의 개념과 내용, 실천 방법을 연구하였으며 여러 성과들을 축적하였다.

　이 과정 속에서 좌담회, 컬로퀴엄, 학술대회 등을 개최하여 다양한 학문 분야에서 활약하고 있는 여러 연구자들의 고견을 받을 수 있었다. 이번 기회를 통해 연구소 내외 연구자들께 깊은 감사의 말씀을 올린다. 덕분에 '나·사회·세계'의 영역에서 리터러시에 접근할 수 있는 다양한 시각을 제공받을 수 있었다. 사업을 마무리하는 시점에서, 많은 연구자들이 전해주신 소중한 논의를 여러 사람들에게 공유하고 싶다는 생각이 가장 먼저 들었다.

　사업의 성과를 종합하는 이번 총서『우리의 삶, 모두의 리터러시』는 이러한 소망을 조금이나마 충족시킬 수 있는 결과물이 될 수 있을 것이다. 이번 총서는 사업 기간 중 진행한 학술프로그램을 통해 수집된 연구소 내·외 연구자들의 살아있는 목소리를 담고자 하였다. '나·사회·세계 영역에서의 인문학적 리터러시'라는 연구소의 어젠다를 공유하며, 다양한 학술적 제안을 해주신 연구자들의 원고가 다수 수록되었다. 그리고 이들의 도움으로 학술적 깊이를 갖출 수 있게 된 연구소 공동연구원 및 전임연구원들의 원고 또한 포함되어 있다.

　이번 총서는 '나·사회·세계' 영역에서의 다양한 리터러시를 다루고 있다. 1장 <휴먼 리터러시: 나의 발견>에서는 오늘날 리터러시의 중요성과 확장, 자기 정체성, 리터러시에 대한 철학적 접근, 초연결사회에서 필요한 대학의 융·복합 교육에 관한 원고들이 수록되어 있다. 2장 <소셜 리터러시: 사회에 참여>는 젠더, 디지털, 지역사회, 아동, 사회 참여, 건축과 같은 현대 사회를 읽고 해석하고 있는 논의들로 구성되어 있다. 3장

<글로벌 리터러시: 세계로 연대>에서는 다문화, 세계시민성, 상호문화 등과 같은 글로벌 시대에 필요한 리터러시에 접근하고 있다.

리터러시는 이제 우리의 삶 속에 깊숙이 침투하였다. 환언하면 리터러시 역량의 중요성은 이제 더 이상 연구자나 학문적 영역에 국한되지 않는다는 것이다. 이번 사업을 진행하면서 '우리의 삶에서 필요한 다양한 리터러시 개념을 이해하고, 그 필요성에 대해 성찰하는 것'이 무엇보다 시급하다는 판단을 하게 되었다. 때문에 이 총서는 기획단계부터 학술적 접근보다는 보다 다양한 독자들과 만나는 것을 염두에 두었다. 이 총서를 통해 어느덧 우리 삶에 스며든 다양한 리터러시를 감지하기를 바란다.

이 소망이 어쩌면 우리 연구소가 지난 6년간 해왔던 사업의 결과이자 의미이지 않을까 생각해본다. 사업이 종료되는 시점에서 이러한 뜻깊은 결과물을 내보일 수 있게 된 것을 매우 기쁘게 생각한다. 또한 이번 총서는 지난 6년 동안 쉴 새 없이 달려온 우리 연구소 구성원들의 노력으로 만들어진 성과물이라는 점에서 더욱 의미가 크다. 연구소의 발전과 학문적 성숙을 위해 노력해주신 공동연구원 박종현 · 윤민아 · 이현정 · 장윤경 · 장은영 · 좌현숙 교수, 연구소의 목표 달성을 위해 학술 연구와 사업 진행을 도맡아주신 전임연구원 강영훈 · 고현범 · 문은희 박사, 연구소 운영을 위해 묵묵히 일하고 계신 행정실 및 보조연구원들의 노고에 깊이 고마움을 표한다. 끝으로 우리 연구소의 성과를 남부럽지 않은 양서로 만들어 준 한국문화사에도 깊은 감사의 말씀을 전한다.

2025년 5월
호남대학교 인문사회과학연구소
소장 윤영

차 례

발간사 ··· 05

제1장 휴먼 리터러시: 나의 발견

- 글을 읽다, 세상을 읽다 ··· 13
- 역경 속에서 나를 성장시키는 글쓰기 ···························· 25
- 발터 벤야민과 새로운 리터러시 ····································· 41
- 초연결사회에서 인문학적 리터러시와 대학의 융복합 교양교육 ··· 53

제2장 소셜 리터러시: 사회에 참여

- 소셜 리터러시로서의 젠더와 소수자 담론 읽기 ··········· 91
- 디지털 세상에서 건강한 시민으로 함께 살아가기 ········ 117
- '연결' 되고 '역할' 하고 싶은 마음에 대하여 ··············· 135

- 놀 권리를 통해 아동의 삶을 다시 바라보기 ··················153
- 사회를 읽고 사회에 참여하는 새로운 도구, 웹툰 ··········175
- 우리 곁의 건축을 바라보는 몇 가지 방법 ·····················195

제3장 글로벌 리터러시: 세계로 연대

- 다문화 리터러시, 다문화주의, 다문화 정책, 이데올로기 ··211
- 세계시민과 지속가능발전 ···231
- 글로벌 리터러시와 세계시민성을 통해 본 세계시민교육의 과제 탐구 ···291
- 차이를 넘어 존중으로 나아가는 여정, 상호문화감수성 ···313

저자 소개 ···324

PART 1

휴먼 리터러시 : 나의 발견

- 글을 읽다, 세상을 읽다 ▮ 이현정

- 역경 속에서 나를 성장시키는 글쓰기 ▮ 장은영

- 발터 벤야민과 새로운 리터러시 ▮ 고현범

- 초연결사회에서 인문학적 리터러시와 대학의 융복합 교양교육 ▮ 윤영

글을 읽다, 세상을 읽다

이현정

1. 들어가며

'리터러시(literacy)', 또는 문해력은 본래 글을 읽고 이해하는 능력을 의미한다. 그러나 최근 들어 그 의미는 점점 확장되고 있다. 이제 리터러시는 단순히 문자를 해석하는 수준을 넘어서, 세상을 읽고 해석하는 능력까지 포함하는 개념이 되었다. 글을 읽고 이해하는 과정이 세상에 대한 이해와 긴밀하게 연결되어 있기 때문이다.

2. 읽기의 두 가지 기능: 해독과 독해

그렇다면 전통적인 의미의 리터러시, 즉 글을 읽고 이해한다는 것은 구체적으로 어떤 과정을 의미할까? 읽는다는 행위는 매우 복잡한 인지적 메커니즘을 포함하고 있지만, 이를 아주 단순하게 바라본다면, 읽기는 크게 두 가지 과정, 즉 '해독'과 '독해'로 이루어진다고 볼 수 있다.[1]

읽기의 첫 번째 과정은 해독(decoding)이다. 해독은 글자를 보고 이를 말소리로 변환하는 능력을 의미한다. 일반적으로 아이들이 태어나서 말하기를 배우는 데는 특별한 교육이 필요하지 않다. 그러나 읽기는 다르다. 학습이 없이는 이루어질 수 없다. 문자를 읽기 위해서는 그 문자를 자신이 이미 알고 있는 말소리로 바꾸는 과정을 배워야만 하는 것이다. 다시 말해, 읽기란 시각적인 정보(문자)를 청각적인 정보(말소리)로 변환하는 해독, 말 그대로 암호를 푸는 과정을 포함한다.

(1) 안녕하세요?
　　보매이낭깡비
　　Здравствуйте

이 글을 읽고 있는 독자 여러분들께서 첫 번째 문장을 읽을 수 있는 이유는 한국어의 글자들이 어떻게 소리 나는지, 즉 각각의 글자들이 어떤 말소리와 대응하는지 글자와 말소리 간의 대응 관계를 알고 있기 때문이다. 심지어 우리는 두 번째 문장처럼 한 번도 본 적이 없는 단어라도

---

[1] Gough, P. B., & Tunmer, W. E. (1986). Decoding, reading, and reading disability. *Remedial and Special Education, 7*(1), 6-10.

고민하지 않고 읽어낼 수 있다. 그러나 러시아어를 읽는 방법을 배우지 않았다면 세 번째 문장을 읽을 수 없는데 이는 러시아어의 글자-말소리 대응 관계를 알지 못하기 때문이다.

읽기의 두 번째 과정은 독해(reading comprehension)이다. 독해란 읽은 내용의 의미를 이해하는 것으로, 이것이 바로 읽기의 궁극적인 목적이라 할 수 있다. 그러나 독해를 위해서는 단순히 단어와 문법을 아는 것만으로는 충분하지 않다. 언어 지식과 세상 지식을 바탕으로 글의 내용을 추론하는 능력이 필요하다.

추론의 사전적 의미는 무언가를 근거로 판단을 내리는 것을 말하는데, 독해를 위해서는 이 추론 능력, 즉 문장과 문장을 이어서 전체 흐름을 파악하거나, 글에 쓰이지 않은 내용까지 짐작해 내는 능력이 필요하다.[2]

    (2) 토요일은 엄마의 생일입니다. 그래서 전날 동생과 백화점에 가기로 했습니다.

첫 번째 문장을 보면 토요일이 엄마의 생일이라는 것을 바로 알 수 있다. 그런데 만약 무슨 요일에 백화점에 가기로 했는지 묻는다면 조금 생각이 필요하다. 주어진 글에는 '금요일'이 명시되어 있지 않지만, 앞 문장의 '토요일'과 다음 문장의 '전날'을 연결해서 토요일의 전날, 즉 백화점에 가기로 한 날은 금요일이라는 것을 짐작할 수 있다. 이렇게 글을 읽고 이해하기 위해서는 글 안에 흩어진 단서를 연결해서 그 의미를 추론해 낼 수 있는 능력이 필요하다.

---

[2] Cain, K. & Oakhill, J. V.(1999). Inference making ability and its relation to comprehension failure in young children. *Reading and Writing, 11*, 489-503.

또 하나의 예를 들어 보자. 글쓴이는 왜 백화점에 가는 걸까? 실제 주어진 글에는 이유가 쓰여 있진 않지만, 대부분은 '엄마의 생일 선물을 사기 위해서'라고 짐작할 수 있을 것이다. 왜냐하면 우리는 가까운 사람의 생일이면 선물을 주는 문화가 있다는 것을 알고 있기 때문이다. 이처럼 글을 읽고 이해하기 위해서는 글에 직접 쓰여 있지 않은 내용을 상식이나 경험을 바탕으로 추론하는 능력도 중요하다.

이런 능력들을 잘 발휘하려면 우리가 평소에 가지고 있는 지식을 적극적으로 써야 한다. 글을 읽는다는 건 단순히 정보를 받아들이는 게 아니라, 생각하고 연결하고, 때로는 글에 없는 것까지 상상해 보는 일이다. 그러니까 '읽기가 중요하다'라는 말은 단순히 '책을 많이 읽어야 한다', 혹은 '공부를 열심히 해야 한다'와 같은 말들과는 전혀 의미가 다르다. '읽는다'는 것은 곧 '생각한다'는 것을 의미한다.

3. 우리의 읽기 실태

그렇다면 우리의 모습은 어떠할까? 흔히 "요즘 아이들은 글을 잘 안 읽는다", "요즘 아이들은 읽기를 어려워한다"고 걱정하지만, 실제 연구 결과들을 보면 그렇지 않다. 우리나라 젊은 세대의 읽기 수준은 매우 높다고 할 수 있다. 경제협력개발기구(OECD)가 15세 학생들을 대상으로 실시하는 국제 학업 성취도 평가(PISA) 결과[3]를 살펴보면 우리 학생들의 읽기 평균 점수는 다른 나라 학생들과 비교해 상위권에 속한다. 그런데

---

3 한국교육학술정보원(2020), 『OECD PISA 2018을 통해 본 한국의 교육정보화 수준과 시사점』, 한국교육학술정보원.

더 자세히 들여다보면 조금 우려스러운 점이 있다.

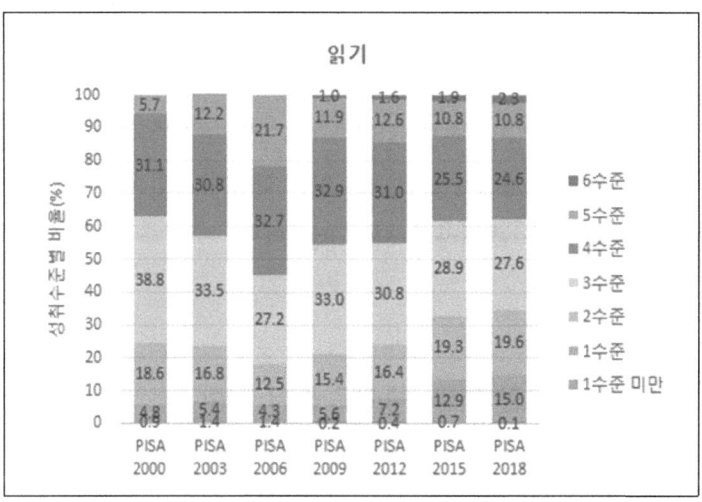

〈그림1〉 PISA 읽기 성취 수준 추이

<그림1>은 2000년부터 2018년까지 3년 간격으로 실시한 우리나라 학생들의 읽기 검사 결과를 나타낸 그래프이다. 각각의 막대는 제일 아래 읽기 능력이 가장 낮은 1수준 미만부터 제일 위의 읽기 능력이 가장 높은 6수준까지의 비율을 보여주고 있다. 그래프를 살펴보면 잘 읽는 학생의 비율은 해마다 큰 변화가 없지만 정말 못 읽는 학생의 비율이 해가 갈수록 큰 폭으로 증가하고 있다는 데 문제의 심각성이 있다.

이러한 변화는 우리 사회의 양극화가 읽기 교육에서도 여실히 드러나고 있음을 시사한다. 사회학에서는 마태효과라는 용어를 사용한다[4]. 성경

---

4 Merton, R. K. (1968). The Matthew effect in science: The reward and communication systems of science are considered. *Science, 159*(3810), 56-63.

마태복음 "무릇 있는 자는 받아 풍족하게 되고 없는 자는 그 있는 것까지 빼앗기리라"라는 구절에서 유래한 것으로 많은 자원을 가진 사람은 더 많은 기회를 얻고, 그렇지 않은 사람은 점점 더 소외되는 현상을 가리킬 때 쓰이는 말인데, 이 리터러시야말로 마태효과를 극명하게 보여주는 영역이라고 할 수 있다. 읽기 능력이 부족하면 읽기를 통해 새로운 정보를 습득할 수 있는 기회가 줄어들고, 이는 학업과 사회생활의 어려움으로 이어지는 악순환을 초래하게 되는 것이다.[5]

4. 읽기가 중요한 이유: 텍스트 중심 사회

이것이 왜 문제일까? 바로 우리가 문자 중심의 사회에서 살고 있기 때문이다. 아주 오랜 시간 동안 인류의 정보 전달은 문자를 통해서 이루어졌고, 이미지와 영상은 보조적인 수단에 머물렀다. 우리는 새로운 지식을 얻기 위해서도 글을 읽어야 하고, 가족이나 친구들과 연락을 주고받기 위해서도 문자를 읽고 쓸 줄 알아야 한다. 또한 전문가들은 글을 읽고 쓸 줄 아는 사람이 그렇지 않은 사람보다 더 나은 직업을 가지거나 더 높은 사회적 지위를 누릴 가능성이 높다고 이야기한다.

이렇게 우리 사회에서 중요한 문자, 그리고 더 근본적으로 언어라는 것은 기호들의 체계이다[6]. 소쉬르에 따르면, 언어기호는 기표(signifiant)와 기의(signifié)의 결합으로 이루어진다. 기표는 말소리나 문자가 우리

---

5 Stanovich, K. E. (2009). Matthew effects in reading: Some consequences of individual differences in the acquisition of literacy. *Journal of Education*, 189(1-2), 23-55.
6 페르디낭 드 소쉬르(1916/2005), 김현권 옮김, 『일반언어학 강의』, 그린비.

머릿속에 남기는 청각적 이미지, 즉 심리적인 인상이며, 기의는 그것이 떠올리게 하는 개념이다. 중요한 점은, 이 둘 사이의 관계가 자연스럽거나 필연적인 것이 아니라, 사회적 관습에 따라 정해진 자의적인 것이라는 점이다. 다시 말해, 어떤 소리가 어떤 의미를 가지게 되었는지는 자연적인 이유가 있어서가 아니라, 우리가 그렇게 약속했기 때문이다. 이처럼 언어는 사회적인 합의에 기반한 기호 체계이며, 그 의미 역시 언제나 관습적인 것이다.

그런데 이러한 언어기호의 자의성은 언어가 본질적으로 추상적이라는 사실을 드러낸다. 예를 들어 "머릿속에 '새'를 떠올려 보세요"라고 말하면, 대부분의 사람들은 자신이 실제로 본 특정한 새를 떠올리기보다는, '가장 그럴듯한 새', 즉 익숙하고 일반적인 이미지를 떠올린다. 구체적인 대상 하나를 가리키는 게 아니라, 여러 대상의 공통된 특징을 묶어서 표현하는 게 언어의 특징이다. 이런 점에서 언어는 본질적으로 추상적인 도구라고 할 수 있다. 하지만 이런 추상적인 사고가 모든 사람에게 자연스러운 건 아니다. 예를 들어 자폐 스펙트럼 특성을 가진 사람들은 '새'라고 하면 진짜로 본 적 있는 구체적인 한 마리 새를 떠올리는 경우가 많다. 이런 어려움은 언어가 가진 추상성이나 범주화 방식을 자연스럽게 받아들이기 어려운 사람들도 있다는 걸 보여준다.

5. 새로운 리터러시의 등장

우리도 때때로 언어를 통해 정보를 습득하는 데 어려움을 겪을 때가 있다. 책을 읽을 때보다 영상을 볼 때 이해가 훨씬 더 잘 되었던 경험이 있을 것이다. 오늘날 많은 사람들이 새로운 정보를 얻기 위해 책이 아닌 영상을 찾아본다. 전통적인 리터러시 사회에서는 새로운 지식을 얻는 가장 유용한, 그리고 거의 유일한 방법이 책을 읽는 것이었다. 그러나 이제는 새로운 지식을 얻는 방법이 훨씬 다양해졌다.

과학 기술의 발달 덕분에 우리는 다양한 매체를 통해 더 많은 사람들과 상호작용하며 훨씬 더 광범위한 정보를 얻을 수 있다. 새로운 리터러시는 정보를 생성하고 보존하고 공유하는 또 다른 방법을 가능하게 한다. 그래서 오늘날 많은 사람들이 이러한 새로운 리터러시에 더 매력을 느낀다. 새로운 리터러시가 우리의 사고방식과 의사소통 방식을 변화시키고 있는 것이다.

그리고 이러한 새로운 매체들은 때때로 언어를 필요로 하지 않는다. 이제 우리는 보고, 듣고, 느끼는 경험을 통해 의미를 얻을 수 있다. 따라서 이 시대의 리터러시 능력은 단순히 글을 읽고 이해하는 능력에 국한되어서는 안된다. 문자뿐만 아니라 이미지와 영상 등 다양한 매체를 통해 내가 보고 듣고 경험하는 정보들의 의미를 통합적으로 해석할 수 있는 리터러시 능력이 중요해지는 것이다.

그렇다면 경험으로 의미를 얻는다, 경험으로 지식을 얻는다는 것은 어떤 의미가 있을까? 예를 들어, 지금까지 우리는 장애의 어려움을 이해하기 위해서 책을 통해 정보를 얻었다. 또는 전문가의 의견을 들었다. 그러나 기술의 발달로 우리는 이제 실제로 그 장애를 체험할 수가 있다.

장애에 대한 이해를 글로 접한 사람과 실제로 장애를 체험한 사람 중 누가 더 장애를 가진 당사자의 입장을 잘 이해할 수 있을까? 이에 대한 흥미로운 실험 결과가 있다.[7] 실험에서는 사람들을 두 집단으로 나누어 한 집단에는 시각장애인의 어려움에 대한 글을 읽도록 하고, 다른 집단에는 가상현실을 통해 시각장애를 직접 체험하도록 했다. 그 결과, 가상현실을 통해 시각장애를 경험한 사람들은 시각장애에 대한 글을 읽기만 했던 사람들보다 현실에서 장애인을 더 많이 도왔다. 단순히 글이나 말로 장애에 대해 설명을 들은 사람들보다 그 장애를 직접 경험한 사람은 장애인의 입장에서 세세한 뉘앙스까지 경험할 수 있었기 때문일 것이다.

이처럼 다른 사람의 관점에서 상황을 경험할 수 있다는 것은 우리 사회가 서로를 더 진정으로 배려하도록 유도하는 데에 도움이 될 수 있을 것이다. 또한 경험을 통한 정보의 공유는, 자의적이고 추상적인 언어라는 기호 체계를 사용하는 데 어려움을 겪는 사람들에게 지식을 습득하고 다른 사람들과 교류할 수 있는 새로운 가능성을 열어줄 수 있을 것이다.[8] 여기에는 앞서 이야기했던 자폐인도 포함될 수 있고, 자신의 모국어와 다른 언어를 사용해야 하는 외국인, 그리고 어린이도 포함될 수 있다.

6. 리터러시의 궁극적인 목적

그렇다면 이러한 새로운 리터러시의 등장에도 여전히 전통적인 리터러시가 중요할까? 결론부터 말씀드리자면 그렇다. 앞서 리터러시의 두 가지 의미에 대해 이야기했다. 기본적으로 리터러시는 글을 읽고 이해하

---

7 Ahn, S. J., Le, A. M. T., & Bailenson, J. (2013). The effect of embodied experiences on self-other merging, attitude, and helping behavior. *Media Psychology, 16*(1), 7-38.
8 이현정(2020). 「가상현실과 인간의 몸, 정체성, 그리고 상호작용」, 『코기토』 91집, 부산대학교 인문학연구소, 7-26.

는 능력을 의미하지만 거기서 확장된 의미로는 세상을 읽고 해석하는 능력을 포함한다. 그리고 우리는 이 두 가지 리터러시 능력 모두를 필요로 한다.

먼저 전통적인 의미의 리터러시, 즉 글을 읽고 이해하는 능력은 중요하다. 우리 사회의 많은 정보들이 여전히 글을 통해 전달되고 있기 때문이다. 동시에 새로운 리터러시도 중요하다. 우리는 이미지와 가상현실 등 새로운 기술을 통해 글 없이 전달되는 메시지들 또한 통합적이고 비판적으로 해석할 수 있는 능력을 길러야 한다. 사실 이 두 가지 리터러시는 별개가 아니다. 글이든, 이미지든, 사회 현상이든 다양한 형식의 텍스트를 사유하고, 분석하며, 비판적으로 판단할 수 있는 능력을 길러야 하는 것이다.

마지막으로 리터러시에서 중요한 것은 지식 자체가 아니라 실천이라는 점을 기억해야 한다. 리터러시는 단순히 해당 분야에 대한 지식을 많이 가지고 있다는 것을 의미하지 않다. 다양한 형식의 텍스트를 이해하고 활용하며 이를 통해 실제로 나와 공동체의 더 나은 삶을 만들어가는 역량을 기르는 데에 리터러시의 궁극적인 목적이 있는 것이다.

7. 나가며

읽기는 종종 운전에 비유된다. 운전을 처음 배울 때에는 운전하는 방법 자체를 배우는 것이 중요하다. 그렇지만 운전에 능숙해지면 더 이상 운전 자체에 온 신경을 집중하지 않아도 된다. 능숙한 운전자는 이제 운전을 얼마나 잘하느냐가 아니라 운전을 해서 어디를 가는지가 중요해진다.

　읽기도 마찬가지이다. 읽기를 처음 배우는 해독 단계에서는 글자를 읽는다는 것 자체가 엄청난 과업이다. 그러나 읽기에 지속적으로 노출되다 보면 점차 이 해독이 능숙해지고 글자를 말소리로 읽어내는 것은 더 이상 문제가 아니다. 이제는 읽은 내용의 의미를 제대로 이해하고 이를 실제 자신의 삶에 적용하는 것이 더 중요해지기 때문이다.

　능숙한 운전자가 자동차를 운전해서 세상을 여행하듯이, 독자 여러분들께서도 리터러시라는 운전 기술을 바탕으로, 자신의 삶을 더 깊이 이해하며, 더 넓은 세상을 여행하시기를 바라며 글을 마친다.

참고문헌

- 이현정(2020), 「가상현실과 인간의 몸, 정체성, 그리고 상호작용」, 『코기토』 91집, 부산대학교 인문학연구소, 7-26.
- 페르디낭 드 소쉬르(1916/2005), 김현권 옮김, 『일반언어학 강의』, 그린비.
- 한국교육학술정보원(2020), 『OECD PISA 2018을 통해 본 한국의 교육정보화 수준과 시사점』, 한국교육학술정보원.
- Ahn, S. J., Le, A. M. T., & Bailenson, J. (2013). The effect of embodied experiences on self-other merging, attitude, and helping behavior. *Media Psychology,* 16(1), 7-38.
- Cain, K. & Oakhill, J. V.(1999). Inference making ability and its relation to comprehension failure in young children. *Reading and Writing, 11,* 489-503.
- Gough, P. B., & Tunmer, W. E. (1986). Decoding, reading, and reading disability. *Remedial and Special Education, 7*(1), 6-10.
- Merton, R. K. (1968). The Matthew effect in science: The reward and communication systems of science are considered. *Science, 159*(3810), 56-63.
- Stanovich, K. E. (2009). Matthew effects in reading: Some consequences of individual differences in the acquisition of literacy. *Journal of Education, 189*(1-2), 23-55.

역경 속에서 나를 성장시키는 글쓰기

장은영

이 글을 읽는 귀하는 최근 다른 사람에게 자신의 속마음을 털어놓아 본 적이 있는가? 이 질문에 대해 아마 대부분의 독자들은 그렇다고 반응할 것이다. 어떠한 마음을, 어떠한 이야기를 털어놓았는가? 물론 여러 가지가 가능하리라 본다. 누군가에게 서운하거나 고마웠던 사연일 수도 있고, 후회되는 사건일 수도 있으며, 고민스러운 사정일 수도 있겠다.

곰곰이 생각해보면 자신의 마음을 털어놓는 행위는 인류와 함께해 왔다는 점을 알 수 있다. 유명한 '임금님 귀는 당나귀 귀!'라고 외쳤던 동화 속 주인공은 자신만이 알고 있던 비밀을 털어놓고 싶은 바람을 아무도 듣지 않은 들판에서 실현하였다. 또 다른 대표적 예로 '고해'를 들 수 있다. 고해는 자신의 죄를 성직자에게 털어놓고 성직자가 신을 대리하여 속죄의식을 받아들여 죄를 사하는 내용을 포함하게 된다. 고해를 통하여 실제 죄사함과 구원을 얻게 되는지는 종교의 영역이므로 이 책에서 심리학 이야기를 하며 논할 주제는 아니다. 그럼에도 고해는 심리학적 관점에서 보면, 그 기능이 분명하다. 즉, 고해를 하는 사람은 성직자에게 잘못을 털어놓음으로써 대중에게 자신의 수치스런 행위가 알려지는 위험을 줄이면서 이와 동시에 죄책감을 덜어주는 효과를 얻게 된다.

귀하도 속마음을 감추려 전전긍긍하다가 이를 털어놓고 마음이 편안해지는 경험을 한 적이 있는가? 심리학에서는 자신의 속마음을 털어놓는 것을 '자기노출(self-disclosure)'이라고 한다. 다시 말해서 심리학적 용어로 자기노출이란 다른 사람에게 자신의 속마음을 언어를 통해서 털어놓는 행위를 의미한다. 보다 전문적으로는 자신에 관한 사적 정보를 언어를 통해서 타인에게 전달하는 행동이라고 할 수 있다. 앞서 고해성사와 같이 죄책감을 더는 예를 들었기 때문에 자기노출의 효과가 죄책감이나 잘못으로 괴로워하는 고통에 국한된다고 생각할 수도 있는데, 심리학 연구에 의하면 자기노출은 죄책감을 포함한 인간의 다양한 정서적 고통을 완화하는 데 도움이 된다고 알려져 왔다.

심리학 분야에서 이러한 자기노출이 우리가 역경이나 고난 혹은 스트레스를 경험할 때 유용한 기능을 한다는 점을 보여준 연구들이 많다. 이 글은 스트레스나 충격적인 사건에 대해 자기노출하는 것이 어떠한 긍정적 역할을 할 수 있는지 그리고 순기능이 잘 작동하도록 하기 위한 방법이 무엇인지 설명하고자 한다. 이를 통해 이 글을 읽는 독자들이 일상의 고통스럽거나 짜증스런 사건들로부터 마음의 건강과 안식을 지키는 방법을 전달하고자 한다.

1. 스트레스와 자기노출

1.1. 스트레스와 자기노출

스트레스도 우리가 흔히 사용하는 용어이다. 다만 심리학자들은 이를 좀 더 세분화하여 사용한다. 스트레스원, 대처 그리고 스트레스라고 구분하는 경우가 많다. 여기서 스트레스원이란 우리가 감당해야 하는 사건들을 의미한다. 이러한 사건들은 일상의 골칫거리(hassles), 생활 사건(life events), 외상적 사건(traumatic event)으로 구분될 수 있다. 일상의 골칫거리는 그 고통이 심하다고는 할 수 없지만 거의 매일 우리를 짜증나게 혹은 지치게 만드는 것들이다. 예를 들어 중요한 약속에 늦어 난처한 경험, 촉박한 기한 내에 마무리지어야 하는 일, 만날 때마다 자신의 단점을 지적하는 사람을 상대해야 하는 것 등이 해당될 수 있다. 생활 사건은 일생을 살면서 누구나 겪을 수는 있지만, 그 사건에 대처하기 위해서는 꽤나 노력해야 하는 일들이다. 이혼, 실직, 승진, 결혼 등이 이에 해당한다. 외상적 사건은 이 세상 사람들 가운데 소수의 사람들에게 발생하며, 상당한 충격과 고통을 수반하고, 보통의 사람의 경우 그 고통을 극복하는 과정이 매우 힘겨운 사건들이다. 예를 들어 누군가로부터 살해위협을 당했거나, 교통사고로 죽을 뻔하였거나, 전쟁이나 지진을 겪는 일 등을 들 수 있다.

이러한 사건들이 빈도나 강도에서 차이가 있지만, 공통점도 있다. 먼저 심리적 평화와 안정감을 깨뜨린다. 다음으로 신체적 반응을 일으킨다. 심장이 뛰고, 체온이 상승하며, 근육이 긴장하는 등 우리 몸의 자율신경계가 반응하게 된다. 그리고 우리는 사건에 대처하고자 시도하게 만든다.

대처란 스트레스 사건들이 초래한 부정적 효과를 완화하고자 우리가 대응하는 것을 의미한다. 대처에는 여러 방법이 있을 수 있다. 나를 괴롭히는 문제 혹은 사건을 적극적으로 해결하려고 시도하거나, 다른 사람에게 자신이 스트레스를 받고 있다는 점을 호소하거나, 그냥 잊어버리려고 노력하거나 하는 등이다.

스트레스원이라 불리는 사건을 경험하고, 몸과 마음이 반응하며 대처하려고 노력하여 결과적으로 경험하는 고통을 '스트레스'라고 한다. 스트레스를 이렇게 정의하면, 어떻게 대처하느냐가 중요해진다. 우리는 살아가면서 스트레스 사건을 겪지 않을 수가 없다. 그런데 동일한 사건에 맞닥뜨려도 어떻게 대처하느냐에 따라서 결과적으로 경험하는 고통, 즉 스트레스 수준은 달라진다. 이는 적응적이고 바람직한 대처반응을 하는 것이 스트레스를 완화시켜줄 수 있음을 의미한다. 때문에 심리학자들은 적응적이고 바람직한 대처 방법이 무엇일지 오랜 기간 연구하여 왔다. 이들이 제안한 여러 방법 가운데 이 글을 읽는 독자들도 일상에서 시도해 보고 효과를 경험할 수 있는 것이 '효과적인 자기노출'이다.

2. 스트레스와 기억

효과적인 자기노출의 원리를 이해하고 사용하기 위해서는 스트레스에 대한 기억이 인간에게 어떠한 의미가 있고 어떻게 나타나고 사라지는지 알아둘 필요가 있다. 우리는 매일의 삶에서 경험을 하고 이를 기억한다. 돌이켜보면, 기억하고자 부단히 노력한 경험들이 있을 것이다. 공부한 것을 열심히 외워서 기억해 두고 이를 시험을 치르며 사용해야 하기 때문이다. 그런데 우리가 경험하는 것 중에 의도적으로, 심지어 반복하여 암기하고 기억의 창고에 저장하려는 것은 일부분일 뿐이다. 이들 이외에도 우리가 경험하고 기억하는 것은 수도 없이 많다. 이 세상에 태어난 이후로 숱한 사건과 상황을 우리는 지나쳐 왔고 이 중 어떤 것은 잊혀지기도 하고 기억에 남기도 한다.

스트레스나 충격 혹은 고통스런 일들이 우리를 괴롭히는 이유는 어찌 보면 매우 간단하다. 기억에 남기 때문이다. 괴로웠던 일들이 기억에서 사라지면 우리를 괴롭힐 이유가 없다. 지금 이 순간 과거에 부끄러웠던 사건이나 속상했던 사건을 의도적으로 떠올려보자. 어떤 사건들은 막연하기만 할 뿐 전혀 기억이 나지 않을 수도 있고, 어떤 사건들은 떠올려보면 생각이 나지만 '와, 여태 이 일을 잊고 있었네. 그때는 정말 힘들었는데 말이지.'와 같은 생각이 들 것이다. 곰곰이 생각해 보면, 살아오면서 이루 헤아릴 수 없이 많은 괴로운 일들을 겪었음에도 우리는 그 일들로 매 순간 고통받지는 않는다. 바로 이것이 '망각'이 지니는 긍정적인 기능일 것이다.

과거 괴로웠던 사건들은 시간이 지날수록 왜 흐릿해지나? 이에 대해 가장 간단하고 명확한 답변은 그렇게 하는 것이 인간이 잘 살아가는 데 도움이 되기 때문이라는 것이다. 이를 위해 우리의 뇌도 매일 자신의 임무를 다하고 있다. 쉽게 설명하자면 우리의 뇌는 매일 우리가 잠을 자는 동안 그날그날의 기억을 정리한다. 이는 컴퓨터가 디스크를 정리하는 것과 유사하다고 보면 된다. 뇌는 우리가 하루 종일 경험한 것들의 기억을 이리저리 구분하고 정리한다. 중요하거나 자주 끄집어낼 필요가 있는 것들은 쉽게 접근하기 좋은 곳에 둔다. 기억의 저장소를 창고에 비유한다면, 유용하고 자주 사용할 물건(기억의 파편)들을 입구에 가깝고, 눈에 잘 띄며, 유사한 다른 물건들과 함께 놓아둔다.

반면에 기억할 필요가 없는 것들이나 어디에 둘지 애매한 것들은 그 창고에서 외진 곳에 놓이게 된다. 매우 특이한 사건이어서 자신이 경험한 사건들과 함께 두기 어려운 것들은 동떨어진 곳에 그것만 잘 놓아둔다. 괴로운 사건은 이와 같은 과정을 거쳐서 기억의 창고에서 쉽게 눈에 띄지 않는 것으로 가게 된다. 이로 인해 우리는 점차 고통스런 기억을 잊고 살 수 있다.

매일의 경험이 모두 좋을 수도 없고, 모두 나쁠 수도 없다. 그런데 그 가운데 너무나 특이하고 충격적이고 도대체 왜 나에게 이러한 일이 일어났는지 이해하기 어려운 사건들이 있다. 암진단을 받을 수도 있고, 믿었던 사람에게 배신을 당하는 충격을 받을 수도 있다. 당연히 합격하리라던 시험에 떨어져서 인생이나 진로설계가 완전히 꼬여버릴 수도 있다. 이러한 사건들을 앞서 설명한 대로 우리의 뇌가 잘 처리해서 점차 잊게 되면 괴로움을 느낄 이유도 없다. 물론 우리의 뇌는 점차 그 기억이 잊혀지도록 맡은 바 역할을 수행한다. 그런데 어떤 것들은 특히 그 사건이 일어난 직후부터 한동안은 망각되지 않는다.

특이할 정도로 충격적이고 괴로운 사건들을 '절대 내가 스스로 사지 않을 물건'이라고 생각해보자. 자신이 절대 구입하지 않는 물건이나 전혀 자신의 취향이 아닌 것들을 바로 이 특이한 사건에 비유할 수 있다. 본인이 전혀 원하지 않는 물건인데 누군가 주었다고 상상해 보자. 귀하는 이러한 물건을 어떻게 처리할 것인가? 창고의 잘 보이지 않는 곳에 후딱 내버려 두고 다시는 꺼내지 않으려 할 것이다. 그런데 창고 어디에 둘지 고민이다. 함께 모아둘 만한 유사한 물건들도 없고, 어디 있는지 최소한 표식은 해두어야 하기 때문에 눈에 보일 곳에 두어야 하는데, 그 물건을 들여다보며 정리하려고 하니 그 자체도 고통이다. 그러다 보니 물건을 정리하려고 그것을 손에 오래 들고 있기도 싫어서 창고 아무데나 두고 문을 닫아버리게 된다. '엉망진창으로 뒤죽박죽 물건이 섞인 창고'를 상상해 보자. 창고 안에 보기 싫은 물건들이 있어서 뒤죽박죽이라는 점을 알면서도 정리할 엄두가 나지 않는다. 때로 창고에서 필요한 물건을 꺼내려고 문을 열어보면 위에서 잊었던 물건이 툭 떨어지기도 하고, 정작 필요한 물건을 이리저리 뒤져도 찾기가 어렵다.

고통스런 기억을 제대로 처리하지 못하고 기억의 창고 아무데나 처박아 둔 결과가 바로 이와 유사하다. 낯설고, 고통스러우며, 자신이 그러한 일을 겪을 이유를 찾기 어려울수록 우리는 그 사건에 대한 기억을 시간을 들여 세심하게 처리하지 못한다. 괴롭기 때문이다. 이로 인해 기억의 창고에 이 사건은 아무렇게나 놓여 있다. 그런데 바로 이 때문에 괴로운 사건이 불쑥불쑥 더 잘 생각나게 된다. 반면에 필요한 기억들은 엉망진창인 창고 속에서 찾아내기가 어려워진다.

이와 같이 고통스런 사건은 정리되지 않은 기억이므로 우리를 괴롭힌다. 사건에 대한 기억은 불쑥불쑥 떠오르는데, 스트레스나 충격적인 사건들에 대한 기억은 그 자체로 끝나는 것이 아니다. 먼저 사건을 떠오르게 하는 것들을 피하게 만든다. 자꾸 괴로운 기억이 떠오르다 보니 되도록 그 사건을 떠올릴 만한 것들을 미리 회피한다. 이는 당사자로 하여금 일상에 제약을 경험하게 하고 문제를 해결할 기회를 사전차단하는 부작용을 가져오게 된다. 암진단을 받은 사람이 질병이나 병원을 떠올릴 것들을 피하려 하면, 이는 활동 범위를 좁힐 수 있으며, 질병을 관리하는 데 도움이 될만한 기관이나 전문가를 오히려 만나지 않도록 만들 수도 있다. 또한 사건에 대한 기억은 다양한 부정적 감정을 경험하게 만든다.

불안, 분노, 우울 등 고통도 겪게 한다. 다음으로 몸 전체에 긴장 수준을 높인다. 스트레스에 처할 때 인간의 마음과 함께 몸도 즉각적인 반응을 보이는 점을 앞서 설명하였다. 기억도 마찬가지로 신체 반응을 가져온다. 이로 인해서 예민해지고, 쉽게 놀라게 되며, 잠을 이루기 어려워진다.

    이와 같이 여러 면에서 어려움을 일으키는 바로 그 고통스러운 기억에 대해 우리는 일단 어떻게 반응할까? 일반적이고 즉각적인 반응은 바로 생각하지 않으려고 하는 것이다. 생각이 나서 괴로우니 생각하지 않으려 할 수밖에 없다. 그런데 고통스러운 기억의 고약한 면이 여기서도 심술을 부린다. 바로 생각하지 않으려 하면 할수록 오히려 더 생각이 난다는 것이다. 심리학자들은 이를 '사고억제의 역설적 효과'라고 부른다. 즉, 우리는 괴로워서 피하고 싶은 것들을 생각하지 않으려 시도한다. 그리고 생각하지 않고 있는지를 확인한다. 확인을 하려다 보니 오히려 더 생각이 난다.

    아마 이 글을 읽는 귀하는 고통스런 기억이 자신을 괴롭히지 않도록 할 만한 방법을 이제 눈치챘을 것이다. 한마디로 뒤죽박죽 엉망인 기억의 창고를 잘 정리하는 것이다. 물론 그 과정은 고통스럽다. 들여다보기도 싫은, 맘에 들지 않는 그 물건을 들여다보고 곰곰이 생각하고 자신이 가진 다른 물건들과 비교하고 얼마나 유사한지 혹은 다른지 생각해야 하기 때문이다. 무엇보다도 그 사건을 직면하기 힘든 이유는 바로 그 사건과 연결된 감정 때문이기도 하다. 사건을 떠올릴수록 부정적 감정도 따라오므로 기억을 정리하는 것은 고통스럽다. 그래서 그 사건이 일어나지 않은 척 지내는 것이 편리하기도 하다.

3. 자기노출과 고통 완화

아무 때나 불쑥불쑥 기억이 떠오르지 않도록 하기 위해서는 고통을 견디며 이 과정을 거쳐낼 필요가 있다. 떠올리기도 싫은 기억을 잘 정리하기 위해서는 몇 가지 지켜야 하는 규칙들이 있다. 첫째, 그 사건에 대해 충분히 생각해야 한다. 괴로운 기억을 생각하다 보면 다시금 그것으로부터 도망치고, 직면하기를 회피하고 싶은 마음이 들기 마련이다. 이러한 유혹을 견뎌내고 충분히 시간을 들여서 사건에 대한 기억을 차근차근 정리해야 한다. 때로는 말로 표현하거나 글을 써내려가는 것이 도움이 된다. 둘째, 그 사건에 대해 기억나는 것들을 떠올리고 정리해야 한다. 그냥 단순히 머릿속에서 그 기억을 떠올리면 하나의 뭉뚱그려진 기억이나 이미지로 떠올랐다가 이내 사라지므로 충분히 생각할 기회를 얻지 못하는 경우가 흔하다. 말을 하거나 글을 쓰면서 그 사건의 원인, 등장인물, 각자 한 말들, 진행된 과정, 결과를 찬찬히 표현해보고 매 순간 경험한 감정들과 떠오른 생각들도 모두 표현하는 것이 큰 도움이 된다. 셋째, 그 사건이 자신에게 어떤 의미가 있는지 정리해야 한다. 그 사건이 자신이 어떤 사람인지 알려주는지 어떤 의미를 지니는지 충분히 생각하고 표현하는 것이 필요하다. 넷째, 자신이 과거에 겪은 사건과 비슷한 점은 그리고 다른 점은 무엇인지 충분히 생각해야 한다. 이는 기억의 창고에 그 물건을 어디쯤 둘지 고민하는 과정이다. 이 과정을 거치며 우리는 가장 적절한 장소에 그 기억을 놓아 둔다. 자리를 잡은 기억은 언제든 우리가 찾아낼 수 있기에 서서히 잊혀질 채비를 갖추게 된다.

이제 귀하는 고통스런 사건에 대한 기억이 왜 자신을 힘들게 하는지, 그리고 그 고통이 점차 시간이 지나면서 사그라들도록 하기 위해서는 어떻게 해야 하는지 이해하였을 것이다. 그러니 누군가 과거의 기억이나 최근 겪은 스트레스 사건으로 인해 어려움을 겪고 있다면, 단순히 긍정적으로 생각하라고 말하지 말기를 바란다. 또한 그냥 잊어버리라고 말해서도 안된다. 이것은 모두 기억을 대충 아무데나 두라고 조언하는 것에 다름없기 때문이다. 분명한 것은 고통이 줄어드는 데는 시간이 필요하다는 점이다. 그리고 설령 고통을 겪는 귀하에게 누군가 그냥 잊어라, 좋게 생각하라고 말한다면 크게 의미를 두지 말기를 바란다. 상대방은 좋은 의도에서 한 이야기이겠지만 실제 고통을 해결하기 위한 현명한 방법을 알려준 것은 아니다. 잊지 못하거나 좋게 생각하지 못하는 귀하에게 문제가 있는 것도 아니다.

    정리해보면, 스트레스나 충격적 사건은 고통을 일으킨다. 그 고통을 완화하기 위해서는 그 사건에 대한 기억을 찬찬히 정리해야 한다. 이 과정을 잘 거치면 기억은 점차 사라지고 그 사건의 기억으로 인한 고통 혹은 부정적 감정들도 약화된다. 이로 인해 한참 후에는 기억은 희미해지고, 그로 인해 고통을 거의 느끼지 않을 수 있다. 여기서 핵심이 바로 자기노출이다. 기억에 대해 말을 하거나 글로 적어보는 것이 바로 자기노출이다. 스트레스나 충격으로 인한 고통을 위해서 그 사건과 관련된 자신의 감정이나 생각을 언어를 통해 털어놓는 것이 '스트레스 해결을 위한 자기노출'이라고 하겠다. 이는 실제 심리학 분야의 연구로도 입증되어 왔는데, 한 연구자는 스트레스와 관련된 생각과 느낌을 자유롭게 표현하는 것은 스트레스 사건으로 인한 정신적 혹은 신체적 (부정적)효과를 감소시킨다는 점을 실험으로도 입증하였다.

4. 스트레스와 성장

지금까지의 내용들은 어찌 보면 스트레스나 충격적 사건이 주는 고통을 완화시키는 원리에 집중하였고, 사건이 발생하기 이전으로 회복되는 데 초점을 두었다고 할 수 있겠다. 그런데 때로 시련이나 역경은 회복을 넘어서 당사자를 더 나은 존재로 성장하게 만들기도 한다. 물론 외상이나 충격적 사건을 아무렇지도 않게 넘길 사람은 없다. 그럼에도 외상이나 스트레스는 우리로 하여금 자신을 성장시키는 기회가 되기도 한다.

다양한 방법들과 기법이 있지만, 여기서는 이해하기 쉽고 일상에서 홀로 시도하고 활용하기 좋은 방법을 두 가지만 소개하고자 한다. 첫 번째 방법은 나의 문제점보다는 성격 강점에 집중하고 이를 활용하는 것이다. 우리는 흔히 어려움을 겪거나 갈등을 겪게 되면 자신이 가진 어떤 문제가 원인이 되었는지 생각하곤 한다. 물론 이는 갈등을 겪으면서도 자신에게는 아무런 문제가 없고 모두 다른 사람이나 상황 때문이라 여기는 것보다는 훨씬 성숙한 반응이다. 그런데 자신 안에서 문제를 찾으려다 보면 자책하게 되고 수치심을 겪는 경우도 있다. 따라서 만일 평소에 문제나 갈등에 직면하여 자신 내부에서 문제를 찾아왔다면, 자신의 결함, 단점, 문제보다는 자신의 강점에 집중해 보길 바란다. 언뜻 이해하기 어려울 수도 있으나, 긍정심리를 연구한 전문가들은 우리가 일으키는 문제, 저지른 실수, 직면한 갈등들은 의외로 자신이 가진 강점을 오용 혹은 남용한 데 기인할 가능성이 높다고 말한다.

예를 들어 용기있고 자기주장이 명확한 강점을 가진 사람을 상상해 보자. 이 사람은 다른 사람들이 차마 나서지 못하는 불의한 일에 문제를 제기하고, 간단명료하게 자신의 의견을 표현하기 때문에 사람들과 의사소통을 효율적으로 해왔을 것이다. 그리고 이러한 점에 대해 다른 사람들로부터 좋은 평가를 받았을 것이다. 그런데 때로 너그러이 넘어가도 될 것을, 돌려 말하여 다른 사람의 감정을 상하지 않게 하면 좋았을 것을 그대로 직선적으로 명확하게 표현할 수 있다. 바로 이것이 강점이 오남용된 사례이다. 상대방은 그 사람의 이야기가 맞는다고 여기면서도 감정이 상하여 상대하기를 꺼릴 수 있다. 혹은 감정이 너무 상한 나머지 맞는 이야기도 맞지 않다고 여길 수 있다. 이렇게 되면 대인간 갈등이 발생하고, 소통에 장애로 작동한다. 귀하도 유사한 일을 수도 없이 경험했으리라 짐작된다. 그러니 어려움이나 갈등에서 자신이 강점을 과도하게 사용한 것이 아닌가 생각해 보자. 그리고 앞으로 적정한 수위에서 사용하도록 주의해 보자.

두 번째 방법은 자신이 겪고 있는 어려움을 실질적으로 어떻게 해결할지 집중하는 것이다. 앞선 예에서 타인과 겪는 갈등이 결국 자신의 강점이 남용된 데 있다고 생각한 사람의 입장을 생각해 보자. 이 사람이 자신의 강점 탓으로 이해하고서 그대로 있다면 이는 별 도움이 되지 않는다. 자신의 강점 때문에 문제가 생겼다면 이를 해결할 힘도 자신의 강점 안에 있는 셈이다. '아, 나의 강점이 문제를 만들었구나. 그래도 이게 내 강점이니까 의미가 있지.'라고 생각하고 아무것도 하지 않는다면 이는 성장에 별 도움이 되지 않는다. 단순한 자기확신과 강점을 활용한 문제해결도 분명히 다르다. 강점을 활용하여 문제를 어떻게 해결할지 구체적으로 생각하고 실행해야 한다. 용감무쌍한 기세와 명확한 자기주장이 문제를 일으켰다면, 이들로 문제를 해결해야 한다. 용기를 다시 내어 사이가 서먹해지고 멀어진 점이 아쉽다고 명확하게 표현해 보면 어떨까? 이러한 방법들은 귀하를 더 나은 사람으로 성장시키게 된다.

위에서는 한 가지 예를 들었지만, 이 글을 읽는 귀하도 강점을 지닌 사람이다. 심리학 연구에 의하면 강점을 지니지 않은 사람은 없으며, 강점은 훈련하고 연습하여 발달할 수도 있다고 한다. 그러니 자신의 강점을 찾아보자. 그리고 그 강점으로 현재 겪는 스트레스나 골칫거리를 어떻게 해결할지 생각해 보자.

5. 효과적인 자기노출 방법

시련이나 역경 혹은 일상의 골칫거리가 가지고 오는 고통과 스트레스를 완화시키는 방법과 이 과정을 거치며 더 나은 사람이 되는 방법을 이제껏 살펴보았다. 이러한 방법을 능숙하게 잘 사용하고 고통받는 사람을 돕는 전문가들이 있다. 바로 상담가들이다. 상담가들과 함께 자기노출하고 성장하는 작업을 한다면 분명 도움을 얻을 수 있다. 그런데 문제가 생길 때마다 상담가를 바로바로 만나기는 어렵다. 하지만 혼자서 해낼 방안이 있다. 바로 종이나 자판 등 무엇이든 활용하여 찬찬히 그 사건과 자신의 마음에 대해 글로 적어보는 것이다. 스트레스를 주는 사건에 대해 일기를 적듯이 타인이 아닌 자신에게 자기를 노출하는 방법을 사용하면 된다. 이를 심리학자들은 글쓰기를 활용한 자기노출이라 부르는데, 대학생로 하여금 자신이 겪은 특정한 스트레스 사건을 떠올리고 그 사건에 대해 사흘간 글쓰기로 자기노출하도록 유도하였더니, 부정적 감정이 상당히 완화되었다고 보고한 연구들이 여럿이다.

이러한 효과에 더하여 글쓰기는 몇 가지 장점을 덤으로 지니고 있다. 자신의 민감한 사정이나 비밀스런 사연이 새어나가지 않을까 하는 걱정을 할 필요가 없으며, 이야기를 듣는 타인이 자신을 이상하게 보지 않을까 하는 우려도 없다. 또한 시간이나 장소에 구애받지 않고 자신의 마음을 털어놓고 생각을 정리할 기회를 가질 수 있다.

다만 전문가의 도움 없이 혼자 시도하므로 처음에는 어렵고 낯설다. 하지만 반복하여 연습하면 숙달될 수 있다. 물론 몇 가지 규칙을 염두에 두고 글을 쓰는 것이 좋은데, 이는 앞서 설명한 원리들과 유사하다. 지금까지 설명한 내용을 요약도 할 겸, 글쓰기 방식을 안내할 겸 그 규칙들을 소개하며 마무리하고자 한다. 스트레스 사건에 대해 글을 쓸 때 기억의 재처리(창고 정리)가 가능하도록 사건에 대해 구체적으로 적도록 한다. 그 사건이 만들어 내는 부정적이고 괴로운 감정으로부터 도피하지 않도록 그 사건으로 인한 감정을 심층적으로 적도록 한다. 그 사건을 극복하는 데 도움이 될 만한 자신의 성격 강점을 찾아보고 자세히 적어본다. 문제를 해결하기 위해 자신의 강점을 활용하여 실행할 방안을 곰곰이 생각하고 적고, 실천해 본다.

인간은 고통없이 스트레스 없이 살아갈 수 없다. 매일의 일상을 살아가며 긴 세월의 여정을 우리는 여러 좋고 나쁜 일들과 함께 엮어간다. 누구에게나 피하고 싶은 나쁜 일들은 일어날 수밖에 없다. 모쪼록 이 글을 읽은 귀하가 삶에서 어려움을 겪을 때 이를 극복하는 과정이 좀 더 수월해질 수 있기를, 그리고 자신의 가치와 삶의 의미를 찾는 데 도움을 얻기를 바라며 이 글을 맺는다.

참고문헌

- 김인자(2014), 우문식 옮김, 『마틴 셀리그만의 긍정심리학』, 물푸레.
- 한덕웅·박준호 (2003), 「스트레스 사건에 관한 반복생각과 분노경험이 주관안녕과건강지각에 미치는 영향」, 『한국심리학회지:건강』제8권1호, 한국심리학회, 147-168
- Smyth, J.M.(1998). Written emotional expression: Effect sizes, outcome types, and moderating variables. Journal of Consulting and Clinical Psychology, 66(1), 174-184.
- Taylor, S.E(2014), Health Psychology. McGraw-Hill.

발터 벤야민과 새로운 리터러시

고현범

1. 들어가는 말

통상 글을 읽고 쓰고 이해하는 능력을 의미하는 리터러시는 현재 복잡한 사회 현상을 파악하고 대처하는 능력으로 확장되어 사용된다. 리터러시는 언어란 소통 미디어와 떼려야 뗄 수 없는 관계에 있기 때문에 미디어의 관점에서 리터러시에 접근할 수 있다. 다시 말하면 기호를 사용하는 상징 미디어 중 하나로서 문자를 본다면 문자 미디어와 리터러시의 관계를, 또한 디지털 미디어와 같은 기술 미디어와 리터러시의 관계를 생각해 볼 수 있다.

이 글은 발터 벤야민(Walter Benjamin)의 미디어로서 언어, 사진과 신문에 관한 사유 속에 함축된 새로운 리터러시에 대해 간략히 살펴보고자 한다. 벤야민은 주요 논문인 「기술복제시대의 예술작품」에서 영화를 필두로 한 기술 미디어가 지각 경험에 미치는 영향에 관해 논의한 바 있다. 그러나 벤야민의 미디어에 대한 관심은 영화 이전에 이미 등장한 사진과 신문, 그리고 언어에 관한 사유에서도 찾을 수 있다.

2. 미디어로서 언어

발터 벤야민(1892~1940)은 그의 생몰연도에서 알 수 있듯이 20세기 초반, 특히 두 번의 세계대전 사이에 활약한 독일의 사상가다. 학문적 이력과 사회적 활동에 비추어 그는 문예비평가로 알려져 있지만 그의 영향력은 비단 한 분야에만 국한되지 않는다. 널리 알려져 있듯이 프랑크푸르트학파의 아도르노(T. Adorno)와의 사상적 교류는 현대 철학에서 벤야민의 흔적을 남겼고 21세기에는 그의 이탈리아어 전집을 편집한 아감벤(G. Agamben)에 의해 새롭게 조명되기도 했다. 또한 그가 파리에 체류하면서 기획했으나 끝내 마치지 못한 채 방대한 분량의 원고로 남은 아케이드 프로젝트(Passagen-Werk)는 현대 사회학자들과 미디어학자들에게 끊임없이 새로운 아이디어를 제공하기도 한다.

벤야민의 미디어 철학은 현재 새롭게 조명되고 있다. 사진과 영화와 같은 당시 새로운 시각 미디어의 가능성에 대한 그의 통찰은 널리 알려져 있고, 라디오 방송 제작에 본인이 직접 관여하기도 했다. 벤야민은 20세기 새롭게 등장한 기술 미디어뿐만 아니라 상징 미디어인 언어에 관해서도 자신만의 고유한 통찰을 제시한다.

벤야민의 미디어 사유를 고찰하기 전에 우선 미디어 개념에 관해 살펴보자. 라틴어 medium에서 유래한 단어 media는 '만남의 장소', '지정학적 중심'이라는 본래의 의미에서 그 외연을 넓혀 '구별된 것을 종합하고 상호 관계를 맺게 하는 것', 혹은 매개의 의미를 갖는다. 또한 미디어는 '우리가 의도하고 목적한 것을 성취하기 위한 매개'란 의미에서 수단의 의미로 사용되기도 하고, 기계적 의미에서는 도구나 인공물artefact을 말하며, 포괄적으로 장치를 뜻하기도 한다.

우선 미디어가 갖는 매개로서의 성격을 보자. 매개(X)는 A를 다른 어떤 B와 이어주는 것이다. 그러므로 A와 B는 X와 구별해서 매개되지 않은 것, 즉 직접적인 것으로 이해할 수 있다. 다시 말하면 X가 A와 B를 매개하기 이전에 A와 B는 서로 분리되어 있었다. 그렇다면 A와 B를 이어주는 매개로서 미디어는 무엇을 매개하는가에 따라 몇 가지로 구별된다. 우선 A와 B가 서로의 생각이나 감정을 주고받을 때 사용되는 미디어는 말이나 글이다. 이때 말과 글과 같은 미디어를 상징 미디어라고 한다. 한편 사람과 세상을 이어주는 매개는 바로 우리의 오감, 즉 시각, 청각, 후각, 미각, 촉각이며 그런 의미에서 우리의 감각 역시 미디어적 성격을 갖고 있다. 이때 이런 오감을 지각 미디어라고 한다. 그리고 멀리 떨어져 있는 A와 B가 서로 통화할 수 있게 해주는 휴대전화와 같은 뉴미디어는 기술 미디어라고 한다.

그런데 A와 B를 이어주는 매개로서 미디어가 갖는 특이한 성질은 바로 미디어는 A와 B의 충실한 전달 통로에 그치지 않고 A와 B를 변화시킨다는 점이다. 즉 매개를 통해 A와 B는 각각 XA와 XB로 변화된다. 가령 사람들이 상대방을 바로 앞에 두고 말할 때와 보이지 않은 미지의 독자들을 상정하고 글을 쓸 때의 태도는 같지 않다.

이러한 미디어의 성질은 미디어 학자인 맥루한(M. Mcluhan)의 "미디어는 메시지다"란 말로 압축적으로 표현할 수 있다. 즉 미디어는 메시지 전달 통로에 그치지 않고 그 자신이 메시지로서의 성질을 갖는다. 맥루한을 언급할 때 언제나 같이 인용되는 그의 스승 이니스(H. A. Innis)는 한 도시를 구성하는 수로, 교통, 철도, 항공로의 매개 기능에 주목한 바 있다. 이니스는 이른바 교통 방식과 교류 수단으로서 미디어에 대한 통찰을 열었다. 그리고 예수회 소속 옹(Walter J. Ong) 신부는 말과 글의 차이가 지각과 사유에 미치는 영향에 대해 선구적인 연구를 수행했다.

맥루한은 이들의 연구를 바탕으로 구텐베르크의 인쇄술이 개시한 이른바 구텐베르크 은하계에서 인간의 지각 방식은 인쇄술 이전의 문자 문화와도 다르고, 또한 구술 문화와도 구별된다고 주장한다. 맥루한이 보기에 19세기 말과 20세기에는 이런 인쇄 문화가 급진적으로 전환된다. 즉 사진과 무성영화를 넘어서 유성영화와 텔레비전 같은 새로운 영상 미디어와 전축, 전화, 라디오 같은 음성 미디어의 등장, 그리고 현재의 디지털 미디어에 이르기까지의 또 다른 변화는 지각과 사유의 구조적 변동을 분명히 한다. 요컨대 뉴미디어는 구텐베르크 은하계와는 또 다른 지각과 사유 그리고 행동 양태를 부여한다.

상징 미디어로서 언어와 문자에 대한 벤야민의 이론은 이런 측면에서 살펴볼 수 있다.[1] 벤야민의 가설에 따르면 언어는 전달 가능한 요소와 전달 불가능한 요소라는 이중적 측면을 갖는다. 즉 전달 가능한 요소인

---

1 이하의 서술은 다음의 논문 일부를 총서의 성격과 취지에 맞게 수정한 내용임.(고현범(2023), 「기술복제시대의 리터러시 - 발터 벤야민과 디지털 리터러시」, 『철학논총』 112집, 새한철학회.)

"의미론적" 측면과 전달 불가능한 요소인 "모방(미메시스)적" 측면이라는 이중적 측면을 갖는다.[2] 말이나 글로 물질화되어 전달되는 언어는 동시에 인간이 자연에 대해 갖는 기본적인 관계 방식인 모방적 측면을 담지한다. 그런데 벤야민에 따르면 모방적 측면은 언어의 전달 불가능한 요소이고 역설적이게도 언어는 이런 전달 불가능한 요소에 바탕을 두고 있다. 언어가 바탕에 두는 이런 모방적 측면을 벤야민은 "비감각적 유사성"이라고 칭한다.

벤야민에 의하면, 자연과의 직접적인 접촉에서, 즉 "별들이나, 동물의 내장, 우연한 사건들에서 읽어내기(Herauslesen)가 태초(Urzeit) 인간들에게 읽기 행위 일반"[3]이었다면, 그로부터 새로운 읽기 행위가 생겨난 것은 룬 문자와 같은 "매개체(Vermittlungsglieder)"를 통해서였을 것이다. 벤야민은 다음을 가정한다.

> "예전에 투시력의 토대였던 미메시스 능력은 수천 년의 발전 과정을 거치면서 점차 언어와 문자 속으로 옮아갔고, 이 언어와 문자 속에서 비감각적 유사성의 완전한 서고를 만들게 되었다는 가정이 그것이다. 이처럼 언어는 미메시스 능력의 최고의 사용단계를 나타내고, 그 안으로 이전에 유사성을 지각하는 능력들이 남김없이 들어간 매체(Medium)가 되었을 것이다."[4]

2　"언어에는 전달 가능한 요소와 전달 불가능한 요소, 의미론적 요소와 모방적 요소라는 이중적 측면이 들어있다는 가설은 1916년에 「언어일반과 인간의 언어에 관하여」를 발표한 이래 벤야민의 일관된 언어관을 이룬다." 윤미애(2007), 「매체와 읽기-벤야민의 사진 읽기와 문자화 이론」, 『독일언어문학』 제37집, 한국독일언어문학회, 196~197쪽.
3　발터 벤야민(2010), 최성만 외 옮김, 「유사성론」, 『발터 벤야민 선집6』, 도서출판 길, 206쪽.

벤야민의 사유에서 고유한 의미를 갖는 그의 역사관에 따른 근원사(Ur-Geschischte)의 추적에서 근원적으로 언어는 불가해한 자연 현상을 읽어내기 위한 미메시스 능력에서 비롯한다. 그리고 미메시스 능력에 따라 발전된 언어와 문자는 새로운 읽기를 가능하게 한다. 이러한 사유에 따르면 새로운 미디어는 새로운 읽기 능력과 읽기 행위로서 새로운 리터러시를 가능하게 한다. 그렇다면 현대의 새로운 리터러시란 무엇일까?

3. 새로운 미디어와 리터러시

우선 구텐베르크 은하계 끝자락에 등장한 신문이란 미디어를 생각해 보자.

> "인쇄된 책 속에서 은신처를 찾아 자율적인 삶을 살아온 문자가, 이제 광고들에 의해 거리로 무자비하게 끌어내어져 경제적 카오스의 잔인한 타율성의 지배를 받는다. 이것이 바로 문자가 새로운 형식을 배우게 된 엄격한 학습과정이다. 수백 년 전 문자가 서서히 눕기 시작하여 직립의 비문(碑文)이 탁자 위에 비스듬히 놓인 육필이 되다가 결국 서적 인쇄에서 완전히 눕게 되었다면, 이제 그 문자가 다시금 서서히 바닥에서 일어나기 시작한다. 이미 신문은 수평으로보다는 수직으로 읽히고 있으며, 영화와 광고는 문자를 결국 강압적 방식으로 수직으로 내몰고 있다."[5]

---

4 위의 책, 206쪽.
5 발터 벤야민(2007), 김영옥 옮김, 「공인회계사」, 『일방통행로』(발터 벤야민 선집

위 인용문에서 벤야민의 사유는 인쇄술에서 신문으로, 이어 영화와 광고로 이어진다. 수직에서 수평으로, 다시 수직으로, 문자의 진화과정을 극적으로 서술하면서 벤야민은 문자가 갖는 미디어성(mediality)에 주목하고 있으며, 이때 문자는 단지 인쇄술로 확장된 구텐베르크 은하계에 한정되지 않음을 통찰하고 있다. 같은 글에서 벤야민은 문자의 미래를 "통계적·기술적 도형의 영역들", 즉 "그래픽의 영역"[6]을 스스로 개척하는 데에서 찾는다.

새로운 미디어에 따른 새로운 리터러시, 또는 미래의 리터러시에 대한 벤야민 사유의 단초는 그가 인용하는 모홀리 나지의 다음의 언명에서 찾을 수 있다. "미래의 문맹자는 글을 읽을 줄 모르는 사람이 아니라 이미지를 모르는 사람이 될 것이다."[7] 리터러시란 용어가 문맹(illiteracy)에서 비롯했음을 기억한다면 위 언명은 다음과 같이 전환할 수 있다. 이미지를 아는 것이 미래의 리터러시다.

벤야민은 바우하우스의 실험적인 사진이론가인 모홀리 나지의 위 언명을 여러 저작에서 인용하는데, 특히 당시 출간된 블로스펠트(K. Bloßfeld)의 식물 사진집인 『예술의 근원형태들』을 극찬하면서 인용한 대목에 주목해보자. 블로스펠트의 사진집에서 속새풀의 줄기, 청나래고사리, 밤나무와 단풍나무의 새싹, 산토끼꽃은 확대 촬영되어서 각각이 마치 고대 기둥의 형태, 추기경의 지팡이, 토템의 나무, 그리고 고딕양식의 원형 장식으로 보인다.

---

1), 도서출판 길, 94쪽.
6   위의 책, 96쪽.
7   L, Moholy-Nagy, 「사진은 빛이 그리는 그림」, 『바우하우스』 창간호(vol.II, no.1, 1928).

〈그림〉 예술의 근원형태들(1929), 칼 블로스펠트(이미지 출처: 위키피디아)

사진집의 제목에 포함된 "근원형태들(Urformen)"이란 개념은 괴테의 『식물 변형을 해명하려는 시도』에서 유래한다. 이에 주목하면서 벤야민은 블로스펠트의 사진 이미지가 실제로 "자연의 근원형태들"이 아닌가라고 묻는다. 여기서 근원형태들이란 "만들어져 있는 모든 것 속에서 처음부터 형태로 작용하고 있었다는 의미"[8]에서 근원형태들이다. 그리고 이런 근원형태들은 형상들이 갖고 있는 "내적 필연성"을 함축하는데 이후 이 존재들이 어떤 식으로 변형될지도 담지하고 있다.

이를 앞에서 제시한 벤야민의 언어관에 비추어보면 사진이란 자연이 감추고 있는 형상을 읽어내는, 즉 새로운 리터러시를 가능하게 하는 새로운 미디어다. 사진이 인류에게 최초로 제시한 기술 이미지는 새로운 리터러시의 장을 연다. 특히 초창기 사진이 만들어내는 기술적 이미지는 손으로 그린 그림이 줄 수 없는 "마법적 가치"[9]를 주고 있다. 즉 사진사의

---

8 발터 벤야민(2015), 김정아 옮김, 「꽃들의 새로움」, ed. Esther Leslie, 『발터 벤야민, 사진에 대하여』, 위즈덤하우스, 179쪽.

의도와는 무관하게 사진은 그것을 보는 사람으로 하여금 비현실적인 시공간의 경험을 하게 하고 이것은 또 다른 자연과의 마주침이다. "카메라에 비치는 자연은 눈에 비치는 자연과 다른 법이다." 무엇보다 사진을 통해 "인간이 의식을 갖고 엮은 공간의 자리에 무의식적으로 엮인 공간이 들어선다." 이것이 바로 사진이 여는 "광학적 무의식(das Optisch-Unbewußte)"의 세계다. 사진이 포착하는 이미지는 맨눈으로 지각하는 이미지나 손으로 그린 그림과는 다른 특성을 갖는다. 즉 기술 미디어에 의해 매개된 이미지를 사진은 인류에게 최초로 제시하고 있는데, 그것이 바로 광학적 무의식의 이미지다.

사진 이미지는 예술의 근원 형태들을 읽어내기도 하고, 정치적 사회적 현실을 비판적으로 읽어내기도 한다. 벤야민은 이러한 가능성을 존 하트필드(J. Heartfield)의 작품이 선구적으로 제시하는 포토 몽타주를 통해 가늠한다. 존 하트필드의 포토 몽타주는 이미지들의 합성만이 아니라 합성된 이미지를 규정하는 표제어의 제시를 특징으로 한다.

"카메라는 점점 더 작아지고 점점 더 재빨리 스쳐 지나가는 은밀한 이미지들, 그 충격이 관찰자의 연상 메커니즘을 정지시키게 될 이미지들을 붙잡을 것이다. 이 자리에 사진의 표제가, 그 사진을 모든 생활관계를 문자화하는 일(Literarisierung aller Lebensverhältnisse)에 포괄시키는 그 표제가 들어서야 한다. 그 표제 없이는 모든 사진적 구성은 불확실한 것 속에 갇혀 있을 수밖에 없다."[10]

---

9 발터 벤야민(2007), 최성만 외 옮김, 「사진의 작은 역사」, 『발터 벤야민 선집2』, 도서출판 길, 159쪽.
10 위의 책, 195쪽.

미래의 리터러시가 이미지를 읽고 생산하는 능력이라고 한다면 벤야민은 이를 사진의 표제를 다는 것이라고 보충한다. 그리고 이를 "생활관계의 문자화"라고 칭한다. 이를 종합해보면 벤야민은 －새로운 리터러시로서－ 이미지를 읽는 행위를 이미지와 문자를 몽타주해서 제시하는 행위라고 생각하는 듯하다.

4. 나가는 말

벤야민은 새로운 기술 미디어가 속속 등장하기 시작한 20세기 초에 미디어에 대한 사유를 개진했다. 문예학자이자 비평가로서 언어에 대한 예민한 감각은 미디어로서 그의 언어철학에 반영되어 있으며 출판 미디어로서 신문에 대한 비판은 작가와 독자 사이의 관계의 변화와 더불어 문예 산업 전반의 변화에 대한 통찰로 이어진다. 특히 사진 이미지와 함께 시작하는 포토 몽타주는 현대 미디어 아트에서 적극적으로 활용되고 있으며 이는 2024년 광주 비엔날레에서도 확인할 수 있다. 생활관계를 문자화하는 일, 즉 표제를 단 포토 몽타주는 미디어 아트뿐만 아니라 현재는 －해시태그의 방식으로－ 일상적인 SNS에서도 활용되고 있다. 벤야민의 예측대로 새로운 리터러시가 실행되고 있는 셈이다. 물론 이러한 일상적인 리터러시가 충분히 비판적인가는 또 다른 문제이기는 하다.

참고문헌

- 고현범(2023),「기술복제시대의 리터러시 – 발터 벤야민과 디지털 리터러시」, 『철학논총』 112집, 새한철학회.
- 고현범(2007), 『휴대전화, 철학과 통화하다』, 책세상.
- 윤미애(2007),「매체와 읽기-벤야민의 사진 읽기와 문자화 이론」,『독일언어문학』 제37집, 한국독일언어문학회.
- 발터 벤야민(2007), 최성만 외 옮김,『발터 벤야민 선집』, 도서출판 길.
- 발터 벤야민(2015), 김정아 옮김,『발터 벤야민, 사진에 대하여』, 위즈덤하우스.

초연결사회에서 인문학적 리터러시와 대학의 융복합 교양교육*

윤영

1. 들어가며

 기술과 통신의 급격한 발전과 함께 찾아온 '초연결사회, AI시대, 4차 산업 혁명'과 같은 키워드는 이제 우리에게 너무나 비근해진 개념이다. 이러한 키워드들은 피할 수 없는 시대적 사명과 같이 느껴지는 동시에 시대가 요구하는 인재상의 변화 역시 감지하게 한다. 초연결사회의 기본 자질이라 할 수 있는 '네트워크'라는 동력원에서 지식 간 소통과 융합에

---

* 본고는 「초연결사회에서 요구되는 인문학적 리터러시 능력 함양을 위한 융·복합 교양 교과목 개발 연구」(『교양학 연구』30집, 중앙대 다빈치미래교양연구소, 2025)의 논의를 총서에 맞게 재작성함 글임.

대한 역량의 필요성이 발견되기 때문이다.

이러한 맥락에서 지식생산과 수행의 측면 역시 변화의 움직임이 포착된다. 단일 학문 내 지식의 축적보다는, 다른 학문과의 결합과 연계를 통한 새로운 가능성 창출에 조금 더 주안점을 두게 된 것이다. 환언하면 초연결사회를 살아가는 학습자들에게는 복잡한 문제에 대한 융·복합적 해결 능력과 함께, 한 영역에서의 전문적 지식보다는 다학제적(multidisciplinary)이고 초학제적(transdisciplinary)인 지식을 창출해 낼 수 있는 능력이 요구되는 것이다. 개별 학문의 지식생산 역시 여전히 유효하겠지만 초연결사회에서 발견되는 예측불가능하고 다종다기한 문제 상황에서 개별 분과적 접근은 한계에 직면할 수밖에 없다.

대학의 교육은 이러한 시대의 변화를 추적하는 동시에 추동에 앞장서야 할 것이다. 즉 대학은 시대가 요구하는 새로운 인재상에 예의주시하면서 미래에 필요한 역량을 예견하여 교육할 수 있는 선구자적 역할을 담당해야 한다. 이 지점에서 대학 내 교양 교육의 본질에 대한 성찰은 여러 단서를 제공한다. "그간 교양교육은 전공 교육을 위한 전제 교육으로써 기초 학습 능력을 신장시키는 역할을 한다는 인식이 강했으나" 점차 시대가 요구하는 융·복합적 역량 함양에 기여할 수 있는 교양교육의 새로운 가능성과 중요성들이 탐지된 것이다.(유리, 2022:262)

학계에서도 시대적인 흐름에 보조를 맞추어 융·복합 시대의 대학 내 교양교육에 대한 연구들이 활발히 개진되고 있다. 이러한 연구들은 크게 교양 교과목의 효과성과 방향성에 대한 제언, 융·복합 교양 교육의 필요성에 대한 논의, 융·복합 교양 교과목의 실제 개발 과정에 대한 사례연구로 구분할 수 있다.

기존 연구들에서는 공통적으로 시대에 맞는 인재 양성이라는 요구에 부응해야 한다는 대학이, 이를 위한 방법적 고민을 거듭해야 한다는 것을 전제한다. 이러한 전제 속에서 새로운 사회에 대응할 수 있는 인재를 배출하기 위해 '대학이 무엇을, 어떻게 가르쳐야 할 것인가?'라는 문제의식이 도출된다. 이제 이러한 질문을 해소하기 위한 여러 대안들을 탐색하는 데에 주력해야 온당할 것이다.

이 지점에서 우리는 그 개념이 점차 확대되어 가고 있는 '리터러시'와 마주하게 된다. 전통적인 범주 내에서 리터러시의 개념은 '글을 읽고 쓰고 해석하는 능력'으로 규정되어 왔으나 최근 다양한 학문 분야에서 사용되고 있는 리터러시의 용어들은 리터러시의 지평이 점차 확장되고 있음을 상기시킨다.

즉 리터러시라는 용어는 '글자를 읽고 쓰는 능력'이라는 보편적 규정에서 점차 확장되어 특정 현상을 통찰할 수 있는 능력은 물론, 네트워크로 연결된 다양한 개체 간의 결합과 연계, 소통을 위한 새로운 기술과 도구를 활용할 수 있는 능력까지 모두 포함하는 개념으로 논의되고 있다. 이와 같은 리터러시 지평의 확장은 과학 기술의 발달과 함께 빠르게 변화하는 사회를 해석하고 적응해야 한다는 시대적 요청에서 비롯된 것으로 앞서 살펴본 초연결사회에서 요구되는 인재상과 상통하는 면이 있다.

새로운 사회에 대한 이해와 적응이 절실한 시기 속에서, 사회 현상을 읽어내고 개체 간 소통에 필요한 능력으로 확대되고 있는 리터러시의 중요성 또한 부각된다. 결국 급변하는 환경에 대응하며 새로운 도구와 가치를 통해 시대적 변화에 발을 맞추어 나갈 수 있는 융·복합적 인재 양성을 위한 방법적 고민에, 다양한 리터러시 개념이 한 축을 담당할 수 있는 것이다.

물론 학계에 보고된 리터러시 개념의 편린들을 나열하는 것에 그친다면, 유의미한 효과를 기대할 수 없을 것이다. 산재해 있는 리터러시 개념을 응집시킬 이론적 거점과 논리적 토대가 필요하다. 이 지점에서 인간, 사회, 세계의 맥락을 이해하는 동시에 총체적인 소통과 합의를 끌어내며 지속적 동력이 될 수 있는 인문학은 의미심장한 시사점을 제공한다. 인문학은 인간을 중심으로 개인의 삶과 사유를 탐구하는 동시에, 인간과 인간, 인간과 사회, 인간과 세계, 인간과 역사, 인간과 문화 등을 연구하는 학문이기 때문이다.

이에 이 글에서는 인문 융·복합 교육의 필요성을 다시 성찰하고, 융·복합 교육으로서 교양 교과목의 방법적 토대인 인문학적 리터러시를 재개념화하고자 한다. 또한 이러한 인문학적 리터러시 능력을 함양시킬 수 있는 교양 교과목의 개발 과정과 운영 사례 및 개선 방안을 구체적으로 제시하고, 이를 통해 융·복합 교양교육의 지향점을 공유하고자 한다.

2. 인문 융·복합 교양교육의 필요성과 방향성

2013년 교육부에서 발표한 『고등교육 종합발전 방안』은 고등교육 정책 패러다임 전환이 절실하며 개인의 삶의 질에 대한 관심이 늘어나므로 대학에서 기초교양에 대한 교육과 연구를 강화해야 함을 강조한다. 이를 위한 대학교육 혁신의 첫 번째 과제로 교육과정 혁신을 통한 '교양교육 및 인문학적 토대 강화'를 들고 있다(박병철, 2019:164). 시대적 변화에 대응하기 위한 정책 방향과 교양교육의 조직적·운영적 측면에서 질적 수준을 높이기 위한 대학의 노력이 동반되면서 교양교육은 많은 변화를 거듭하고 있다.

또한 초연결사회로의 진입이 가속화되면서 융·복합 교육의 필요성이 한층 더 부각되고 있다. 손동현(2015:369~375)은 "인간의 모든 활동이 정보통신기술이 제공하는 서비스의 지원을 받아 이루어지는 사회"인 정보사회 또는 초연결사회에서 지적 탐구는 "그 대상을 구획하지 않고 가능한 한 그 경계를 무너뜨린 가운데 대상 영역에 관해 가능한 한 총체적인 지식을 얻고자 한다"고 주장한다. 문화 사회적 삶이 따로 분리되어 있지 않고 서로 융합되어 있기 때문에 각 전문 분야의 지식을 통찰력 있게 조망하고 연결하는 "지적 연결 지평"이 요구된다는 것이다.

이러한 전망 속에서 손동현(2015:369~375)은 대학 교육은 세분화된 각 학문 분야의 내부에서만 이루어져서는 안 되며, 보다 개방적으로 여러 학문 분야를 횡단하는 방식으로 시행되어야 한다고 주장한다. 이에 여러 학문 분야에 범용적으로 요구되는 기초 능력의 교육을 강화해야 하고, 학제적 융·복합 교육을 적극적으로 시도해야 한다고 강조하며, 대학 교육이 다음의 6가지 능력들을 함양하는 방향으로 나아가야 한다고 주장한다.

1) 지식을 습득·응용·적용할 수 있는 기초적 사고능력으로서 비판적 사고능력과 분석 능력
2) 새로운 정보를 산출할 수 있는 창의적 사고능력,
3) 세분화된 분야들의 위상을 총체적으로 사고할 수 있는 종합적 사고 능력
4) 합리적 의사소통 능력
5) 감성적인 것을 수용하는 정서적 감응 능력

6) 문화적 정체성을 확립할 수 있는 역사의식

교양교육은 이러한 기초 능력 함양을 위한 대학 교육의 방향성에 적합하다. 그러나 교양교육의 패러다임 혁신을 위한 선도적인 정책과 대학의 노력에도 불구하고 여전히 교양교육을 둘러싼 오해와 논란은 끊이지 않는다. 즉 졸업을 위해 억지로 수강하거나 취업과 관련된 실용 과목에 불과하다는 오해 말이다. 그렇다면 초연결사회에서 요구되는 통합적 사고에 적합한 융·복합 교육으로서 교양 교과목은 어떻게 구성되어야 할까?

우선 교양교육의 방향성 또는 이념을 고찰할 필요가 있다. 교양교육은 그 이념적 기원을 자유인의 육성이라는 리버럴 아츠(liberal arts, 자유학예)에 두고 있다. 즉 고대 그리스 로마 시대에 연원을 둔, 자유민을 대상으로 하는 리버럴 아츠의 정신을 적극적으로 사고할 필요가 있다. 현대에서도 통용되는 리버럴 아츠의 유래는 기원전 5세기 그리스 소피스트인 엘리스의 히피아스에게서 찾을 수 있다. 그는 교육의 목표를 "지식 전수가 아니라, 논쟁의 무기를 제공하여 토론에서 능력을 발휘할 수 있게 하는 것"에 두었다. 리버럴 아츠의 이러한 정신은 조화로운 사회적 삶을 영위하기 위한 밑바탕이 되는 고전어, 고전 작품, 철학, 역사, 수학 등의 기초 학문을 철저히 교육해 인문학과 자연과학의 기반을 튼튼히 하고, 단순한 지식이 아닌 지혜를 쌓을 수 있는 교양을 습득하고, 토론과 논쟁의 기술을 체화하게 한다.[1]

엘리트 교육이라는 회의적 시각에도 불구하고 리버럴 아츠는 자유인

---

1 서장원, 「<시론> 후마니타스와 리버럴 아츠」, 한겨레신문, 2015.5.25., https://www.hani.co.kr/arti/opinion/column/692714.html

의 육성이라는 보편적 이념을 갖는다. 리버럴 아츠가 추구하는 자유인은 비판적으로 사고하며, 삶에서 부딪히는 복잡한 문제 상황을 파악하고 해결할 수 있는 통합적 사유력을 지닌 사람이다. 장은주(2008, 124)는 이러한 맥락에서 보편적인 의미의 '자유'의 이념을 지향하는 인문 교양교육을 제안한다. 그 핵심은 "오늘날 대학에서 인문적 교양교육을 받은 자유인들은 무비판적으로 전수받은 관습과 선입견 등을 자신들의 이성을 잣대로 충분한 이유와 근거에 의해 뒷받침된 잘 정당화된 믿음과 구분해 냄으로써 자신들의 생각과 말, 행동의 주인이 된다는 의미에서 자유로운 자들일 것이다."

한편 누스바움(M. Nussbaum)은 시장 논리와 구별되는 민주적 시민교육의 관점에서 인문 교양교육을 활성화할 것을 주장하며, 소크라테스적 논쟁을 그 주요한 방법으로 제시한다(마사 누스바움 지음, 우석영 옮김, 2010).

이러한 인문 교양교육의 방향성과 함께 융·복합 교육이 효과적으로 수행되기 위해선 교수학습 주체들 간 협업과 소통이 중요하다. 이를 위해 주제별로 전문 교수자들 간에 상호 협의 및 논의를 통해 교과 내용을 선정하고 이를 토대로 교수학습 활동을 설계하고 개발하는 과정이 필요하다.

3. 인문학적 리터러시의 개념 및 구성

교양 교과로서 리터러시 교과목은 전술한 인문 교양교육의 방향성과 맥을 같이 한다. 주지한 바대로 전통적인 의미에서 리터러시(literacy)란 글을 읽고 쓰고 이해하는 능력을 의미한다. 그러나 초연결사회에서 사람들은 다양한 디지털 미디어가 전달하는 정보들을 이해하고 비판적으로 수용하며 다른 사람들이나 사물들과 능동적으로 소통해야 한다. 이에 리터러시 개념 또한 확장되어 사용된다. 즉 리터러시란 복잡한 사회적 현상들에 적응하고 대처하는 능력이자 새로운 도구와 방법으로 의사소통하는 역량으로 확장되어 이해된다.

이처럼 이해하고 소통하는 능력이자 역량으로 리터러시를 파악한다면 리터러시 앞에 다양한 수식어를 붙여 사용하는 것이 효율적이며 실제로 그런 방식으로 사용되고 있다. 이는 리터러시가 고정된 단일 개념이 아니라 맥락에 따라 지속적으로 확장될 수 있음을 보여준다. 이러한 리터러시 역량은 대학과 같은 고등교육기관이 함양해야 할 핵심 기초 역량이다. "소위 '읽지 않는 대학생'이나 '실질적 문맹 사회'와 같은 말들은 리터러시 관점에서 제기되는 현재 대학 교육의 문제점"이다.

그런데 리터러시는 맥락에 의존하고 있기 때문에, 리터러시 교육에서는 맥락에 대한 이해가 가능하도록 교육 내용을 구성하는 것이 중요하며, 주제별로 그 주제에 맞는 리터러시 교육이 이루어져야 한다. 그린(Green)에 따르면, 한 맥락 속에서 작동하는 리터러시가 다른 맥락 속 리터러시로 자동적으로 옮겨지지는 않는다. 가령 학교에서의 리터러시가 사회에서의 리터러시로 자연스럽게 전이되지는 않는다. 다시 말하면 각기 다른 맥락에 적절한 다양한 리터러시가 있기 때문에 모든 것을 포괄하는 리터러시는 존재하지 않는다. 따라서 리터러시 교육은 학생들이 접하고 이해할 수 있는 다양한 레퍼토리를 늘려 주어야 한다(김우영·이병승, 2013:910).

또한 리터러시 교육에서는 텍스트의 권위적 이미지에 복종하는 '리터러시 신화'를 극복하는 것이 중요하다. 리터러시 신화는 "리터러시만 갖추면 자연스럽게 우리가 바라는 교육받은 상태에 도달할 수 있다는 태도"(김우영·이병승, 2013:913)를 일컫는다. 유명인이나 권위 있는 사람들이 쓴 글이나 그들이 지지하는 텍스트를 접하는 독자는 감히 그 내용을 비판하지 못하고 수용할 수밖에 없게 된다는 것이다. 다시 말하면 주어진 맥락에서 기능적으로 이해하는 리터러시 능력만이 아니라 텍스트에 대한 비판적 태도를 견지하는 비판적 리터러시라는 방향성이 중요하다는 것이다.

이 글에서는 인문 융·복합 리터러시 교양 교과목을 개발하기 위한 기본 방향성으로서 인문학적 리터러시 개념을 제안한다. 인문학적 리터러시 개념은 비판적인 자유인의 육성이라는 인문 교양교육의 방향성을 담지한다. 그리고 인문학적 리터러시는 맥락에 의존하는 리터러시의 성격에 따라 다양한 맥락에서 작동하는 리터러시를 포함한다. 즉 학생들에게 다양한 주제를 제시하고 그에 따른 리터러시 능력을 기를 수 있도록 한다.

김우영·이병승(2013:916)은 교양교육의 관점에서 인문학적 리터러시 개념을 제시하였다. 저자들이 제시하는 인문학적 리터러시 개념은 "단순히 지식과 기능으로서 인문학 분야에서 발휘되는 리터러시"가 아니라 "인문학의 비판적 특성이 반영되어 이루어지는 읽기 쓰기 능력"이라는 점에서 이 글의 방향성과 맥을 같이 한다.

이들은 인문학적 리터러시의 교육적 함의를 크게 세 가지로, 즉 "인문학 실천 전통에로의 입문, 책 읽기와 글쓰기의 순환적 확산, 학습 경험 조직의 방향 설정"으로 파악한다. 우선 인문학 실천 전통으로의 입문은, 역사적 존재로서 개인이 전승된 공동체의 실행에 참여하는 것을 의미한다. 이는 인문학적 전통을 이해하고 계승하는 읽기와 쓰기 행위라는 교육적 의미를 갖는다.

다음으로 책 읽기와 글쓰기의 순환적 확산은, 그간 중등 교육에서 고전 읽기만 강조되었을 뿐 글쓰기는 분리된 학습으로 충분한 교육이 제공되지 않았기 때문에, 책 읽기와 말하기, 주장하기 등의 다양한 표현 방식과 연관된 글쓰기를 통합적으로 교육하는 의미를 갖는다. 이는 중등 교육이 담지해야 할 인성 교육과 연관된다. 끝으로 학습 경험 조직의 방향과 관련하여 인문학적 리터러시 개념은 중등교육에서 지향하는 소양이나 비판적 사고력과 같은 표현이 갖는 애매함이 아니라 구체적 활동으로서 읽기와 쓰기라는 좀 더 분명한 학습 경험 조직의 방향성을 제시한다.

이 논문에서는 구체적인 교과 모델을 제시하지는 않는다. 개념적 차원에서 인문학적 리터러시의 교육적 함축은 몇 가지 한계를 갖는다. 우선 인문학 실천 전통이 의미하는 바가 분명하지 않다. 저자들은 맥킨타이어(A. MacIntyre)의 실천(practice) 개념을 원용하고 있는데, 이는 개인 활동의 역사적이고 내재적인 의미를 파악하는 개념으로 공동체주의적 함의를 갖는다. 이 개념은 학습 주체를 바라보는 기초 개념으로 적합할지 모르나 저자들이 강조하는 구체적인 교육 함축을 제시하기에는 여전히 추상적이다.

또한 저자들은 리터러시 개념을 읽기와 쓰기로 압축하는데, 읽기와 쓰기는 구체적 활동을 지칭하기는 하지만 초연결사회에서 확장되어 사용되는 새로운 리터러시 개념을 포괄하기에는 제한적이다. 즉 교육적 의미에서 인문학적 리터러시가 고전 읽기와 그에 대한 쓰기 활동으로 제한될 수 있다. 그리고 저자들은 인문학적 리터러시의 포괄적인 교육의 의미를 제시하고자 하지만 중등교육의 현장과 실정에 초점이 맞추어졌다.

이에 본 글에서는 인문학적 리터러시 개념을 다음과 같이 재개념화하고자 한다. 여기에서 제시하는 인문학은 비판적인 자유인 육성이라는 의미를 갖는다. 또한 다양한 단어가 앞에 붙어서 여러 영역에서 확장되어 사용되고 있는 현재의 새로운 리터러시 상황에서 인문학이 추구하는 인간에 대한 이해가 리터러시의 기초에 놓여 있다는 의미를 갖는다. 즉 인문학적 리터러시 개념은 삶과 지식의 주체로서 "나(자아)"로부터 출발한다. 나의 이해와 자아의 발견이 인문학적 리터러시가 추구하는 첫 번째 지향이자 영역이다. 대학 교육의 학습 주체인 대학생들은 대학 생활을 통해 자신을 비판적으로 반성하고 건강한 자아정체성을 형성해야 한다.

그리고 학습 주체인 나의 이해와 발견은 '사회'라는 더 큰 맥락 속에서 파악되어야 한다. 즉 나를 둘러싼 사회적 맥락과 이슈에 대한 비판적 이해를 통해 자아는 확장된다. 자신이 소속된 공동체에 대한 이해는 단지 지역 공동체나 지역사회에 한정되지 않는다. 초연결사회는 전 지구적인 네트워크로 이루어져 있다. 따라서 인문학적 리터러시는 전 지구적 환경인 '세계'를 교육과 학습의 영역으로 포함한다. 학습 주체인 '나'에 대한 이해는 사회적 이슈와 세계적 이슈에 대한 비판적 이해로 확장된다. 요컨대 인문학적 리터러시는 나, 사회, 세계란 세 가지 주제 영역을 중심으로 구성된다.

나, 사회, 세계는 비판적 리터러시가 함축하는 주제 영역이기도 하다. 비판적인 세계 읽기로 리터러시 교육을 주장한 프레이리(P. Freire)에 따르면 앎의 행위인 읽기와 쓰기의 학습자들은 창조적 주체가 되어야 한다. 따라서 학습자들은 읽기, 쓰기 과정과 언어의 심층적 의미를 비판적으로 성찰해야 한다. 또한 리터러시 과정의 인지적 차원은 인간과 인간, 인간과 세계 사이의 관계, 그리고 현실에 대한 비판적 읽기를 포함한다(파울로 프레이리 지음, 허준 옮김, 2014:7~8). 또한 프레이리의 리터러시 이해에 영향을 받은 현재의 비판적 리터러시를 정의하는 핵심 개념인 권력 개념은 사회적 정체성과 함께 우리가 다른 이들과 함께 삶을 살아나가는 방식을 의미하는 미시정치를 강조한다(힐러리 잴크스 지음, 장은영 외 옮김, 2019).

정리하자면, 인문학적 리터러시는 삶의 주체로서 '나'에 상응하는 휴먼 리터러시, '사회'에 상응하는 소셜 리터러시, 그리고 '세계'에 상응하는 글로벌 리터러시로 구성할 수 있다.

여기에서 휴먼 리터러시는 인간을 이해하고 함께 소통하며 성장하는 능력이다. 인간에 대한 이해는 공동체와 결부된 자아로서의 자신을 이해하는 것을 시작으로 가족·타인·집단·세계로 관심과 시선이 확장되어 나가기 위해 갖추어야 할 능력을 의미한다.

다음으로, 소셜 리터러시는 초연결사회에서 내가 속한 사회를 비판적으로 이해하고 종합하여 재창조하는 데 요구되는 능력으로 디지털·미디어·젠더·공동체 리터러시 등을 포괄하는 능력이다.

마지막으로, 글로벌 리터러시는 개개인이 처한 맥락이 다원적인 세계의 맥락과 상호 영향을 주고받는 속에서 형성됨을 아는 능력으로 세계시민적 윤리와 책임 의식을 가지고 지구 공동체의 문제를 발굴하며 그 해결에 참여할 수 있는 실천적 능력을 의미한다.

4. 인문학적 리터러시 함양을 위한 융·복합 교양 교과목 개발의 예

지금까지 검토해 본 이론적 배경을 바탕으로, 대학생들의 인문학적 리터러시 함양을 목표로 하는 <삶과 리터러시>라는 교과목의 실제 개발 과정과 내용을 기술하는 것으로 논의를 진전시키고자 한다. 상기 교과목은 앞서 제시한 인문학적 리터러시 개념과 주제 영역에 따라 초연결사회에서 발생하는 문제들을 해결하는 융·복합적인 사고력 함양에 초점을 두었다.

즉 <삶과 리터러시>는 인문학적 리터러시 함양을 위한 개론 수업으로 인간에 대한 이해와 성찰을 발판으로 하는 '휴먼 리터러시(Human literacy)', 현대사회에 대한 비판적, 종합적인 사고를 포함하는 '소셜 리터러시(Social literacy)', 세계 시민성과 이문화 의사소통 능력 함양을 위한 '글로벌 리터러시(Global literacy)'를 이해하고 성찰하는 데에 목적을 두었다. 이러한 목적을 달성하기 위해 '교과목 설계를 위한 예비 연구- 교과목 내용 구성 – 교수법 선정'의 단계를 거쳐 교과목을 개발하였다.

첫 번째 단계로 전체적인 교과목 설계를 논의하기 위한 예비 연구를 진행하였다. 상기 교과목 개발은 학제 간 경계를 넘어선 융·복합형 교과로 개인과 사회에 대한 기본적인 이해, 사회 변화와 개인의 삶의 변화에 대한 이해, 함께 살아가는 사회에 대한 이해와 실천적 방향 모색이라는 교육목표 아래 연구가 진행되었다. 이는 학생들에게 '나', '사회' 그리고 '세계'라는 주제에 대한 자유로운 토론과 자기 자신에 대한 이해를 바탕으로 다양한 사회적 주제를 토론하는 기회를 마련해줌으로써 학생이 자기 주도적인 삶을 설계할 수 있도록 함과 동시에 공동체 의식을 함양할 수 있는 장을 제공하기 위함이었다.

이어 교과목 내용 구성 및 교수법 선정 단계를 거쳤다. 국문학, 경영정보시스템, 사회학, 신문방송학, 영문학, 종교학, 한국어교육학 등 여러 전공 분야의 연구자 10명이 참여하였고 공동 연구회의 7회와 팀별 연구회의 9회를 거쳐 교과 내용을 확정하였다. 교과목의 내용은 휴먼, 소셜, 글로벌 리터러시 3개 영역으로 구분하였고 영역별로 추구하는 핵심 가치를 설정한 후 이에 해당하는 세부 주제를 선정하였다. 이를 통해서 교양 과목들의 산만한 배치를 막고 필수적으로 학습을 해야 할 것들을 구체적으로 제시하고자 하였다.

공동연구 회의에서는 연구자 모두가 참여하여 각 팀의 발제 내용을 공유함으로써 교과목의 세부 주제와 내용이 유기적으로 연결될 수 있도록 하였다. 팀별 연구회의에서는 팀(나: 휴먼, 사: 소셜, 세: 글로벌)별로 소속 연구자가 연구한 구체적이고 상세한 교과목 내용을 공유하였다. 휴먼 리터러시 연구팀은 인간에 대한 이해와 성찰, 소셜 리터러시 연구팀은 현대사회에 대한 비판적·종합적인 사고 함양, 글로벌 리터러시 연구팀은 세계 시민성과 문화 간 의사소통 능력 함양을 목표로 하였다.

<삶과 리터러시>는 학문 간 경계를 넘어서 주차별 주제를 기반으로 운영된다는 차원에서 이에 합당한 주제 중심 교수법(Theme-based Integrated Learning)을 적용하였다. 주제 중심 교수법은 주제 중심 통합 학습으로, 전공별 내용을 엄격히 구분하여 가르치는 방식이 지닌 한계에 대한 대안적 접근으로, 분과 통합적 학습 기회를 제공하는 학습법이다. 이 교수법은 하나의 주제를 중심으로 다른 학문이 유기적으로 상호 관련되어 전체적인 학습이 이루어지도록 재구성하는 것으로 창의적, 비판적 사고를 길러주는 데에 적절하다(함윤주, 2019:123~124).

즉 주제 중심 통합학습은 특정한 주제를 중심으로 학습자의 능력, 흥미와 사회적, 시대적 요구, 교과의 요구를 반영한 학습 내용을 구조적이고 조직적으로 결합하여, 학습자들의 지식습득과 방법을 동시에 강조하면서 통합적 사고능력을 가지는 전인적인 발달을 도모하는 학습 방법이라고 할 수 있다.

〈표 1〉 주제 중심 접근법에 따른 〈삶과 리터러시〉의 6가지 설계 기준

구성요소	세부 내용
주제(theme)	인문학적 리터러시
텍스트(texts)	주제와 소주제를 중심으로 한 교육자료. 교수자 준비
연결고리 (threads)	휴먼: 인간에 대한 이해와 성찰
	소셜: 현대사회에 대한 비판적, 종합적 사고
	글로벌: 세계 시민성과 문화 간 의사소통 함양
소주제(topics)	휴먼: 정체성, 서양 신화, 한국 신화, 종교
	소셜: 경제, 미디어, 빅데이터, 디지털 시민성
	글로벌: 언어 문화, 다문화, 세계 시민성, 비판적
과제(tasks)	학습한 내용을 활용, 소통해 보는 토론 및 과제
이행(transitions)	학습한 내용을 일상에서 응용

"주제 중심 접근법에 기반한 수업을 설계할 때는 주제와 화제(소주제)를 정하고 텍스트와 과제 등 수업과 관련된 여러 요소를 체계적으로 구성하는 것이 중요"하다. 교양교과목 〈삶과 리터러시〉 수업 설계는 Stoller & Grab(1997)이 개발한 6T 지침을 참고하였고 Pilot Study에서 논의된 내용 중심의 구성 요소를 통합, 정리한 후 주제 중심 형태 수업의

효율적 설계를 위해 6가지 기준을 제시하였다(함윤주, 2019:125).

이 지침의 구성요소에서 중심을 차지하는 '주제(theme)'는 주요 교육과정의 여러 단원을 구성하는 중심 제목을 의미한다. 중심 제목은 대주제로 볼 수 있으며 모든 수업의 근간이 된다. 연결고리(threads)는 주제와 연관된 여러 소재나 다른 소주제를 일관성 있게 연결하는 수단으로 영역별 공통 주제(중주제)로 구성하였다. '소주제(topics)'는 소주제로 대주제에 대한 상세 영역을 구체적으로 탐구하기 위한 여러 교과로 구성된다. '텍스트(texts)'는 대주제와 중주제, 소주제를 반영한 교육자료를 의미한다.

텍스트는 주제와 관련 내용이 제시된 기존 교재를 활용하거나 교수자가 직접 자료를 제시하거나 편집, 사용할 수 있는데 교수자가 강의 자료를 만들어 제공하였다. '과제(tasks)'는 학습자가 강의와 텍스트를 통해 학습한 내용과 학습 전략을 활용할 수 있도록 계획된 활동이다. '이행(transitions)'은 주제에서 소주제로, 혹은 소주제에서 과제로의 전환을 의미한다. 주제는 차시마다 전문 영역의 리터러시를 택하였으며, 영역별로 중주제를 정하여 연결고리로 사용하였다.

〈그림 1〉 주제 중심 통합에 따른 〈삶과 리터러시〉 교과 구성

5. 융·복합 교양 교과목 운영 및 결과

이렇게 개발된 <삶과 리터러시>는 2021년도 1학기에 첫 개설되어 1개 분반을 시범 운영하였다. 교양과목의 특성상 다양한 전공의 학생들이 신청하였으며 사이버 강의로 진행되었다(<표 2>).

<표 2> 교양과목 <삶과 리터러시>의 목표 및 운영 방식

교과목 목표
학생들의 인문학적 리터러시 능력 함양을 위한 개론 성격의 교과로, 인간에 대한 이해와 성찰을 발판으로 하는 '휴먼 리터러시'와 현대 사회에 대한 비판적이고 종합적인 사고를 포함하는 '소셜 리터러시', 세계 시민성과 문화 간 의사소통능력을 함양하기 위한 '글로벌 리터러시' 역량을 이해하고 성찰하는 데에 목표를 두었다.
교과목 운영방식
이 수업은 학생이 주도적으로 각 역량마다 제공되어 있는 4주차 수업 단위의 교육 내용을 선택하여 총 12주차의 교육 내용을 구성한다는 특징을 가지고 있다. 이를 통해 학생이 학제 간, 교수 방법 간의 다양한 융합을 경험하고, 자신에게 맞는 지식을 재창조해 낼 수 있도록 하였다. 또한 4주차 수업 단위 사이에 수업과 관련된 창의적이고 자기주도적인 활동을 할 수 있는 비교과 프로그램을 연계하여 이수하도록 함으로써 수업 목표 달성의 효율성을 높이고 교육 효과를 극대화하고자 하였다.

1주차 오리엔테이션과 14주차 종합 정리, 15주차 기말고사를 제외한 12주차의 내용은 3개의 대주제인 휴먼, 소셜, 글로벌 리터러시에 대한 주제로 각각 4주로 구성하였다.

〈표 3〉〈삶과 리터러시〉 주차별 강의 계획 표

주차	수업 주제	수업 내용 및 활동
1	오리엔테이션	세 영역 소개 및 영역별 담당 교수 소개
2	정체성 리터러시	1차시: 정체성 리터러시의 개념 2차시: 정체성 리터러시 응용, 텍스트 속 인물의 정체성 찾기
3	신화 리터러시 : 서양 신화	1차시: 신화 리터러시의 개념과 서양 신화의 의의. 헤브라이즘과 헬레니즘 2차시: 신화 리터러시의 응용, 헤라클레스의 삶과 영웅의 의의
4	신화 리터러시 : 한국 신화	1차시: 신화 리터러시의 개념과 한국 무속 신화의 의의 2차시: 한국 신화 속 모험과 대결을 통해 얻어지는 특성
5	종교 리터러시, 종교 이해	1차시: 종교의 의의와 인간의 궁극적인 질문 2차시: 세계의 종교에 대한 이해
6	경제 리터러시	1차시: 경제 리터러시의 개념과 사회 구조 이해하기 2차시: 인생 설계를 위한 세금, 보험, 연금 이해하기
7	미디어 리터러시	1차시: 미디어 리터러시의 개념 2차시: 유튜브 시대에 미디어 바라보기
8	ICT 리터러시	1차시: AI 이해하기 2차시: 빅 데이터의 두 얼굴(편리성과 감시) 이해하기
9	디지털 시민성 리터러시	1차시: 사회 구성원 간 다툼과 같음에 대해 이해하기 2차시: 사회적 책임과 권리에 대해 이해하기
10	언어문화 리터러시	1차시: 자신의 문화 정체성 성찰하기 2차시: 이문화 의사소통 이해하기
11	다문화 리터러시	1차시: 문화와 문화의 차이에 대한 관점 이해하기 2차시: 다문화주의와 문화 다양성 이해하기
12	세계시민성 리터러시	1차시: UNESCO의 세계시민성 이해하기 2차시: 세계시민으로서의 자질과 태도 함양하기

13	비판적 리터러시	1차시: 비판적 리터러시의 개념 이해하기 2차시: 글로벌 이슈(인종, 민족, 환경문제)비판적으로 바라보기
14	종합정리	삶과 리터러시 강의에 대한 전체적인 정리
15	기말고사	14주간의 내용을 최종적으로 테스트

또한 다음의 과정을 거쳐 교과목이 개설되었으며 지속적으로 수정·보완 작업을 진행하였다.

〈표 4〉〈삶과 리터러시〉 교과목 개설 절차

2021년 1학기	▶	2021년 2학기	▶	2022년 1학기
· 1개 분반 시범운영	진단평가 인터뷰 (6명)	· 정식 교양선택 과목 선정 · 3개 분반 운영	진단평가 중간평가 기말평가	· 교양필수 선정 · 5개 분반 운영

5.1. 시범운영과 평가 결과

<삶과 리터러시>는 2021년 1학기에 시범적으로 운영되었다. 정식 교과목 운영 전에 개선해야 할 부분을 확인하고자 진단평가와 인터뷰를 실시해 개선 방향을 검토하였다. 진단평가는 학생들의 리터러시 인지도를 알아보려는 목적으로 수업 시작 전과 후에 실시되었으며 각각 40명과 51명의 학생이 참가하였다. 평가 내용은 교육공학을 전공한 교수의 자문을 거쳐 대주제(3), 모듈별(4×3), 중주제(3×1) 등 총 42문항으로 구성하였다. 각 문항은 인지 정도에 따라 '1(매우 부정)~5(매우 긍정)'로 나누었으

며 개발된 설문지는 사이버 강의실에 올려놓고, 공지를 통해 참가를 유도하였다.

진단평가 결과, 학기 초에는 '보통'이라는 응답이 많았는데, 차후 인터뷰를 통해 그 이유가 용어의 낯섦과 이해 부족임을 확인할 수 있었다. 학기 초 응답 결과를 보면 '보통>긍정>부정>매우 긍정>매우 부정' 순으로 '보통'에 치우쳐 있었으나, 학기 말에는 '긍정'이 가장 많았다. 특히 기말에는 '긍정>보통>매우 긍정>부정>매우 부정' 순으로 전체 42개 문항을 통틀어 부정은 드물었고 '매우 부정'은 단 하나도 없었다.

또한 신규 교과목에 대한 수강생들의 이해도를 더 심층적으로 파악하기 위하여 대면 및 웨벡스(Webex) 프로그램을 통해 총 4회 인터뷰를 실시하였다. 인터뷰는 학기 초에 <삶과 리터러시> 강의실에 공지를 올려 자원자를 모집하였고 따로 모임방을 개설, 필요 사항을 공지하였다. 인터뷰는 인터뷰어가 선정한 질문에 참여자들이 답하는 식으로 진행되었다.

〈표 5〉 신규 교과목 〈삶과 리터러시〉에 대한 수강생 인터뷰 내용

횟수	인원	중점 질문(항목 수)	비고
1 (3월)	6	수업 운영방식과 용어 관련 (25)	1. 리터러시라는 단어가 낯섦. 2. 문해력이라는 단어를 들어본 학생이 2명, 나머지는 들어본 바 없음.
		1. 리터러시가 무엇인지 알고 있는가. 2. 삶과 리터러시가 어떤 의미인지 추측하기. 3. 전공과 연관이 있을 것 같은가.	
2 (4월)	7	휴먼 리터러시 관련 (18)	1. 리터러시라는 단어가 아직 낯섦. 2. 정체성 리터러시는 익숙함. 3. 그리스 신화 리터러시
		1. 정체성 리터러시라는 용어가 정체성에 대한 시각을 달리하도록 만드나? 2. 그리스신화가 동양인인 우리에게도 중	

		요하다는 데 동의하는가. 왜 중요한지 이유를 말할 수 있는가? 3. 미륵과 석가의 이야기를 듣고 세상에서는 선과 악이 반드시 지켜지는 것만은 아니라는 것에 대해 어떻게 생각했는가?	는 성인들을 위한 것. 4. 한국 신화 리터러시는 낯섦. 5. 종교리터러시가 가장 어려움.
3 (5월)	6	소셜 리터러시 관련 (15)	
		1. 경제, 미디어, 디지털 시민성, 빅데이터를 다루었는데 이 중 가장 많이 접하는 분야는 어디인가? 2. 이 중 가장 이해하기 쉬웠던 분야는 어느 것인가? 3. 인공지능이 의미 있는 소설을 써낼 수 있을까?	1. 검색을 통해 공부함. 2. 미디어 리터러시는 사용하고 있지만 의의를 깨닫지 못하다가 설명을 듣고 알아차림.
4 (6월)	5	글로벌 리터러시 관련 (16)	
		1. 언어문화 리터러시는 문화가 학습된 것이라고 말한다. 유전된 것인가. 학습된 문화는 어떤 의미일까. 2. 다문화 리터러시는 여러 나라의 문화를 두고 말하는 것인가 아니면 한 나라 안에 존재하는 여러 가지 문화를 말하는 것인가. 3. 세계시민성 리터러시는 지구촌 혹은 지구마을과 관련이 있다. 세계시민성이란 결국 무엇을 말하는가.	1. 뉴 리터러시라는 용어가 익숙해졌으나 아직 설명은 못함. 2. 각 개인의 전공 및 관심사에 따라 리터러시 이해도가 달랐음. 3. 가장 어려웠던 리터러시: 한국신화(1), 경제(2), 종교, 글로벌.

인터뷰 결과, 세부 항목 이해도는 개인별로 차이가 있었지만, 전체적으로 '뉴 리터러시'에 대한 이해가 증가하였고 특히 '삶과 리터러시'라는

전체 주제에 대한 이해도가 높아졌음을 확인할 수 있었다. 신규 교과목을 시범적으로 적용한 후에 해당 교과목에 대한 평가는 '① 각 소주제 이해도 증가, ② 팀티칭에 대한 호감, ③ 새로운 주제, 지식에 대한 호기심'으로 정리되었으며, 이를 바탕으로 신규 교과목에서 개선해야 할 점은 '① 사이버 강의로 학생끼리 주제별, 조별로 합동 학습 미비, ② 주제에 대한 심화학습 필요, ③ 프로젝트형 과제 필요, ④ 모듈끼리 연계할 통합학습 필요'로 정리되었다.

5.2. 교양선택과목 운영과 평가 결과

1개 분반의 시범운영을 거쳐, 2021년도 2학기부터 교양 선택 과목으로 지정된 <삶과 리터러시>는 진단평가와 인터뷰를 통해 도출된 개선 방안을 토대로 총 3개 분반이 운영되었다. 3명의 교수가 각각 1개 반을 맡아 운영하였으며 사전 논의를 거쳐 동일한 방식의 수업 운영 및 시험을 진행하였다. 상기 학기의 경우, 수업 내용의 인지도를 파악하기 위하여 진단평가 문항을 구성하여 수업 전후로 나누어 2회 실시하였다.

<표 6> 진단평가 영역

대주제	중주제	소주제
리터러시	나	정체성, 서양신화, 동양신화, 종교
	사회	경제, 미디어, ICT, 디지털, 시민성
	세계	언어문화, 다문화, 세계시민성, 비판적 리터러시

소주제별로 응답의 실례에 대한 분석 결과를 살펴보면, <삶과 리터러

시> 교과목에 대한 진단평가 중주제 '개인' 영역 중 '정체성'과 관련한 설문 문항에서 '정체성은 고정된 것이 아니라 핵심 사건들을 통해 변할 수 있음을 알고 있다.'에 대한 인지도를 평가한 것으로, 수업 전(76%)에 비하여 수업 후(89.2%)에 상당히 향상되었다.

중주제 '사회' 영역 중 '경제 리터러시'와 관련한 설문 문항에서 '경제 리터러시란 경제에 대한 기본 지식을 갖고 시장 경제의 흐름을 읽어내는 일임을 알고 있다.'에 대한 인지도를 평가한 것으로, 긍정적인 응답이 수업 전(57.4%)보다 수업 후(88.6%)에 대폭 증가하였다.

중주제 '세계' 영역 중 관련 설문 문항으로 '다양한 문화를 인정하는 것은 나와 다른 사람이 더불어 살아가는 데 중요한 일임을 알고 있다.'에 대한 인지도를 평가한 결과 긍정적인 응답이 수업 전(80.5%)보다 수업 후(97.1%)에 대폭 증가하였다.

한편, 과목 운영 이후 진행한 진단평가 결과와 2021년도 1학기 진단평가 결과 중에서 세 영역(나-사회-세계)에 대한 '매우 그렇다'의 응답 비율을 비교한 결과, <표 7>과 같이 학생들의 과목 인지도 및 이해도가 예전 학기보다 전반적으로 향상된 것을 확인할 수 있었다.

<표 7> 진단평가 동일 항목에 대한 '매우 그렇다' 응답률 비교

항목	2021-1	2021-2	차이
나	37.7	56.8	19.1
사회	30.2	51.4	21.2
세계	35.8	54.7	18.9

5.3. 교양필수과목 운영과 평가 결과

두 학기를 거치면서 시범운영 및 교양선택으로 운영되던 <삶과 리터러시>는 2022년도 1학기에 교양필수로 지정되어 5개 분반으로 확대, 운영되었다. 해당 교육과정 및 교과의 효율적인 운영을 위하여 본교 AI교양대학 및 교수학습개발원과 연계한 협업을 통해 물리치료학, 응급구조학, 조경학, 정보통신공학, 스포츠레저학을 지정학과로 하여 총 484명의 학생이 강의를 수강하였다. 이는 직전 학기 수강 정원 270여 명을 훨씬 웃도는 인원이다.

학기 중간에 이루어진 중간평가 중 '후반부 수업 진행에 대한 요청'을 기술하는 서술형 문항에서 '수업이 재미있다, 지금처럼만 계속 강의해 주셨으면 좋겠다' 등의 긍정적 응답들이 다수를 차지하였다. 또한 수업 종료 후에 이루어진 기말평가에는 430명이 참여하였고 수업 자체에 대한 만족률이 88.8%로 나타나 긍정적 평가가 높음을 확인할 수 있었다.

또한 교양필수과목으로 운영되고 있는 <삶과 리터러시> 교과목에 대한 교수자와 수강생들의 인식을 심층적으로 파악하기 위하여 대면으로 포커스 그룹 인터뷰(FGI)를 실시하였다. FGI는 학기 말 무렵인 22년도 6월 중순에 30분간 인터뷰어(interviewer)가 선정한 질문에 참여자들이 답하는 식으로 진행되었으며, 교수자 2명, 학습자 4명이 참여하였다.

<표 8> 2022-1학기 교양필수 <삶과 리터러시>교과목에 대한 수강생 FGI 내용

> **[1] 모듈 구성 관련**
> 현재 삶과 리터러시 과목은 나(휴먼 리터러시)-사회(소셜 리터러시)-세계(글로벌 리터러시)라는 세 개의 모듈로 구성되어 있다. 이러한 모듈 구성은 "인간에 대한 이해와 성찰", "현대사회에 대한 비판적 종합적 사고" 그리고 "세계 시민성과 문화 간 의사소통 함양"이란

내용을 담고 있다. 현재의 모듈 구성이 위의 내용을 전달하는 데 적합하다고 생각하는가.

1. '삶과 리터러시' 과목이 여러 주제로 삶과 연관돼 있다고 생각해 적합하다고 생각함.
2. 평소 생각하지 못했던 것들을 배우고 과제도 생각을 정리하는 과제들이라 적합하다고 생각함.
3. 다른 교양과목은 한 가지 주제로 공부하지만 이 과목은 일상생활과 연결되어 다른 교양과목보다 재미있었음.
4. 세 개의 모듈로 구성된 것이 마음에 들었으며, '나'가 모여 사회가 되고 사회가 커지면 세계가 된다는 것이 인상적이었음. 깊게 배우지 못했던 부분이라 지식이 축적된 느낌이 듦.

[2] 과목 진행 관련
현재의 과목 진행은 위의 내용을 전달하는 데 적합하다고 생각하는가.

1. 주차별로 내용이 바뀌어 좋았고 너무 깊게 들어가지 않아서 좋았음. 수업 자료도 꼼꼼하게 잘 구성되어 있고 수강하면서 이해가 안 되는 부분도 설명이 잘되어 있어 보기 편했음.
2. 주차별로 주제가 다르고 설명해 주시는 교수님도 계속 바뀌어 새롭기도 했고 지루하지 않았음. 이 수업은 비대면 온라인 강의인데도 교수님 옆에 자료가 보여서 수업 받는 느낌도 들고 이해도 잘 되었음.
3. 비대면 수업은 교수님이 설명을 해주셔도 이해가 안 되는 부분이 많은데 이 과목에서는 다른 글이나 사례를 인용하여 제시하니 이해가 잘 되었음. '삶과 리터러시' 과목 자체가 스스로에게 질문을 던지는 형식으로 진행되어 이번 수업을 통해 저 자신에 대해 많이 생각했음. 평소에 나 자신에 대해 생각을 안 해본 것 같은데 나를 돌이켜 보게 되었음.

[3] 수업 이해도 관련
수업 전후에 "삶과 리터러시" 전반, 그리고 위의 내용에 대한 나의 이해가 변화했는가.

1. 전공과 관련이 없으면 깊이 들어가면 이해와 공감이 어려운데 조금씩 상기시키면서 진행하는 방식이 적합했다고 생각함. 그리고 나와 사회가 관련되어 있다는 생각은 자주 하지만 세계와 연결되어 있다는 생각은 못 했는데 다문화 리터러시나 비판적 리터러시를 배우면서 생각이 많이 변화되었음.
2. 과제 형식이 나의 생각, 의견을 표현하면서 진행되는 수업이라 평소 생각하지 않았던

것에 대해 생각도 많이 하게 되고 대상에 대한 이해도 많이 변화했음.

[4] 교과목의 장단점 관련
다른 교양과목과 비교했을 때 삶과 리터러시 과목이 갖는 차이점, 장점과 단점은 무엇인가.

1. 여러 교수님이 설명하시는 게 단점이라고 생각함. 교수님이 바뀔 때마다 교수님에 대한 적응을 다시 해야 함. 그리고 관심 있는 주제를 깊이 배우고 싶은데 그러지 못해 아쉬웠음.
2. 비대면 온라인 강의인데 교수님 얼굴을 보면서 수업을 듣는 것이 좋았고 자료가 꼼꼼하여 만족스러웠음. 다른 교양 자료들은 그림만 몇 개 있고 설명이 없어 다시 볼 때 이해가 어려웠는데 설명이 잘 되어 있어 좋았음. 그리고 다문화 리터러시 수업을 들을 때 좀 더 깊게 알고 싶다는 생각이 들었는데 바로 주차가 바뀌어서 아쉬웠음.
3. 다른 교양은 질문에 대답이 정해져 있는 거 같은데 이 과목은 내 안에 있는 생각을 꺼내야 하는 것이 달랐음. PPT 마지막에 다시 설명을 해주는 것으로 복습할 수 있어 좋았음. 질문에 나의 생각을 적어야 해서 시간이 조금 걸리는 게 단점이었음.
4. 과제에 나의 생각을 적어야 하는데 글 쓰는 것을 좋아하는 사람은 쉽게 쓸 수 있지만 그것이 잘 되지 않는 사람에게는 어려울 수 있음.

[5] 교과목 평가 및 개선 방안
이번 학기 과목 운영에 대한 전반적인 평가는 어떠한가.

1. 전반적으로 좋았음. 세상을 살아갈 때 사회와 세계 그리고 나와 관련된 당연한 이야기를 다시 새롭게 짚어주는 것이 좋았음. 너무 익숙해지고 당연해서 알지 못했던 부분을 다시 생각해볼 수 있게 해주어 좋았음.
2. 재미있게 잘 들었음. 나 자신을 돌아보고 사회를 볼 때 '이런 질문을 던질 수도 있구나' 라고 물음표를 많이 생각하게 되었음.
3. 자신을 돌아보는 시간이라 너무 좋았음.
4. 과목은 만족하면서 수업을 들었음.

학습자 대상 FGI 결과, <삶과 리터러시>가 '나-사회-세계'와 관련한 일상적이고 당연한 것들에 대한 새로운 관점을 제시하고 환기하는 데 의미가 있음을 공통으로 언급하였다. 특히 다문화 리터러시 학습 후 나와 사회, 세계가 연결되어 있다는 단순한 지식적 학습이 아닌 대상에 대한 이해도 증가와 함께 사고의 변화를 경험하였음을 진술하였다.

다만, 한 교과목을 영역마다 다른 교수가 교수-학습하는 점, 다양한 주제를 제시하다 보니 깊이 있게 해당 내용을 다루지 못하게 되는 점, 자기 성찰을 포함한 본인의 생각과 의견을 과제 수행으로 결과물을 도출해 내는 점이 장점인 동시에 단점으로 언급되었다.

〈표 9〉 2022-1학기 교양필수 〈삶과 리터러시〉교과목에 대한 교수자 FGI 내용

[1] 모듈 구성 관련
현재 삶과 리터러시 과목은 나(휴먼 리터러시)-사회(소셜 리터러시)-세계(글로벌 리터러시)라는 세 개의 모듈로 구성되어 있다. 이러한 모듈 구성은 "인간에 대한 이해와 성찰", "현대사회에 대한 비판적 종합적 사고" 그리고 "세계 시민성과 문화 간 의사소통 함양"이란 내용을 담고 있다. 현재의 모듈 구성이 위의 내용을 전달하는 데 적합하다고 생각하는가.

1. 나를 이해하고 사회를 이해하고 타인을 이해하는 공존까지 나가는 방식으로 모듈 구성은 잘 되었다고 생각함. 궁극적인 목적이 다른 사람과 충돌 없이 상생하는 것이라고 본다면 사회에서 세계로 전개되고 여러 학문 분야를 제시한 것은 좋다고 생각함. 그러나 신화와 종교를 하고 나면 경제나 소설을 공부하는데 학문 간 연결이 얼마나 긴밀하게 이루어지는지는 회의가 들었음.
2. 처음 '나, 사, 세'로 목표를 세우고 세부적인 학습의 목표를 정함에 있어서 열심히 했지만 연결고리를 이해하지 못하고 연결 부분을 세밀하게 다루지 못했음. 학습자들 입장에서는 단순 나열에 지나지 않았나 생각됨. 이 강의는 세상과 타인, 나를 연결하는 브릿지 역할을 하는 것이 수업의 취지인데 이런 언급을 한 부분이 짧게 넘어갔음.

[2] 과목 진행 관련
현재의 과목 진행은 위의 내용을 전달하는 데 적합하다고 생각하는가?

1. 인문학과 사회학 등 방대한 범위를 다루다 보니 기초지식만 다루고 심화된 내용까지는 다루지 못하였음. 기초적인 지식에만 머무는 것이 한계인 것 같음. 다양한 분야를

배워서 좋기도 하지만 너무 다양한 분야를 수박 겉핥기식으로 진행하는 것은 문제가 있지 않은가 생각이 들었음. 수강하는 강의에 대한 기본 지식이 없이 들으면 이해가 어려울 수 있음.
2. 영상을 다시 보면서 확대할 부분과 가지치기할 부분을 구분해야 하고 강의 중간이나 끝난 후 소주제를 만들어 에세이를 작성한다든지 학생 스스로 생각을 정리할 시간을 만들어 줘야 함. 학습자의 이해를 도모하고 전체인 내용을 아우르는 의견 작성 시간이 필요함. 학습자들은 강의를 듣고 텍스트를 읽고 의미까지 해석해야 하는데 학습자에게 부담이 되는 부분으로 작용했을 것으로 생각됨.

[3] 수강생 관련
각 분야의 개설 교과목에 대한 수강생의 학습 태도, 역량 향상 등 차이점은 무엇인가.

1. 과제 제출이 늦은 학습자들이 과제를 제출을 인정해 달라고 하는 경우가 많았음.
2. 학생들에게 참여하도록 오픈 채팅과 앱 쪽지로 독려했지만 쉽지 않았음. 시험 문제는 문제은행식으로 출제하고 있는데, 바로 채점이 가능하고 부정 처리 규정도 따로 마련되어 있음. 그러나 2차 인증은 학습자들에게 부담일 것 같아 하지 않았음. 수강생이 100명 가까이 되다 보니 과제에 대한 피드백을 주지 못했음. 교수자의 적극적인 개입이 필요해 보임.

[4] 타 교양과목과의 비교 관련
다른 (대학) 교양과목과 비교했을 때 삶과 리터러시 과목이 갖는 차이점, 장점과 단점은 무엇인가.

1. 인문사회 전 분야를 다루기 때문에 기초지식을 넓히고 빅데이터나 ICT 같은 내용도 있어 현대 사회를 살아가는 데 필요한 내용이 있어 좋음. 또 외부 수주로 제작했기 때문에 강의 PPT나 강의 영상 등이 완성도가 높음. 다만, 강의가 어려운지 어떻게 따라오는지 알 수가 없음. 사이버 강의라 방법이 없기에 매 주차마다 퀴즈를 냈음.
2. 사이버 강의이다 보니 학습자와 상호 소통이 없어서 중간에 학습자를 만나서 리뷰하는 시간을 갖거나 OT 때라도 얼굴을 보고 이야기하는 시간이 필요한 것 같음. 교수자 개입이 필요함.

[5] 삶과 리터러시 II 관련
삶과 리터러시 I 과 연계되는 심화 교과목(삶과 리터러시 II)의 개설과 운영에 대한 의견은 무엇인가.

1. 현재 한 학기에 종교 2차시, 신화 2차시로 구성되어 있어 너무 짧음. 실제 동영상이 25분이니 많은 내용을 다룰 수 없고 학습자들이 흥미 있는 것 같다고 느끼다가 그치게 됨.
2. 1과 2를 휴먼과 소셜, 소셜과 글로벌로 나눠서 제작하거나 모듈을 선택할 수 있게 수를 늘리는 것은 어떤지? '리터러시 2'를 제작할 때 내용을 심화하기보다 분야별로 나눠서 더 많은 영상을 찍는 게 좋을 것 같음. 한 사람이 갖고 가는 수업의 개수를 늘리는 것을 제안.

[6] 교과목 평가 관련
학기 과목 운영에 대한 전반적인 평가는 어떠한가.

1. 다섯 개 반 중 세 개 반을 맡았는데 학습 관련해서 교수학습지원센터에서 업로드해 주니 어려움은 없었고 과제 제출을 늦게 하는 학생들의 처우를 어떻게 해야 하는지 고민임. 그리고 사이버 강의이다 보니 출석률이 다소 낮아지는 것 외에는 전반적으로 좋았음.
2. 학습자들의 출석률이 낮아 동영상 열람 기회를 다시 제공하고 있는데 다른 교수님들과 맞춰야 해서 고민이 됨. 그리고 과제와 문제가 학습자에게 부담이 될 것 같아서 일부 조정해서 업로드하고 있음.

교수자 대상 FGI의 경우, '나(휴먼 리터러시)-사회(소셜 리터러시)-세계(글로벌 리터러시)'라는 세 개의 모듈 구성이 나와 타인 그리고 사회를 이해하는 데 그치지 않고 공존까지 나아가는 수업 운영 방식에 대해 긍정적인 응답을 하였다. 그리고 인문사회 분야를 비롯하여 현대 사회를 살아가는 데 필요한 빅데이터나 ICT 같은 내용도 포함되어 있어 타 교양 교과목에 비해 학습자들의 기초지식이 넓혀지는 수업이었음을 언급했다.

그러나 해당 교과목을 운영하는 교수자로서 만족스러운 부분보다는 개선되어야 할 점에 중점을 두는 경향을 보였다. '나-사회-세계'로 확장되는 모듈 구성은 잘 이루어졌으나 각 영역 간 연계성이 긴밀하지 못한

점, 영상 자료의 전문성은 가시적으로 가독성이나 이해도를 높이는 데 의미가 있었으나 사이버 강의로 진행되는 만큼 학습자와의 교수-학습 내용에 대한 상호 소통의 부재가 나타난다는 점, 다양한 주제로 학습자의 흥미를 끌어낼 수 있으나 동영상 강의 내용이 짧아 학습자들의 지적 호기심을 더 심층적으로 끌어내지 못한다는 점을 한계로 지적하였다.

또한 교수자는 학습자에 대한 적극적인 피드백이나 지도를 통해 교수자의 개입이 필요하다는 것, 영역별로 더 깊이 있는 내용을 다루어 양적으로 영상을 늘릴 필요가 있다는 것 등을 제안하였다.

6. 나가며

이 글은 초연결사회의 도래가 제기하는 융·복합 교육의 필요성을 감지하고, 새로운 사회에 적응하기 위한 역량의 중요성에서 리터러시에 주목하였다. 새로운 도구와 가치, 의사소통 방식의 홍수 속에서 리터러시는 이에 대응할 수 있는 하나의 수단을 넘어서 필수 역량으로 제기되기 때문이다. <삶과 리터러시>라는 교과목은 새로운 사회에 대응할 수 있는 인재를 배출하기 위해서 '대학은 무엇을 어떻게 가르쳐야 하는가?'라는 고민에 대한 대답이자 대안의 일환이다.

이 글에서는 <삶과 리터러시> 교과목의 개발에 앞서, 인문학적 리터러시를 재개념화하였다. 인문학적 리터러시 개념을 나, 사회, 세계라는 세 가지 주제 영역과 함께 그에 상응하는 리터러시로 구분하여, 인간에 대한 이해와 성찰을 발판으로 하는 '휴먼 리터러시(Human literacy)', 현대사회에 대한 비판적, 종합적인 사고를 포함하는 '소셜 리터러시(Social literacy)', 세계 시민성과 이문화 의사소통 능력 함양을 위한 '글로벌 리터러시(Global literacy)'로 구성하였다. 휴먼-소셜-글로벌 3개의 주제 영역으로 구성된 융·복합 교양 교과목 <삶과 리터러시>는 특정 주제를 중심으로 학문 간 경계를 넘어 유기적으로 상호작용하면서 통합적인 사고 능력을 강조하는 주제 중심 통합학습으로 수행되었다.

상기 교과목의 운영 이후 결과를 도출하기 위하여 학생들의 수업평가와 수강생·교수자 FGI를 실시하였으며 그 결과 여러 학문 분야의 전개와 나-사회-세계라는 세 개의 모듈 구성은 학습자들의 흥미를 끌어내는 데 적합하였고 수업 종료 후 유의미한 변화를 확인할 수 있었다. 특히 시대적 요청에 부응하는 리터러시라는 개념을 이해하고 그 필요성에 대한 인지를 가능하게 했다는 점에서 본 교과목의 의의가 확보되었다.

이러한 성과에도 불구하고, 한계 역시 감지되었다. '나-사회-세계'에 상응하는 다양한 리터러시 개념과 융·복합적 교양 교과목의 운영을 위해 여러 학문 영역을 포괄한 점은, 본 교과목의 정체성이자 성과이면서 동시에 약점으로 지적받았다. 인문사회 분야뿐 아니라 빅데이터나 ICT와 같은 현대사회의 필수적인 내용이 포함되어 있어 수강생들의 기초지식이 확장되는 효과는 있었으나, 주차별로 다양하고 상이한 리터러시 영역을 학습한다는 점에서 심도 있는 탐구까지는 나아가지 못한 것이다.

또한 인문학적 리터러시 역량을 함양하기 위해서는 수동적 학습과 이해, 지식 전달뿐 아니라 실천적 활동이 병행되어야 함을 확인하였다. <삶과 리터러시>는 사이버 강의로 진행됨에 따라 일방적인 지식 전달이라는 아쉬움을 남겼다. 교수자와 학습자 간의 상호 소통의 부재와 함께 리터러시의 실천적 역량 함양을 위한 활동의 부족 역시 본 교과목의 아쉬움이자, 인터넷 강의의 태생적 한계라 할 수 있다.

지금까지 살펴본 <삶과 리터러시>의 의의와 한계에서 융·복합 교양 교과목의 지향점에 대한 단서를 다음과 같이 얻을 수 있었다. 첫째, 대학과 학문 영역의 구분 없이 융·복합 교양교육을 위한 다양한 시도와 도전들이 필요하다는 것이다. 융·복합 교양교육은 시대적 요청이자, 대학의 수강생들에게 가장 필요한 교육이라는 사실은 더 이상 의심할 여지가 없다. 본 연구에서 진행한 융·복합 교양 교과목의 필요성에 대한 성찰과 <삶과 리터러시>가 수확한 교육적 효과 및 수강생들의 만족도는 이를 뒷받침한다. 본 글에서는 '리터러시'를 기반으로 융·복합 교육을 개발했다면 더 다양한 주제, 더 다양한 학문 간 결합을 통해 융·복합 교과목의 개발이 지속적으로 시도되어야 할 것이다.

둘째, 융·복합 교육을 위해선 단순히 두 개 이상의 학문 영역의 결합이 아닌 학문 간의 간극과 공백을 채워줄 수 있는 온당한 이론적 거점과 논리적 토대가 필요하다는 것이다. 두 개 이상의 학문 간 결합만으로는 융·복합 교양교육에 대한 의미와 가치를 자명하게 부여받을 수 없을 것이다. 그러므로 다양한 학문 영역을 관통시키고 응집시킬 수 있는 '어젠다'를 수립하는 것이 융·복합 교양교육의 관건이 될 것으로 판단된다.

본 연구에서 살펴본 <삶과 리터러시>에서는 '인문학적 리터러시'라는 개념을 어젠다로 설정하고 그에 따라 다양한 주제를 포괄하였다. 특히 '나-사회-세계'라는 세 주제 영역을 설정하여 '휴먼: 정체성·신화·종교 / 소셜: 경제·미디어·ICT·디지털 / 글로벌: 언어문화·다문화·세계시민성·비판적'으로 수업을 구성한 점은, 새로운 교양교육의 모델을 제시하고 다양한 지식 전달을 추구했다는 점에서 장점이 될 수 있다.

그럼에도 현재 구성된 주차별 강의 내용은 유기성과 연계성을 고려했을 때 다소 아쉬움이 남는 것이 사실이다. 수강생과 교수자의 피드백 내용에서도 지나치게 산재해 있는 주차별 강의 내용에 대한 한계가 지적되었다. <삶과 리터러시> 교과목이 이러한 아쉬움을 극복하기 위해서는 나-사회-세계를 관통하는 핵심 키워드의 설정과 함께 각 영역 내 학습 내용의 연계성을 강화할 수 있는 방향으로 강의 주제를 수정·보완할 필요가 있어 보인다. 또한 특정 주제에 대한 깊이 있는 학습을 위해 심화 교과목 연계 개발 작업 역시 병행되어야 할 것이다.

셋째, 융·복합 교양교육은 수동적이고 일방향적인 지식 전달에서 더 나아가 '능동적'이고 '실천적'인 능력 함양 역시 고민의 대상이 되어야 한다는 것이다. 즉 '시대에 부응하는 인재 양성'이라는 응전의 결실을 맺기 위해서는 일방향적인 지식 전달이 아닌, 그것을 보완해 줄 실천적 활동 역시 동반될 필요가 있다. <삶과 리터러시> 역시 인터넷 강의라는 시스템으로 인해 실천적 활동 면에서 아쉬움을 드러내었다.

이러한 한계를 극복하기 위하여 강의 시간 외 비교과 프로그램과의 연계 등을 시도한 바 있다. <삶과 리터러시>의 수강생들을 대상으로 '나' 영역에서의 <함께하는 소설 낭독>[2], '사회' 영역에서의 <문화예술기자단>[3], '세계' 영역에서의 <세계기념일 알리미>[4]라는 비교과프로그램을

---

[2] 본 프로그램은 리터러시의 근간이 되는 읽기 능력과 이해력에 대한 학생들의 역량 강화를 목표로 운영되었다. 프로그램에 참여한 학생들은 능동적 읽기와 상호 소통의 경험을 할 수 있었다.

[3] 본 프로그램은 수강생들의 문화 예술 관련 기초 소양의 습득 및 사회적 참여를 목표로 운영되었다. 참여자들은 직접 공연작품을 관람하고 그에 대한 홍보 기사문을 작성하였다. 기사문이라는 공적 성격의 글을 써봄으로써 글쓰기 역량을 강화하고 사회적 참여를 경험했다는 의의를 발견할 수 있다.

[4] 본 프로그램은 세계난민의 날 등 일반 시민들에게 해당 주제/이슈의 중요성과 심각성을 알리는 캠페인 활동이다. 참여 학생들의 글로벌 리터러시 역량을 증대하기 위해 1)분쟁-아동-난민-환경 등 글로벌 현황 관련 지식과 이해의 제고, 2) 글로벌 이슈에 대한 관심의 증진과 세계시민의식 함양, 3) 지구촌 문제해결을

진행한 것은, 이러한 아쉬움을 극복하기 위한 대안의 일환이었다.

비교과 프로그램에 참여한 <삶과 리터러시> 수강생들은 활동 보고회를 통해 교과목 외적인 활동에 대한 높은 만족감을 보였으며, 교수자-수강생 간 연대 의식 확대, 나와 사회와 지구촌 이슈에 대한 이해 증진, 실천적 시민참여의 연습, 세계시민의식 함양 등을 경험할 수 있었다고 긍정적인 소감을 밝힌 바 있다.

이러한 지향점을 바탕으로 <삶과 리터러시> 교과목은 지속적으로 수정·보완의 과정을 거치고 있다. 충분한 자료가 수집된 이후, 후속 연구를 통해 수정 사항이 반영된 <삶과 리터러시>의 운영 결과에 대한 진전된 논의를 제시하고자 한다. 본 연구에서 진행한 융·복합 교양 교과목 개발 과정과 결과에 대한 논의가 융·복합 교양교육을 고민하는 많은 교수자와 연구자들에게 유의미한 시사점을 제공했기를 기대한다.

위한 실천적 시민참여의 경험 등을 구체적인 목표로 제시하였다.

참고문헌

- 강영훈(2022), 「스포츠와 미디어 리터러시: 미디어에 나타난 은유적 함의」, 『인문사회과학연구』 제65권 제2호, 인문사회과학연구소.
- 고현범(2023), 「기술복제시대의 리터러시-발터벤야민과 디지털 리터러시」, 『철학논총』 제112권 제2호, 새한철학회.
- 김우영·이병승(2013), 「인문학적 리터러시의 의미와 교육적 함의」, 『중등교육연구』 제61권 제4호, 사법대학부속중등교육연구소.
- 마사 누스바움 지음, 우석영 옮김(2010), 『공부를 넘어 교육으로』, 궁리.
- 박병철(2019), 「리버럴아츠 교육과 한국의 교양교육」, 『교양교육 연구』 제13권 제1호, 한국교양교육학회.
- 서장원(2015.05.25.), 「<시론> 후마니타스와 리버럴 아츠」, 한겨레신문, https://www.hani.co.kr/arti/opinion/column/692714.html
- 손동현(2015), 「융복합 교육 수용의 문화사회적 배경」, 『한국교양교육학회 학술대회 자료집』.
- 유리(2022), 「교양문학의 융복합적 교육 방안 연구- 교과목 개발 사례를 중심으로」, 『문학교육학』 제76집, 한국문학교육학회.
- 윤영(2020), 「한국어 학습자의 영화 리터러시 능력 함양을 위한 수업 모형 연구」, 『문화교류와 다문화교육』 제9권 제1호, 한국국제문화교류학회.
- 장은주(2008), 「학제 간 융합교육을 통한 '인문적 교양교육'의 새로운 활로 찾기」, 『교양교육 연구』 제2권 제2호, 한국교양교육학회.
- 파울로 프레이리(2014), 허준 옮김, 『문해교육』, 학이시습.
- 파울로 프레이리(2022), 허준 옮김, 『자유를 위한 문화행동』, 영남대학교 출판부.
- 함윤주(2019), 「중국인 유학생 대상 역사 문화 교육방안-주제 중심접근법의 적용을 중심으로」, 『다문화사회와 교육 연구』 제3집, 다문화연구소.
- 힐러리 잭크스(2019), 장은영 외 옮김, 『리터러시와 권력』, 사회평론아카데미

PART 2

소셜 리터러시 : 사회에 참여

- 소셜 리터러시로서의 젠더와 소수자 담론 읽기 ❘ 정미선
- 디지털 세상에서 건강한 시민으로 함께 살아가기 ❘ 윤민아
- '연결'되고 '역할'하고 싶은 마음에 대하여 ❘ 서진영
- 놀 권리를 통해 아동의 삶을 다시 바라보기 ❘ 좌현숙
- 사회를 읽고 사회에 참여하는 새로운 도구, 웹툰 ❘ 강영훈
- 우리 곁의 건축을 바라보는 몇 가지 방법 ❘ 박종현

소셜 리터러시로서의 젠더와 소수자 담론 읽기

정미선

1. 소셜 리터러시로의 전회가 의미하는 것

리터러시(literacy)는 통상적으로 문해력, 즉 개인의 읽고 쓰는 능력을 광범위하게 통칭하는 표현으로 이해된다. 그러나 이러한 전통적인 리터러시의 개념은 크게 리터러시 이론과 연관되어 있는 주체, 능력, 모델이라는 세 가지 측면에서 도전받아왔다. 리터러시 모델의 변천 과정을 간략하게 살펴봄으로써 우리는 소셜 리터러시로의 전회가 의미하는 바를 탐색하고, 소셜 리터러시의 하위 범주이자 분석 틀로서의 젠더와 퀴어 관점에 대해 탐구할 수 있다.[1]

스트리트는 리터러시 개념의 초기 이해에서부터 오늘날에 이르는 관점 전회의 맥락을 설명하면서, 리터러시 모델의 변천 과정을 자율적 리터러시(autonomous literacy) 모델에서 사회적 리터러시(social literacy) 모델로의 전회로 설명한다.[2] 먼저 자율적 리터러시 모델은 개인의 인지적 발달에 대한 초기 심리학 이론과 사회발전이론에 기반한 관점이다. 자율적 리터러시 모델에서 주체는 문해력을 가지거나 가지지 못한 특정 개인이다. 이때 개인은 보편적으로 탈맥락적인 위치성이 전제되는 대문자 주체로 의미화된다.

이러한 주체 이해에 따라 리터러시 능력 또한 중립적인 기술이자 개인의 정도적인 인지 능력으로 전제된다. 이러한 능력은 모든 사회적이고 문화적인 맥락에서 공통적으로 적용될 수 있는 보편적인 것으로, 리터러시 능력을 개발함으로써 개인 주체는 사회에 적응하고 적합하게 의사소통할 수 있는 기능을 획득할 수 있다. 이처럼 리터러시 능력을 가진 주체는 문자화된 텍스트 중심적 리터러시 모델을 통해 적절하게 교육될 수 있는 것으로 여겨진다. 즉 자율적 리터러시 모델은 기본적으로 근대성에 기초한 본질주의적 모델이라고 할 수 있다.

사회적 리터러시 모델은 이러한 자율적 리터러시 모델이 전제하는 주체, 능력, 모델에 대한 비판과 함께, 새로운 리터러시 연구(new literacy studies) 및 비판적 리터러시(critical literacy)의 조류[3]에 의한 리터러시

---

1   이 글 전체에서 사회적 리터러시는 소셜 리터러시의 번역어로 사용된다.
2   Brian V. Street(1997), "Social Literacies", Viv Edwards & David Corson(Eds.), *Encyclopedia of Language and Education Vol 2 Literacy*, Springer, pp. 133-140.
3   스트리트는 새로운 리터러시 연구와 비판적 리터러시 연구의 두 조류의 공통점이 자율적 모델을 거부하고 리터러시를 사회적 관행으로 재의미화한다는 점에서 사회적 리터러시의 큰 범주의 하위 조류로 위치시킨다. *Ibid*, p. 135.

교육의 전회 필요성으로부터 등장한다. 커뮤니케이션 민족지학과 인류학 및 사회언어학 분야의 탐구는 다양한 문화권에서의 리터러시 실천 양상들에 주목함으로써 사회적 리터러시로의 전회를 기획했다. 1960년대 무렵부터 더 큰 맥락에서 근대성 비판이 학문적·사회적 화두로 떠오르면서, 자율적 리터러시 모델이 갖는 서구 중심성, 문화적 탈맥락성, 구성주의적 주체 이해에 대한 몰이해, 권력과 이데올로기에 대한 무관심, 특정 문자 언어 중심의 형식주의적 정확성에 치중하여 매체성을 고려하지 않는 점 등이 주요 비판점으로 부상했다.

사회적 리터러시 모델은 탈구조주의, 비판이론, 신맑스주의 문화 연구, 탈식민주의, 페미니즘 연구 등의 구성주의적 이해에 기반한 관점이다.[4] 사회적 리터러시 모델에서 주체는 특정한 사회적이고 문화적인 장 속에 위치한, 문화권의 구성원이자 사회적 위치성을 갖는 개인이다. 이러한 사회문화적 장은 상대적이고 맥락적이다. 사회적 리터러시 모델은 리터러시가 근본적으로 '의사소통(communication)'에 대한 이론이라는 점을 간과하지 않는다. 특정 문화권에서 주체는 다양한 방식으로 유의미한 의사소통을 하면서 살아가며, 사회적 의사소통은 특정 사회 맥락에서 조율된(conditioning) 주체에 의해 매순간 실천된다. 이처럼 조율된 주체는 사회적 장에서 다양한 사회문화자본과 정체성의 맥락 속에서 인종적, 민족적, 계급적, 젠더적, 섹슈얼리티적, 지역적 등의 차원에서 상호교차적으로 조건화되어 있는 주체[5]를 의미한다.

---

4 Allan Luke, "Critical Approaches to Literacy", *Ibid*, pp. 143-144.
5 그런 의미에서 사회적 리터러시 모델의 주체 개념은 컴바히 강 공동체(CRC)와 킴벌리 크랜쇼로부터 출발하는 상호교차성(intersectionality)에 착근해 있다고 할 수 있다.

이러한 주체 이해에서 리터러시 능력 또한 리터러시의 맥락성과 사회적 특성을 강조하는 가운데, 다중 리터러시(multi literacies), 정치적 리터러시(political literacy), 문화적 리터러시(cultural literacy)라는 확장된 은유로의 변화를 맞는다. 리터러시 능력은 복잡다단한 사회 속에서 의사소통하며 살아가는 사회구성원이 진입하는 세계의 복잡성을 다룰 수 있도록 훈련하는 과정에서 요구되는 문화특정적인 다종의 하위 능력들을 포함하게 된다.

따라서 사회적 리터러시 모델은 읽기와 쓰기의 문제를 포함하는 리터러시를 사회적 관행으로 이해하고자 한다. 이는 학습에 대한 사회적 관점과 맥락에 대한 민감성 그리고 진행자와 학습자 간의 관계를 포함한 맥락의 사회적 관계가 수반[6]되는 가운데, 결코 중립적이지 않고 권력관계와 연관되어 있는 리터러시의 문제를 도해할 수 있는 주체의 비판적 탐구 및 학습자 간의 적응력과 다양성을 촉진하는[7] 교육을 요구한다. 즉 사회적 리터러시 모델은 기본적으로 사회구성주의의 패러다임에 기초한 탈중심적이고 구성주의적인 모델이라고 할 수 있다.

요컨대 사회적 리터러시로의 전회는 교육에서 문해력의 단순한 기술 습득을 넘어, 의사소통 능력의 측면에서 우리가 살아가는 세계와 현상들에 대한 비판적인 사고, 사회적인 책임감과 시민성, 다양한 문화 및 문화적 구성원과의 사회적 상호작용 속에서 적절히 소통할 수 있는 이해 능력 등으로 확장되는 것을 의미한다.

이는 분명히 리터러시의 인문학적 차원을 개진한다. 젠더(gender)와 퀴어(queer) 관점은 이러한 소셜 리터러시로의 전회 속에서 사회적 리터

---

6   Street, *Ibid*, p. 139.

7   *Ibid*, p. 140.

러시의 하위 범주이자, 우리가 의사소통의 사회문화적 맥락성을 독해하고 이해하는 총체를 트레이닝할 수 있는 분석 틀 중 하나로 이해할 수 있다.

2. 소셜 리터러시에서 젠더와 퀴어 관점의 의의

무엇이 리터러시로 간주될 수 있는가의 질문은 정치적인 문제[8]로, 리터러시의 중립성과 자율성을 강조하는 모델은 그 자체로 권력적 차원을 은폐한다는 점에서 광범위한 비판의 대상이 되어 왔다.[9] 오늘날 세계적으로 유년기부터 성인까지를 대상으로 하는 전생애 기반 사회적 리터러시 교육 현장에서 젠더 리터러시와 퀴어 리터러시는 중요한 교육적 페다고지로 이해되고 있다. 리터러시 연구의 세계적 연구자 단체인 Literacy Research Association(LRA)가 상임위원회에 젠더와 섹슈얼리티 분과를 설립하고 International Literacy Association(ILA)가 트랜스젠더 청소년을 위한 책을 소개[10]하거나 젠더포용적 리터러시 커리큘럼을 제안[11]하는 등이 대표적인 사례다.

---

8   Luke, *Ibid*, p. 145.
9   Brian V. Street(1995), *Social Literacies: Critical Approaches to Literacy in Development, Ethnography and Education*, Routledge, p. 161.
10 Barbara J. Guzzetti, Thomas W. Bean & Judith Dunkerly-Bean(eds.)(2019), *Literacies, Sexualities, and Gender: Understanding Identities from Preschool to Adulthood*, Routledge, p. xi.
11 Dana Stachowiak, *Teaching Tips: Part 5. Creating a Gender-Inclusive Curriculum*, 2018.08.09. https://www.literacyworldwide.org/blog/literacy-now/2018/08/09/part-5-creating-a-gender-inclusive-curriculum

이는 리터러시 연구 및 교육이란 모든 인간의 현실 중 일부로서 젠더와 섹슈얼리티의 정체성 차원에 기반하여, 우리가 알고 살아가고 서로 다른 다양한 정체성 및 삶의 방식을 보유한 사람들과 의사소통하는 현실태에 대한 탐구라는 점에서 비롯된다. 또한 이는 차이를 존중하고 포용하는 동시에 저항의 공간을 창출할 수 있는 통찰력 중 하나로 젠더와 섹슈얼리티 의제를 발전시키는 것의 중요성을 이해하는 데서도 비롯된다.[12]

젠더 리터러시와 퀴어 리터러시가 젠더와 섹슈얼리티의 정체성 정치 및 사회이론으로서의 역사에서 출발한다고 할 때, 리터러시와 젠더·퀴어 양자는 '언어'라는 문제를 통해 연결된다. 구성주의 이후 현대 언어철학에서 언어는 세상을 조직하고 형성하는 수단이며, 성별을 기반으로 차별화되는 사회적 젠더 규범은 해당 문화의 언어에 새겨져 있다는 것이다.[13]

일상적인 사례로, 크라스니는 리터러시 교육 경험에서 초등학생과 대학생 학습자에게 황금 시간대에 방영되는 TV 채널을 2시간 동안 연속 시청하고 젠더 고정관념이 포함되지 않는 광고 한 편을 찾도록 하는 활동을 소개한다. 크라스니는 굳이 말할 필요도 없이 대부분의 학생들이 어려움을 겪는다고 설명하면서, 학습자들이 찾아온 광고에 대한 토론을 통해 인식하지 못했던 젠더 고정관념을 새롭게 발견하면서 '전에는 그런 식으로 본 적이 없었어요'라고 놀라워한다고 말한다.

크라스니는 우리가 좋든 싫든 우리는 개인과 집단의 정체성이 놀라울 정도로 성별에 의해 정의되는 젠더 규범의 사회에 살고 있다고 말한다. 그런 의미에서 이러한 미디어 기반 젠더 리터러시 교육은 우리 자신과

---

12 Guzzetti, *Ibid*, pp. ⅰ-ⅹⅱⅰ.
13 Karen A. Krasny(2013), *Gender and Literacy: A Handbook of Educators and Parents*, Praeger, p. 16.

동일시하는 것이 무엇이고, 우리가 예상치 못한 부분을 발견하고 일상적인 습관과 행동이 어떻게 해로운 관행에 기여하고 있는지를 인식하는 비판적 리터러시 능력을 기르는 데 도움이 된다.[14]

일상적인 사례를 넘어 언어에 대한 구성주의적 관점, 특히 권력과의 관계를 포함하는 성찰은 푸코 이래로 다양한 학적 탐색을 통해 보편화되어왔다. 권력의 개념을 억압 모델에서 미시적 작동과 주체·진리 담론의 생산 모델로 전환한 푸코의 관점에서, 언어 그리고 언어를 통한 담론과 서사의 생산은 해당 사회구성체가 특정 시기와 장소에서 광범위하게 공유하는 믿음체계, 즉 진리를 생산하는 것[15]이기도 하다.

이러한 관점에 따르면 젠더와 섹슈얼리티 역시 언어를 통해 생산되는 담론과 서사의 유통을 통해 만들어지는 믿음체계의 내러티브 중 일부라고 할 수 있다. 그 예로 푸코는 『섹슈얼리티의 역사』에서 개인의 본질적 성격, 그가 누구인지에 대한 진실의 원천이 되는 섹슈얼리티라는 이해 방식은 역사적으로 구성된 것[16]이라는 통찰을 통해, 그것이 이성애든 동성애든 간에 섹슈얼리티가 주체 생산의 주요한 담론적 틀이 되는 담론적 실천을 역사화한 자리에 기초하면 우리가 믿는 성적 규범이란 근본적으로 탈자연화된 것임을 밝힌 바 있다.

이처럼 젠더와 퀴어라는 개념은 사회구성체의 믿음체계의 내러티브를 심문하는 핵심 개념 중 일부라고 할 수 있다. 페미니즘 이론의 역사가 젠더라는 개념의 상대적 중심성을 통해 이러한 내러티브를 식별하고 비

---

14 Ibid, pp. 17-18.
15 이러한 진리, '지식 생산'의 문제는 가야트리 스피박의 재현론을 위시로 탈식민주의의 중심 연구 주제이기도 하다. 가야트리 스피박(2005), 태혜숙·박미선 옮김, 『포스트식민 이성 비판』, 갈무리 참조.
16 미셸 푸코(2010), 『성의 역사 1』, 이규현 옮김, 나남, 53~55쪽 참조.

판적으로 인식하는 관점과 방법론을 풍부하게 제공한다면, 퀴어 이론의 역사는 섹슈얼리티라는 개념의 상대적 중심성을 통해 이성애규범[17]적 내러티브를 식별하고 비판적으로 인식하며 퀴어 인구들의 삶을 반영하고 조직화하여 삶의 관행과 문화를 퀴어링하는 관점과 방법론을 풍부하게 제공한다.

젠더와 퀴어 개념은 페미니스트 연구와 퀴어 연구를 통해 성을 둘러싼 사회적 규범성(social normativity)이라고 전제되는 것, 즉 삶의 규범과 제도와 자원 그리고 가치와 정동체계가 어떻게 특정한 사회구성원 개인·집단을 식별하고 차등적으로 배분되어 우리의 삶을 각각 다르게 틀지우는지를 탐색하는 데서 생산된 지식의 프레임워크이다.[18]

젠더 리터러시와 퀴어 리터러시가 필요한 이유와 중요성은 특히 교육의 측면에서 타자이해와 자기이해의 두 양상을 통해 설명할 수 있다. 젠더 리터러시와 퀴어 리터러시를 연구한 많은 문헌들 뿐 아니라 비판적 다문화 리터러시, 생태 리터러시 등에서 공통적으로 언급되는 것은 점점 더 다양하고 국제적이며 서로 다른 해석공동체와 정체성을 가진 사람들이 초연결되는 사회 속에서, 교실과 강의실에서의 다양성 이슈가 중요해

---

17 이성애규범성(heteronormativity) 개념은 퀴어 이론의 핵심 개념 중 하나로, 이성애가 하나의 단일한 상징계로 정렬되어 있다는 생각에 반대한다. 이성애규범성 개념은 임시적이고 잠정적인 통일체에 불과한 이성애가 보편규범으로서 자연화된 특정한 이성애적 문화의 의미 연쇄로 계열화되면서, 제도, 법, 장소, 국가, 친족성, 자본, 공간/분할, 관계 등 통상적으로 '비성애적'인 영역이라고 여겨지는 사회적 심급들에 이르기까지 삶의 테크놀로지 전역에 유포되어 삶을 구조화하는 양상과 그 영향으로서 사적인 삶의 제도로 생산되는 친밀성의 배치를 비판적으로 탐구한다. Lauren Berlant & Michael Warner(1998), "Sex in Pubilc", *Critical Inquiry* 24(2), pp. 552-555 참조.
18 정미선(2023), 「퀴어」, 류도향 외, 『가족커뮤니티의 개념들 관계편 2 나와 타자』, 전남대학교출판문화원 참조.

지고 있다는 점이다. 사회적 복합성이 고도화되고 세계적인 복합위기가 일상화되는 동시대에서, 서로 다른 사람들이 차이를 넘어 함께 연대할 수 있는 새로운 시민성의 모델이 요구되고 있는 것이다. 또한 교실과 강의실에서 사회적 소수자로서 소외되는 리터러시 교육의 당사자 주체 또한 문제적인 부분 중 하나다.

자기이해의 부분에서 교실과 강의실 안의 성소수자, 여성, 초국적이거나 다문화적인 배경을 가진 사람들, 장애당사자, 감염인이나 질환을 가진 사람들 등은 섹슈얼리티, 젠더, 인종과 민족, 장애, 질병 등에 대한 사회적 규범성을 포함하는 다양한 언어적 지식의 내러티브들에 의해 질식하거나 지속적으로 소외되거나 그러한 내러티브가 묘사하는 부정적 자기이해에 포섭될 수 있다. 이러한 소외를 넘어 젠더 리터러시와 퀴어 리터러시 교육은 다양한 텍스트가 젠더와 퀴어 관점을 통해 어떻게 재구성될 수 있는지, 어떤 대안적 내러티브를 생성할 수 있는지 배움으로써 이들의 삶의 전역에서 살만한 삶의 회복탄력성에 기여할 수 있다. 이들은 이러한 리터러시 교육을 통해 자기를 서사화하고, 자기이해를 증진하는 적정기술을 배울 수 있다.

파일스는 변혁적 사회를 위한 커뮤니티 오거나이징 연구에서 재중심화(recentering)의 개념으로 이러한 양상을 설명한다.[19] 파일스는 억압에 반대하는 의식 및 기술 향상의 발달적이고 자기조직적인 여정에서, 억압 체제에 예속되어 주변화되어 있는 사람들이 사회적 규범성의 내러티브에 포섭되기를 멈추고 자기조직화와 자기이해의 증진을 통과하여 사회

---

19 Loretta Pyles(2021), "Intersectionality, Solidarity, and Liberation", *Progressive Community Organizing: Transformative Practice in a Globalizing World(Third edition)*, Routledge, p. 260.

에 적극적으로 참여하게 되는 과정을 재중심화를 향한 단계적 도약으로 탐구한다. 생존에서 임파워먼트(impowerment)로, 임파워먼트에서 전략으로, 전략에서 재중심화로 향하는 것이 세부적인 단계이다.

사회적 소수자들은 이처럼 생존-임파워먼트-전략-재중심화 단계를 밟아나가면서 사회적 제약 너머에 존재하는 자신의 진정한 핵심적 힘을 깨닫고, 체제 변화적 활동의 포괄적인 기술들을 사용하는 역량을 배운다. 이는 자기서사화를 통한 자기이해 증진의 적정기술 없이는 불가능한 일이라는 점에서, 사회적 리터러시 개념과 그 하위 범주로서의 젠더 리터러시 및 퀴어 리터러시의 중요성을 확인할 수 있다.

타자이해의 부분에서도 다양한 해석공동체들이 공존하고, 나 자신의 바로 옆에 존재하는 다양한 정체성이 교차하는 자리에서 살아가는 사람들의 내러티브를 이해함과 동시에 관계이해를 증진하기 위한 지식과 훈련이 필요하다. 이러한 훈련을 통해 사람들은 사회적 제약에 대한 인식을 심화하고, 자신을 포함하여 여러 교차적 정체성을 가진 사람들에게 공통적으로 영향을 끼치는 중층적 이슈들(예를 들어 주거, 일자리, 건강보건, 환경 훼손 등)과 함께 근본적인 사회체제들(자본주의적 채굴주의, 전쟁경제, 인종차별주의 등)을 지적하는 방식으로 서로 연결된 여러 형태의 부정의에 더 잘 대응하게 될 수 있다.[20]

이렇듯 더 큰 사회적 맥락에서의 연관성을 통해 나와 타자 사이의 연결을 사유하고, 연대가능성을 탐구할 수 있는 역량을 배우는 것은 중요한 일이다. 파일스는 이러한 자기조직적인 여정을 지지적 동맹(allyship)의 개념으로 설명한다. 파일스가 '백인 취약성(white fragility)'을 사례[21]

---

20 *Ibid*, pp. 258-259.
21 백인 취약성은 백인이 백인우월주의 사회 속에서 인종적 스트레스로부터 보호받

로 설명하듯이, 지배적인 사회 체제에서 더 많은 특권을 가진 사람들은 물 속의 물고기처럼 자신이 특권을 가지고 있다는 사실을 전혀 의식하지 못하거나 또는 어느 정도는 의식하고 있지만 무심하게 살아간다. 이러한 무관심 단계를 넘어 사람들은 젠더와 퀴어 관점을 포괄하는 사회적 리터러시 교육을 통해 거리두기-포용-각성-지지적 동맹 단계를 밟아나가며, 사회적 규범성과 사회구성체의 믿음체계의 내러티브들이 구성하는 체제들이 모든 사람에게 미치는 부정적인 영향을 인식하면서 효과적으로 사고하고 행동할 수 있게 된다.[22]

결론적으로 사회적 리터러시에서 젠더 관점과 퀴어 관점을 교육한다는 것은 사회적 소수자인 당사자들 그리고 소수자 정체성으로 자신을 이해하지는 않지만 더 큰 사회적 맥락에서의 연관성과 연대를 탐구할 수 있는 사람들의 역량 증진에 기여한다는 점에서 그 주요한 의미와 가치가 있다. 지배적 문해력에 대항하는 비판적 관점과 지배적 문해력을 넘어서는 생성적 문해력의 가능성을 탐색하는 데 젠더 리터러시와 퀴어 리터러시의 역점이 있는 것이다. 요컨대 젠더 리터러시와 퀴어 리터러시의 정의는 우리 자신에게 내면화되어 있으며 사회를 조직화하는 규범으로서의 지배적 젠더 내러티브 및 지배적 섹슈얼리티 내러티브를 인지하고, 비판적으로 생각하는 인식적 기술을 개발하는 것을 의미한다.[23]

는 인종적 편안함 속에 살다가 모종의 방식으로 자신의 인종적 특권에 도전을 받을 때(예를 들어 다양한 인종으로 구성된 환경에 처하거나, 타 인종에게 자신의 인종차별적 발언에 대해 지적당하거나, 구성된 모임이나 집단에서 자신이 수적으로 혼자이거나 소수일 때 등의 사례를 떠올려볼 수 있다) 의식적, 무의식적으로 보이는 방어적 반응을 뜻한다.

22 *Ibid*, pp. 260-261.
23 젠더 리터러시와 퀴어 리터러시를 정의하는 다양한 서술 중에서 아래의 정의들 또한 참고할 만하다.

페미니스트 법학자 캐서린 매키넌은 법 체계에 사상된 젠더 무지(gender ignorance)의 승인을 비판하는 작업 속에서 젠더 문맹(gender illiteracy)이라는 문제를 발굴했다. 그리고 2017년, 1994년에 쓴 글을 재수록하면서 매키넌은 "젠더 문맹은 이제 결정적인 무지 중 하나로 이해되고 있다"[24]라고 쓴다. 매키넌이 젠더 리터러시를 표준으로 만드는 일을 강조한 것처럼, 젠더 리터러시와 퀴어 리터러시 그리고 더 나아가 사회적 리터러시의 하위 범주들이자 분석 틀의 다양한 주제들을 민감성 속에서 사유하는 것이 필요하다.

---

1. 젠더 리터러시: 미네소타대 GALA™(Gender Affirmative Lifespan Approach)에 따르면 젠더 리터러시란 사회적으로 구성되고 내재된 젠더화된 내러티브에 대해 식별하고, 이를 비판적으로 생각할 수 있는 지식과 기술을 개발하며, 이를 통해 자신의 신념, 가치체계, 정체성을 재구하고 삶의 회복탄력성을 구축하기 위한 학습 전략이자 능력을 의미한다. https://med.umn.edu/sexualhealth/ncgsh/gala/gender-literacy
2. 퀴어 리터러시: 밀러(Miller)에 따르면 퀴어 리터러시란 퀴어 지식을 통해 차별화된 방식으로 구성된 사회의 규범들을 자신과 타인이 읽고 이해할 수 있도록 도움으로써, 자기결정권의 일환으로서 자기표현과 자기식별, 자기수용의 잠재력을 활성화하고 커뮤니티 공간에서의 젠더와 섹슈얼리티의 헤게모니석 내러티브를 재구성할 수 있는 능력을 의미한다. sj Miller(2015), "A Queer Literacy Framework Promoting (A)Gender and (A)Sexuality Self-Determination and Justice", *The English Journal* 104(5) 참조. 또한 에드워드와 그리너프(Edward & Greenough)에 따르면 퀴어 리터러시란 더와 섹슈얼리티의 지식을 통해 실생활에서의 자신과 타인의 비규범적 젠더와 섹슈얼리티에 기반한 경험 및 이슈에 대해서 자신감, 정확성, 비판의식을 가지고 이해하고 토론할 수 있는 역량을 의미한다. Mark Edward & Christopher Greenough(2019), "Queer Literacy: Visibiliy, Representation, and LGBT+ Research Ethics", Ron Iphofen(ed.), *Handbook of Research Ethics and Scientific Integrity*, Springer 참조.

24 Catharine A. Mackinnon(2017), "Gender Literacy", *Butterfly Politics*, Harvard UP., p. 217.

3. 젠더와 퀴어 리터러시 교육의 전제와 목표

젠더 문맹과 퀴어 문맹은 무엇을 놓치는가? 젠더 리터러시와 퀴어 리터러시 교육의 공통점은 사회를 이해하고, 해석하고, 비판적으로 인식함으로써 사회를 재해석하고 사회적 실천을 할 수 있는 역량으로서 '내용 있는' 리터러시 개념을 사유한다는 점에 있다. 사회적 리터러시의 분석틀로서 젠더와 퀴어 관점은 살만한 삶을 위한 인문 리터러시이자, 사회를 이해하고 변화시키는 소셜 리터러시의 질문이 중첩되는 자리이다.

이를 위해서는 사회적 내러티브에 대한 다양하고 도전적인 질문이 중요하다. 이는 누가 말하는가, 누가 듣는가, 누구를 재현하는가, 누구를 어떻게 재현하는가, 재현의 가정과 전제는 무엇인가, 어떻게 바꾸고 싶은가를 포함한다. 젠더와 섹슈얼리티는 항상 임재한다는 점에서, 소수자 텍스트의 단순한 소개가 아니라 젠더와 섹슈얼리티 관점에서 세계 이해를 증강하는 것이 젠더 리터러시와 퀴어 리터러시 교육에서 가장 중요한 목표라고 할 수 있다. 다음은 비판적 리터러시의 통합 모형[25]을 통해 구성한 젠더 리터러시와 퀴어 리터러시의 구성 요소와 핵심 역량을 요약한 것이다.

- 지배성: 지배관계를 유지하고 재생산하는 언어와 담론에 대한 인식
- 접근성: 지배적 형태(지식, 장르, 양식, 마스터플롯과 플롯 등)의 리터러시 관행에 대한 메타적 인식

---

25 박은정(2020), 「젠더적 관점에서 비판적 다시 쓰기 수업 사례와 의의」, 『리터러시 연구』 11(3), 한국리터러시학회 참조.

- 다양성: 지배적 형태의 내러티브를 변화시킬 수 있는 수단, 아이디어, 대안적 관점을 제공할 수 있는 리터러시 양식과 전략들의 개발
- 디자인: 생산적 권력과 행위자성(agency)을 생성할 수 있는 기호 자원을 동원한 리터러시 실천

이러한 구성 요소와 핵심 역량에 기반하여, 젠더 리터러시와 퀴어 리터러시 교육은 두 가지 방향에서 진행될 수 있다. 첫 번째 방향은 지배적 문해력 개념에 근거한 것으로, 지배적 내러티브를 거슬러 읽는 것이다. 두 번째 방향은 더 적극적인 학생참여형 교육으로 설계될 수 있는데, 이는 생성적 문해력 개념에 근거한 것으로 대안적 내러티브를 직접 구성하고 상호공유하는 것이다. 가령 예를 들어 혐오 내러티브를 연구한 최근 사례[26]가 퀴어·장애·여성·노인혐오의 네 가지 하위 주제를 바탕으로 이러한 교육 설계를 제안한 바나, 교차성 리터러시로 한국의 동시대 소설들의 읽기와 다시 쓰기에 바탕한 교육 방법을 연구한 최근 사례[27]가 있다. 이러한 지배적 내러티브를 거슬러 읽기와 대안적 내러티브를 구성하기는 근래 문학을 통한 시민성 교육과 리터러시 교육의 측면에서 자주 활용되는 방식이라 할 수 있다.

여기에서는 김보영의 「얼마나 닮았는가」[28]를 통해 젠더 리터러시 교

---

26 장서란(2024), 「문학을 활용한 도덕시민교육연구」, 『리터러시연구』 15(3), 한국리터러시학회 참조.
27 엄진주(2024), 「교차성에 바탕한 사회적 리터러시 개념 모색」, 『문학교육학』 85, 한국문학교육학회 참조.
28 김보영(2020), 「얼마나 닮았는가」, 『얼마나 닮았는가』, 아작. 인용 시 본문에 쪽수만 병기한다.

육의 두 방향을, 조우리의 「내 여자친구와 여자 친구들」[29]을 통해 퀴어 리터러시 교육의 두 방향을 간략하게 사례로 들어 살펴보고 마무리하고자 한다. 김보영의 「얼마나 닮았는가」가 젠더 리터러시와 퀴어 리터러시 교육에서의 첫 번째 방향인 '지배적 문해력에 대한 도전과 지배적 내러티브를 거슬러 읽기'에 적합한 텍스트라면, 조우리의 「내 여자친구와 여자 친구들」은 젠더 리터러시와 퀴어 리터러시 교육에서의 위 첫 번째 방향성을 탐구할 수 있으면서도 더 나아가 두 번째 방향인 '생성적 문해력에 근거한 대안적 내러티브를 구성하고 상호공유하기'에 적합한 텍스트라고 할 수 있다.

첫 번째로, 김보영의 「얼마나 닮았는가」는 '성차별에 대한 지식이 없다면 공정(중립)할 수 있는가?'라는 질문을 소설화한 서사이다. 이 소설은 성별이라는 인식적 카테고리에 대한 지식이 제거된 위기 관리 AI 훈의 이야기다. 이 소설을 읽으면서 독자는 우리에게 매우 친숙한 젠더 기반 지식의 시험대에 처한다.

> (a) 나는 상대를 살폈다. 생물이다. 척추동물이고……. 포유류, 인간. 풍채가 좋은 사람이다. 수염이 덥수룩하고 옷은 기름때로 지저분하고 손은 두툼하고 거칠다. 엔지니어, 기술자일 가능성.(253쪽)
>
> (b) 뒤에 선 사람이 말했다. 마르고 호리호리한 몸, 매끈한 피부. 골격도 작은 편이고 근육도 도드라지지 않았다. 옷은 깔끔하고 장갑에도 손때가 없다. 사무직, 관리자일 가능성.(253쪽)

---

[29] 조우리(2020), 「내 여자친구와 여자 친구들」, 『내 여자친구와 여자 친구들』, 문학동네.

(c) 멀리 허공에 영화처럼 자막이 떠올랐다. 자막 아래에 쭈그리고 앉은 사람은 이쪽에 시선을 두지 않은 채 은색 금속 칩이 박힌 손가락으로 허공에 타자를 쳤다. 안경(눈에 칼 대는 걸 싫어하는 사람은 여전히 많다), 수면이 부족한 거뭇한 눈, 살짝 뒤틀린 척추와 발달한 손가락 관절. 프로그래머, 플래너, 기록관.(256쪽)

(d) 겁에 질린 말투. 발그레하고 오동통한 얼굴에 뱃살이 두둑하고 살집이 있는 사람. 이마 양옆에 움푹 들어간 헤드폰 자국과 벌어진 귓구멍. 통신사, 전파 전문가.(257쪽)

(e) 근육질, 검게 탄 피부, 왼손과 다리 하나는 철제 의수였는데 때가 꼬질꼬질했고 접합 부위에 만성 염증의 흔적이 있었다. 직업은 옷의 배지로 알았다. 조종사.(260쪽)

이 소설은 철저하게 조율된 초점화자인 위기 관리 AI 훈의 모의된 시각에서 전개되기 때문에, 독자들은 AI 훈이 감각하는 것처럼 비인간의 관점에서 소설의 등장인물과 사건들을 경험할 수밖에 없다. 위 인용문은 AI 훈이 소설 속에 등장하는 유로파 구조대 우주함의 인물들을 각각 묘사한 대목들이다. 이 묘사를 읽으면서 독자들을 초점화된 시선주체의 인식을 따라 내러티브를 구성하는데, 그 과정에서 독자의 문화적 배경에서 구성된 젠더 규범의 지식들을 불러오게 된다. (a)부터 (e)까지로 표기한 각각의 묘사에서 AI 훈의 시각을 경유한 서술은 각각의 인물들을 상상하는 독자의 독해 방식에 따라 습관적으로 성별을 배정하게 되는데, 이러한 상상된 인물의 성별은 우리가 공통적으로 친숙하게 이해하고 있는 젠더 기반 지식에 의한 것이다.

소설을 읽으면서 독자들의 (a)와 (e)가 남성 인물이라는 추측은 맞아떨어지지만, (c)가 여성 인물이고 (d)가 남성 인물이라는 점은 쉽게 추측되지 못한다. 이는 동시대 우리 문화에서 다양한 매체의 지배적 서사들이 괴짜 프로그래머의 인물 형상을 남성으로 이미지화하기 때문이며, 젠더화된 묘사들이 지배적인 까닭이다. (b)의 경우는 더 복잡하다. (b)는 처음에 등장하는 위의 서술에서는 여성 관리자로 상상되지만, 이어지는 소설의 서술에서 (b)가 관리자가 아니라 우주함의 선장이라는 점과 동반하는 서술들을 통해 남성 인물인지 여성 인물인지 확정하지 못하거나 남성 인물로 상상되는 것이다.

이처럼 이 소설은 AI 훈의 불완전한 시각(perspective)에 근거하여 서술되는 초점화 양상을 채택함으로써, 독자의 젠더 기반 지식 및 독해 능력에 있어서의 젠더 리터러시를 자극한다. 특히 AI 훈의 불완전한 시각을 야기한 원인이 '지워진 젠더 체제에 대한 지식'이었음을 발견하게 되는 소설의 반전은, 계속해서 젠더 기반 지식에 근거하여 추측하는 독자의 독서 경험으로부터 그 추측이 최종적으로 오류였음을 깨닫게 되는 독자가 겪는 인식적 충격을 모의한다.

이러한 인식적 충격의 지점에 이 소설의 서사적 효과의 핵심이 있다는 점에서, 지배적 문해력이 갖는 맹점으로서 젠더 문맹의 효과를 탐구하게 하는 젠더 리터러시 수업 설계에 적합한 텍스트라 할 수 있다. 김보영의 「얼마나 닮았는가」를 통해 '지배적 문해력에 대한 도전과 지배적 내러티브를 거슬러 읽기'라는 젠더 리터러시와 퀴어 리터러시 교육의 기초적인 방향을 확인할 수 있다.

이어서 두 번째로, 조우리의 「내 여자친구와 여자 친구들」은 더 미묘하게 산포되어 있는 지배적 문해력의 문제와 함께, 성적 소수자와 공존하는 삶의 관계적 실천 방식에서 지배적 문해력의 젠더화되고 섹슈얼리티화된 판본을 어떻게 생성적 문해력의 대안적 내러티브로 구성할 것인가의 문제를 사유할 수 있는 젠더/퀴어 리터러시 수업 설계에 적합한 텍스트이다.

가끔 그들을 만나는 상상을 한다. 언젠가 정윤에서 들었던 장면이 눈앞에 펼쳐지는 순간을. 민지, 지혜, 지영, 수진의 남자친구였고 이제는 남편이 된 이들에게 쏟아졌던 질문들이 나에게도 쏟아지는 것을. 짓궂다고 여겨지는 질문을 하기 위해 신이 나서 눈을 빛내는 여자들과 그들에게 둘러싸여 어쩔 줄을 몰라하는 내 모습. 그런 내 옆에서 왜인지 뿌듯한 미소를 짓던 정윤이 어느 순간 손사래를 치며 친구들에게 형식적인 타박의 말을 하면, 와르르 터지는 웃음들 속에서 나도 웃으면서 슬쩍 계산서를 집는다.

그러나 한편으로는 전혀 다른 풍경이 그려진다. 무릎이 닿을 정도로 가깝게 모여 앉은 여자들이 내가 도착하자 조금씩 몸을 움직여 나를 위한 자리를 마련하고, 내 몫의 작은 접시와 포크가 놓인다. 내가 입은 옷이나 들고 간 가방, 머리 스타일을 칭찬하는 말들. 서로의 접시에 거리낌없이 음식을 올려놓고 음식을 가져가기도 하는 손들. 주변의 시선을 살피며 은밀하게 주고받는 눈짓, 암호처럼 대체되는 단어들. 그리고 상상의 끝에 나는 그들의 단톡방에 초대되고야 만다. 그렇게 계모임의 일원이 되고, 매달 회비를 내고……

"정윤이 여자친구면 우리 친구나 다름없지."(101~102쪽)

이 소설은 레즈비언인 정윤과 정윤의 여자친구인 '나' 그리고 정윤의 여자 친구들 사이의 갈등을 중심으로 한다. 특히 위 인용문이 잘 보여주고 있는 것처럼, 이 소설의 주요한 주제는 레즈비언 정체성을 바탕으로 한 사회적 소수자의 삶의 양식이 이성애자 여성 주체와 만나는 지점에서 교차하는, 젠더와 섹슈얼리티의 상호교차적 문제 상황을 탐구하는 것이라 할 수 있다. 이때 위 인용문은 소설 속에서 '나'가 정윤의 여자 친구들을 만나는 장면을 상상하는 두 개의 시퀀스를 대조적으로 보여줌으로써, 이 여자 친구들의 여성동성사회가 전제하는 친밀성의 성적 규범을 노출하고 있는 장면이다.

그런데 이 소설을 젠더 리터러시와 퀴어 리터러시 관점에서 탐색할 때, 우리는 앞서 본 김보영의 「얼마나 닮았는가」보다 이 소설의 문제 상황이 더 비가시화되어 있으며, 식별가능성도 그만큼 더 낮다는 것을 알 수 있다. 그 까닭은 무엇일까. 소설을 읽는 독자가 살아가고 있는 일상적 삶에서 젠더와 섹슈얼리티라는 범주가 각각 별도의 영역에서 작동하거나 분리되어 있는 것이 아니라 서로 맞물린 억압의 현상들을 생성한다는 것을 떠올려볼 필요가 있다. 젠더 리터러시와 퀴어 리터러시는 서로 분리된 별도의 영역이 아니라 함께 맞물려 있는 억압의 현상들을 독해하는 틀거리를 공유한다. 사회적 리터러시의 하위 범주로서 젠더 리터러시와 퀴어 리터러시를 트레이닝하는 경로는 이러한 맞물려 있는 미묘한 억압의 층위들과 현상들을 인식가능성의 지평으로 이끄는 여정이기도 하다.

위 시퀀스가 단적으로 예시하는 여성동성사회가 전제하는 친밀성의 성적 규범은 여성들의 젠더화된 커뮤니케이션과 레즈비언의 여성 간 섹슈얼리티가 충돌하는 과정에서 현상한다. 첫 번째 시퀀스에서 '나'는 정윤의 네 여자 친구들의 남자친구였고 이제는 남편이 된 이들처럼, 정윤의 여자친구이고 이제는 파트너가 된 자로서 그들을 만난다. 그들은 '나'를 환대하는데 그 환대의 방식은 두 번째 시퀀스와 사뭇 다르다. 정윤의 여자 친구들은 '나'를 정윤과의 공고하고 행복할 것이 틀림 없으며 여자 친구들의 여성동성사회적 친밀성과는 차등적으로 변별되는 가장 가까운 친밀관계의 특권적 상대방으로 인정한다. 이 내밀한 친밀관계에 대한 짓궂은 질문을 으레 던지고 만류당하는 의례를 통한 적절한 거리 설정이 이러한 인정의 프로세스로 나타난다.

그러나 소설 속에서, '나'가 여성이고 여성과 성애적 관계를 맺음으로써 레즈비언 친밀성을 구축하는 까닭에 실제로는 이러한 환대의 방식은 가능하지 않은 것으로 판명된다. 더 실제적인 판본으로서 두 번째 시퀀스의 환대는 다른 방식으로(젠더화된 방식으로) 이루어진다. 여기에서 '나'는 여자 친구들의 공동체, 즉 공간적 거리를 좁히고 침범하면서 과장된 친밀성을 상연하는 젠더화된 몸짓들에 같이 참여하도록 권장된다. '나'는 정윤처럼 그 자신은 결코 가능하지 않은 결혼식, 돌잔치, 여자 친구들의 온갖 경조사에서 그들을 축하해줌으로써 그들의 삶이 구현하는 규범적 친밀성이 구조화하는 위계라는 것이 마치 없다는 것처럼 인정하는, 사회적 소수자로서의 감정노동을 행해야 하는 처지에 처한다.

즉 이 여자 친구들로 구성된 여성동성사회에서 친밀성은 여성에 대한 여성의 섹슈얼리티를 표백한 자리에서, 그럼으로 인해 사실상 혈연/법적 가족과 이성애 섹슈얼리티에 근간한 친밀성을 '유일한 보편'이자 친밀성의 위계 속 최상의 자리에 상정하는 전제 하에서만 작동하는 것이다. 이때에 이 소설에서 '여자'와 '친구'가 결합하여 '여자 친구' 간 친밀성의 젠더/섹슈얼리티 규범과 그 세부적 각본을 해치는 방식으로 '여자친구'의 친밀관계를 수행하는 '나'와 정윤의 친밀성은, 이 우정 공동체를 가능케 하는 전제 조건으로서의 (이성애) 섹슈얼리티에 대한 질문을 던진다는 점에서 불온하고 불편하다. 따라서 이는 젠더화되고 탈성애화된 규범적 친밀성의 회로로 편입되는 여성동성사회의 친밀성을 들이미는 과정에서 삭제되거나 망각되어야 한다.[30]

그런 의미에서 이 소설은 위 2장에서 젠더 리터러시와 퀴어 리터러시가 필요한 이유와 중요성의 교육 측면에서 타자이해의 양상과 만나기도 한다. 앞서 언급한 것처럼 이 소설에서 레즈비언 섹슈얼리티의 정체성을 갖는 정윤과 정윤의 여자 친구들이 관계적 실천을 수행하는 방법은 지지적 동맹의 단계적 문제에서 '포용' 단계에 해당한다고 할 수 있다.

파일스에 따르면, 포용 단계에서는 행위자가 자신의 집단 구성원과 타겟 집단 구성원 간 유사성에 초점을 맞춘다. 이들은 차이를 분류하고, 행위자를 과대평가하고 타겟 집단을 과소평가하는 체제를 인식하지 못한다. 이들은 타겟 집단을 환영하지만, 사회적으로 지배적인 규범에 그들이 부합하길 기대한다. 이 단계의 신체적 표현은 두 팔을 활짝 벌리는 것으로 생각할 수 있다.[31] 예를 들어 '포용' 단계에서 행위자들의 대표적인 레토릭으로 "우리는 같은 사람이야"나 "우린 다 똑같아" 같은 표현을 들 수 있다. 그러나 이 단계에서 행위자들은 왜 이러한 같음에도 불구하고 어떤 사람들은 차별 받는지에 대해 큰 관심이 없으며, 피지배집단이 지배집단에 의해 포용된 초대문화 속 가치규범에 따라 적절하게 행동할 것을 요구한다.

---

30 조우리의 소설에서 위 인용된 시퀀스를 분석한 대목은 정미선(2024), 「동시대 한국소설에 나타난 레즈비언 재현과 규범적 친밀성의 재구성」, 『인문사회과학연구』 6(4), 국제인문사회연구학회 참조.

31 Pyles, *Ibid*, pp. 260-261.

파일스가 지적하듯이, 이러한 포용 단계에서 소수자에 대한 차별은 더 미묘해지고, 인지하기 어려워진다. 이 소설을 함께 독해함으로써 이러한 포용 단계에서의 미묘한 차별이 감각되거나 감각되지 못하는 방식, 미묘한 차별의 영향과 양상을 함께 탐색할 수 있다. 이는 지배적 문해력의 젠더화되고 섹슈얼리티화된 판본을 감각하는 방법을 트레이닝하는 것이기도 하다.

또한 더 나아가 지배적 문해력의 젠더화되고 섹슈얼리티화된 판본을 어떻게 생성적 문해력의 대안적 내러티브로 구성할 것인가의 문제 또한 이 소설을 통해 사유할 수 있다. 이러한 상황과 관계에 처했을 때, 어떻게 대응하고 실천하면 좋을지에 대해 고민해보면서, 소설의 부분을 다시 쓰고 공유하는 과정을 진행할 수 있을 것이다. 이처럼 조우리의 「내 여자친구와 여자 친구들」을 통해 '생성적 문해력에 근거한 대안적 내러티브를 구성하고 상호공유하기'라는 젠더 리터러시와 퀴어 리터러시 교육의 더 난이도 있는 수업 설계의 방향을 탐색할 수 있다.

지금까지 김보영의 「얼마나 닮았는가」와 조우리의 「내 여자친구와 여자 친구들」을 예시로 사회적 리터러시의 하위 범주로서 젠더 리터러시와 퀴어 리터러시 교육의 전제와 목표 그리고 두 가지 교육의 방향성을 간단하게 논의해보았다. 이 글에서는 단지 두 개의 텍스트를 사례로 삼았으나, 두 가지 소설 텍스트 뿐 아니라 문학을 포함한 매우 다양한 다매체 창작물의 내러티브들이 이러한 방식으로 젠더 리터러시와 퀴어 리터러시 교육에 활용될 수 있다. 언어는 사회적 규범성을 공유하는 수단이기에, 모든 우리 문화의 내러티브들은 젠더와 섹슈얼리티 범주에 대한 사회 구성체의 믿음체계의 내러티브를 보유하고 있는 까닭이다.

결론적으로 젠더 리터러시와 퀴어 리터러시 교육은 젠더와 섹슈얼리티 관점에서 세계 이해를 증강하면서, 자기이해와 타자이해의 선순환을 통해 우리 자신을 이해하고 다양한 사람들과의 공존적 세계를 상상하는 정치적이고 비판적인 시민성 교육의 일환으로 이해될 수 있다. 소셜 리터러시로서 젠더 리터러시와 퀴어 리터러시 교육의 전망은 페미니즘과 퀴어 이론은 리터러시 교육에 무엇을 제공해야 하는가에 대한 질문을 바탕으로, 정체성과 교차성에 기반한 사회적으로 식별된 범주들과 내러티브에 대한 도전과 저항의 연습을 필요로 한다.

참고문헌

- 박은정(2020),「젠더적 관점에서 비판적 다시 쓰기 수업 사례와 의의」,『리터러시연구』11(3), 한국리터러시학회.
- 엄진주(2024),「교차성에 바탕한 사회적 리터러시 개념 모색」,『문학교육학』85, 한국문학교육학회.
- 정미선(2023),「퀴어」, 류도향 외,『가족커뮤니티의 개념들 관계편 2 나와 타자』, 전남대학교출판문화원.
- 정미선(2024),「동시대 한국소설에 나타난 레즈비언 재현과 규범적 친밀성의 재구성」,『인문사회과학연구』6(4), 국제인문사회연구학회.
- 푸코, 미셸(2010), 이규현 옮김,『성의 역사 1』, 나남.
- 스피박, 가야트리(2005), 태혜숙·박미선 옮김,『포스트식민 이성 비판』, 갈무리.
- Berlant, L. & Warner, M.(1998), "Sex in Pubilc", Critical Inquiry 24(2).
- Edward, M. & Greenough, C.(2019), "Queer Literacy: Visibiliy, Representation, and LGBT+ Research Ethics", Iphofen R.(ed.), *Handbook of Research Ethics and Scientific Integrity*, Springer.
- GALA™ https://med.umn.edu/sexualhealth/ncgsh/gala/gender-literacy
- Guzzetti, B. J., Thomas W. Bean & Judith Dunkerly-Bean(eds.)(2019), *Literacies, Sexualities, and Gender: Understanding Identities from Preschool to Adulthood*, Routledge.
- Krasny, K. A.(2013), *Gender and Literacy: A Handbook of Educators and Parents*, Praeger.
- Luke, A(1997), "Critical Approaches to Literacy", Viv Edwards & David Corson(Eds.), *Encyclopedia of Language and Education Vol 2 Literacy*, Springer.
- Mackinnon, C. A.(2017), "Gender Literacy", *Butterfly Politics*, Harvard UP..
- Miller, sj.(2015), "A Queer Literacy Framework Promoting (A)Gender and (A)Sexuality Self-Determination and Justice", *The English Journal* 104(5).
- Pyles, L.(2021), "Intersectionality, Solidarity, and Liberation", *Progressive Community Organizing: Transformative Practice in a Globalizing*

World(Third edition), Routledge.
- Stachowiak, D., Teaching Tips: Part 5. Creating a Gender-Inclusive Curriculum, 2018.08.09.
  https://www.literacyworldwide.org/blog/literacy-now/2018/08/09/part-5-creating-a-gender-inclusive-curriculum
- Street, B. V.(1995), *Social Literacies: Critical Approaches to Literacy in Development, Ethnography and Education*, Routledge.
- Street, B. V.(1997), "Social Literacies", Viv Edwards & David Corson(Eds.), *Encyclopedia of Language and Education Vol 2 Literacy*, Springer.

디지털 세상에서 건강한 시민으로 함께 살아가기*

윤민아

  1990년대 디지털이 등장하면서 '디지털 공간'으로 인간의 삶이 이동하기 시작하였고, 2010년 스마트폰의 '모빌리티' 특성은 인간이 끊임없이 디지털 공간과 연결되고 참여하는 것을 가능하게 하였습니다. SNS의 등장은 경제효과뿐만 아니라 인간관계와 의사소통 방식 등 사회 전반에 다양한 문화적 변화를 불러일으키고 있습니다. 이제 디지털 시대는 피할 수 없는 필연적 물결입니다. 디지털 환경과 도구의 활용은 거스를 수 없는 대세이지요. 우리 일상의 대부분이 디지털로 실현되는 현재, 우리는 이미 디지털 사회의 시민으로 살아가고 있습니다.

1. 디지털 전환

최근 가장 많이 소비되는 단어 중의 하나인 디지털 전환은 디지털 트랜스포메이션(Digital Transformation)으로 불리며, 우리 주변에 있는 사물 인터넷(IoT), 인공지능(AI), 빅데이터(Big Data) 등의 다양한 기술이 연결되면서 기존 서비스들을 혁신하고 있는 것을 말합니다. 디지털 기술의 발달이 가져온 변화는 일상의 다양한 영역에서 나타나고 있으며, 디지털 환경은 이미 우리 삶의 일부가 되었습니다. 디지털 전환의 속도가 빨라지면서 아날로그와 디지털을 구분하는 것이 더 이상 의미가 없어지고 있습니다. 디지털 전환은 디지털이 곧 우리 삶의 환경이 되는 것을 뜻합니다.

디지털 전환은 빛과 그림자 즉, 양면성을 가지고 있습니다. 인터넷과 소셜 미디어와 같은 정보 기술의 활용은 지배 권력을 견제하고 시민 참여를 확대하고 있습니다. 또한 인공지능과 빅데이터는 인간의 판단을 지원하여 더욱 투명한 결정을 내릴 수 있습니다. 일부 전문가들에게 집중되었던 지식의 권력에서 벗어나 정보의 공유를 가능하게도 합니다. 그리고 데이터의 연결을 통한 체계적인 분석으로 미래를 예측하여 준비할 수도 있습니다.

그러나 반면, 빅데이터를 기반으로 한 일상적 감시 등을 통한 지배 권력의 메커니즘을 더욱 정교하고 비가시적으로 만들 수도 있습니다. 개인 프라이버시 침해, 정체성 혼란 및 디지털 감성 문제가 야기되기도 합니다. 무엇보다 디지털 리터러시의 차이로 인한 정보 접근의 불평등성 및 왜곡되거나 편향된 정보 유통, 사회 불평등 및 갈등 심화로 이어질 수도 있습니다. 또한 디지털 기술의 발달로 인한 기존 일자리의 감소,

세대 간 갈등 증폭, 지나친 개인주의, 인간관계 약화, 급변하는 상황에 대한 불안감과 위기감 확산, 로봇과 인간의 갈등 등도 예상할 수 있습니다.

이러한 디지털 전환이 가진 양면성은 우리에게 새로운 고민을 던지고 있습니다. 디지털로 일상이 변화하는 사회에서 우리는 어떤 자세와 태도 그리고 인간과 기술에 대한 철학적 성찰을 갖추어야 할까? 기술이 변화시키는 사회의 모습이 인간에게 어떤 영향을 미치는 것일까? 디지털 시대를 살아가는 시민이 되기 위해서는 '디지털에서 내가 어떤 삶을 살고 있고, 어떻게 나의 삶을 살아갈 것인가?'에 대한 고민과 해답을 찾을 수 있어야 합니다. 즉, 지금은 현재의 삶을 디지털로 전환하는 방법을 찾기보다는 디지털로 구현된 사회를 어떻게 살아가야 하는가에 대한 진지한 고민이 필요한 시기라고 할 수 있겠습니다. 그리고 이러한 사회적 고민이 '디지털 시민'과 '디지털 시민성'이라는 새로운 시민성을 탄생시켰습니다.

2. 시민에서 디지털 시민으로

최근 디지털 기술과 관련해서 가장 많이 언급되는 단어 중의 하나가 바로 디지털 시민입니다. 디지털 리터러시, 디지털 역량, 디지털 시민성, 디지털 시민 등 다양한 용어들이 혼재돼 사용되고 있지만 디지털 전환 속도가 빨라지면서 디지털 시대를 살아갈 시민의 모습에 대한 논의가 활성화되고 있습니다.

Bennett과 그의 동료들(2008)은 산업사회와 후기 산업사회 시민의 차이를 다음과 같이 제시하였습니다. 전통적인 산업사회에서의 시민은 정부 중심의 활동에 참여하는데 의무감을 가지며, 선거에 참여하는 것을 바람직한 핵심 행동으로 받아들입니다. 나아가 사회적 이슈와 정부에 대한 정보를 뉴스와 같은 단 방향적인 대중매체를 통해 습득하고, 이를 신뢰합니다. 이러한 전통적 시민을 책임감 있는 의무적 시민(dutiful citizen)이라 부릅니다.

반면, 후기 산업사회의 시민은 정부 참여에 대한 약한 책임감을 느끼며, 선거나 정당 참여에 대한 의무감 역시 약합니다. 그들은 미디어와 정치인에 대한 불신하고 있고, 뉴스를 통한 정치적 추종을 거부합니다. 또한 그들은 자신의 생활 주변에서 발생하는 문제의 해결이나 네트워크에 기반한 양 방향적 소통과 디지털 미디어를 통한 참여에 관심을 둡니다. 이러한 시민을 역동적 시민(actualizing citizen), 또는 디지털 시민(digital citizen)이라 부릅니다. 이처럼 시민의 개념은 디지털 기술의 발달로 확장되고 있습니다.

그렇다면 21세기 디지털 시민의 특성에 대해 조금 더 자세하게 살펴볼까요? 디지털 시민의 특성은 디지털 시대의 특성에 대한 논의를 전제로 해야 할 것입니다. 디지털 시대는 ① 시·공간의 초월성, ② 정보 공유의 평등성, ③ 민주성, ④ 정보 생산의 대중성이라는 특성이 있습니다(박기범, 2009). 이에 대해 자세히 살펴보도록 하겠습니다. 시·공간의 초월성을 특징으로 하는 네트워크 기반의 디지털 미디어는 시민들의 양방향 참여를 가능하게 합니다. 기후 위기, 전쟁, 자원고갈 등과 같은 전 지구적 이슈에 대해서도 다양한 네트워크 공간을 통해 소통과 참여를 할 수 있습니다. 정보 공유의 평등성으로 인해 기존 아날로그 사회에서 특정 집단이나 계층에 의해 점유되었던 정보에 쉽게 접근할 수 있습니다. 이제

정보는 특정한 개인이나 전문가의 소유가 아니며 보편적 대중의 소유가 되었습니다. 또한 민주성을 특징으로 하는 디지털 네트워크는 과거 특정 매체나 권력가에 의해서만 쟁점화되었던 사회 문제를 모든 개인 인터넷 접속을 통해 자신이 가진 문제 인식을 쟁점화시킬 수 있게 되었습니다. 또한 뜻을 함께하는 누리꾼들과 힘을 모아 정보를 공유하고 쟁점의 주체들에게 문제를 해결하도록 압력을 행사할 수도 있습니다. 이렇듯 네트워크 환경은 시민들에게 익명성을 부여하고 사회적 수평 관계를 맺도록 유도합니다. 마지막으로 정보 생산의 대중성으로 인해 전통적 사회에서 특정 집단이나 전문가들에 의해 지배되었던 정보 생산을 해당 분야에 관심 있는 누구나가 정보 생산자로서 참여할 수 있습니다.

이렇듯 디지털 시민은 디지털 시대의 특성에 기인하여 전통적 시민보다 '능동적 참여', '협력적 문제해결', '글로벌 시민 지향' 등의 차별적 특성을 지녔다고 볼 수 있겠습니다. 디지털 시민은 디지털 환경의 주인으로서 디지털 기술과 긍정적인 관계를 맺을 수 있으며, 디지털로 소통하고, 관계를 맺고, 정보를 공유하고, 생산하며, 사회와 전 지구적 문제를 해결하기 위해 다양한 협업과 능동적 참여를 하는 시민을 의미합니다.

3. 디지털 시민성의 개념

디지털 시민과 관련한 논의에는 항상 디지털 시민성이 함께 거론됩니다. 사실, 디지털 시민성 개념이나 용어 사용에 있어 학자 간에도 일치된 의견이 정립되어 있지 않습니다. 일상생활에서 시민들의 디지털 삶이 확장·심화하고 있으나, 관련 연구는 삶의 양상으로 통합되기보다는 지금까지는 연구자의 학문적 기반에 근거하여 부분적으로 수행되고 있습니다. 따라서 하나의 고정된 의미로 설명하기는 어렵습니다. 그러나 디지털 시민성을 디지털 환경의 진화에 따라 변화하는 동적 개념으로 보아야 한다는 견해(김은미, 양소은, 2013)가 지지받고 있습니다.

유네스코(2017)는 디지털 시민성의 정의를 '효과적으로 정보를 찾고, 접근하고, 사용하고 생성할 수 있는 역량, 비판적이고 민감하고 윤리적인 방식으로 타인 및 콘텐츠에 참여하는 역량, 온라인 및 ICT 환경을 안전하고 책임감 있게 탐색하는 역량, 자신의 권리를 인식하는 역량'으로 설명하고 있습니다. 국내의 경우에 김봉섭, 김현철, 박선아, 임상수(2017)는 '미래를 대비하여 디지털 기술을 미리 준비하고 현재 이용하는 디지털 기술을 이해하기 위한 것으로 지식정보사회를 살아가는 삶의 행동 방식이자 지능정보사회 구성원이 갖춰야 하는 역량'으로 정의하고 있습니다. 김아미, 이지영, 주주자, 이윤주, 양소은(2019)은 디지털 시민성을 3가지 차원으로 나누어 설명하고 있다. 먼저 인지적 차원에서는 미디어 정보 리터러시, 정의적 차원에서는 성찰과 책임, 행동적 차원에서는 디지털 사회 참여로 정의하고 있습니다.

디지털 시민성의 정의는 다양한 접근과 표현이 있지만, 공통으로 포함하고 있는 요소들을 아우르면, '앞으로의 미래 사회에서 개인의 삶과 일, 관계에서 반드시 갖추어야 할 필수적인 것으로 디지털 미디어를 이용하는 사람들이 갖추어야 할 역량 전반'을 지칭합니다. 이용 기술, 태도, 행위적 요인을 모두 포함하는 개념이라고 하겠습니다. 또한 단지 디지털 미디어에 대한 도구적 리터러시 역량뿐만 아니라 디지털 공간과 현실 공간을 연결하여 디지털 시민으로서 필요한 자세, 태도, 가치 등도 포함하고 있습니다. 그리고 이러한 디지털 시민성은 일시에 저절로 가지게 되는 능력이 아닙니다. 시민의 자질에 요구되는 지식, 가치, 태도의 총체로서 시민성은 저절로 습득되는 것이 아니라 교육을 통해 육성되어야 합니다(윤성혜, 2017).

훌륭하고 좋은 디지털 시민은 디지털 세계의 이점을 풍부하게 경험하고 참여하는 과정에서 디지털 기술과 인터넷을 안전하고 책임감 있게, 윤리적으로 이용합니다. 이를 위하여 우리는 디지털 기술과 인터넷의 적절하고 효과적인 사용과 관련된 규범과 가치를 명확하게 알고, 디지털 세계에서 자신과 타인의 권리 및 책무를 보호하기 위한 법률적·도덕적 규범을 준수하는 도덕적이고 의식 있는 시민이 되도록 노력하여야 할 것입니다.

4. 디지털 시민성 구성 요소

방송통신위원회와 한국지능정보사회진흥원(2020)에서는 디지털 시민성을 '정체성과 웰빙', '책임과 권리', '소통과 관계', '정보 리터러시', '사회 참여' 등 5개 영역으로 제시하였습니다. 5개 영역에 대해 자세히 살펴보도록 하겠습니다.

① **정체성과 웰빙**
디지털 환경에서의 정체성은 제한적인 오프라인의 공간의 한계를 넘어 무제한으로 확장되는 디지털 환경으로 전환되는 지금 시점에 중요한 개념으로 대두되고 있습니다. 디지털 정체성에 대한 개념은 현재까지 정확하게 정립되지 않았으나 일반적으로 '디지털 정보로 정체성을 표현

한 것'을 의미하며 '디지털 정보들의 집합으로 자신을 표현하고 이해하는 과정'이라 할 수 있습니다. 디지털이 만드는 디지털 공간에서 정체성은 성별, 인종, 계급, 연령으로부터 자유롭습니다. 디지털 기술이 등장하면서 정체성의 개념은 고정불변의 개념이 아니라, 다양한 정체성을 창조하는 것이 가능하게 되었습니다. 그러나 어떤 사람들은 현실의 자아와 디지털 공간에서의 자아를 같은 자아 개념으로 생각하지 않고 현실과 디지털 공간에서의 가치판단이 분리되어 괴리된 행동을 쉽게 저지르기도 합니다. 또한 디지털 공간에서 보이는 다양한 삶의 모습을 왜곡한 채 받아들여 자기 삶을 불행하게 여기기도 합니다. 또는 상대적 박탈감이나 소외감으로 인해 고통받는 사람들이 늘어나고 있는 상황입니다. 디지털 정체성은 디지털 공간의 페르소나(또 다른 자아, 가면 쓴 인격)로서 현실과 다른 모습으로 살아가는 것이 아니라 현실과 디지털 공간의 분리 없이 디지털 환경에서 시민으로서 살아갈 수 있는 내적인 힘을 기르는 과정이라고 할 수 있습니다.

　디지털 웰빙은 '디지털 사회를 살아가는 시민의 웰빙'을 의미합니다. 디지털 사회를 살아가는 우리들이 자신의 삶을 평가할 때, 균형감 있고 행복감을 느끼는 삶을 살고 있는가에 따라서 디지털 웰빙은 결정될 수밖에 없습니다. 우리의 삶에서 현실과 디지털의 다양한 정체성들이 생겨나고 이들이 각각의 그들만의 역할을 균형적으로 수행할 때 우리는 삶의 만족감을 느낄 수 있을 것입니다. 일반적으로, 디지털 웰빙은 '디지털 기기'의 건강한 활용으로 논의되고 있습니다. 그러나, 단지 디지털 과의존이나 몰입의 문제뿐만 아니라 디지털을 우리의 삶에 잘 활용하고 이를 통해 삶의 행복과 건강함을 유지하고 있는가도 중요한 문제입니다.

　디지털 정체성과 디지털 웰빙은 디지털 사회에서 어떻게 살아갈 것인가에 대한 질문으로 함께 논의될 수 있습니다. 디지털 사회와 현실 사회에서의 삶 모두 우리들이 살아가는 생활 모습이고 사회문화입니다. 디지털 전환의 가속화로 이제 오프라인과 온라인을 구분 짓는 것은 의미가 없습니다. 디지털이 연결하는 삶은 시공간을 초월하여 새로운 경험과 지식을 얻을 수 있는 가능성을 무한정 열어주고 있습니다. 이 가능성을 새로운 삶과 경험을 위한 기회로 바꾸기 위해서는 온라인과 오프라인 삶의 균형감을 갖추는 것이 중요합니다.

② 책임과 권리

디지털 기술의 발달은 소셜 네트워크 서비스로 인해 많은 변화를 가져왔습니다. 디지털 사회를 살아가는 시민은 이전보다 훨씬 더 넓은 관계 속에서 살아가게 되었습니다. 시민은 자신의 권리와 책임이 무엇인지 알고 실천해야 합니다. 더 확대된 관계 속에서 살아가는 디지털 사회의 시민은 자신이 누릴 수 있는 권리만을 생각하는 것이 아니라 다른 사람을 향한 책임과 의무가 공존한다는 것을 깨닫고 행동해야 합니다.

소셜 미디어는 사람들이 의견, 생각, 경험, 관점 등을 공유하기 위해 사용하는 플랫폼을 뜻합니다. 소셜 미디어를 통한 온라인 활동에 참여하기 위해서는 자신의 개인정보를 노출해야 합니다. 그리고 이 과정에서 개인의 사생활이 노출되거나 타인의 사생활을 노출시키는 경우가 증가할 가능성이 큽니다.

한편, 빅데이터(big data)란 기존 데이터베이스 관리 도구가 수집, 저장, 분석, 관리할 수 있는 범위를 넘어서는 데이터세트(data set)를 의미합니다. 빅데이터는 그간 이미 만들어진 엑셀, 워드 단위 등의 정형화된 정보를 넘어서서 소셜 미디어를 통해 생성되는 개인의 일상적 행위, 감정, 위치 등의 세세한 일상 정보까지 포함해서 정보를 구성합니다. 소셜 미디어에 연결된 사람들을 통해 정치 성향을 파악할 수도 있고, 어떤 마트를 이용하고 주로 어떤 제품을 선호하는지도 알 수 있습니다. 또 인터넷 검색, 전자결제, CCTV와 스마트폰의 GPS

기능 등을 통해 개인의 모든 사적인 정보를 수집하는 것이 가능합니다. 그리고 더 중요한 사실은 이 같은 정보를 우리가 스스로 제공하고 있으며, 이러한 정보가 기업, 정부뿐만 아니라 개인까지도 활용하는 것이 가능해지고 있다는 점입니다. 빅데이터뿐만 아니라, 우리가 일상적으로 디지털과 연결되어 벌어지는 행위들 속에도 다른 사람들의 평판과 개인정보를 침해할 가능성도 있습니다.

디지털 시민으로서 디지털을 이용한다는 것은 자신의 사생활과 개인정보에 대한 보호뿐만 아니라, 자신과 연결된 다른 사람에 대한 존중과 배려에 대한 고민도 함께해야 한다는 것을 의미한다. 단순히 디지털 미디어를 개인적 활용 차원에서 잘 활용하는 것을 넘어 디지털 기술이 가져다 줄 사회변화를 이해하고, 자신과 타인을 동시에 보호하고 배려할 책임과 권리를 갖게 되는 것입니다.

③ 소통과 관계

우리는 이미 디지털로 연결된 소통방식에 익숙합니다. 과거에 다른 사람과 대화를 나누기 위해서는 약속을 통해 일정한 시간과 공간을 예약하였습니다만 디지털 기술을 통한 대화는 소셜 플랫폼에 자신의 일상을 남기고 상대방이 댓글을 남기기만 하면 됩니다. 소셜 미디어를 통한 대화방식은 한 개인이 만날 수 있는 사람의 수를 무한대로 증가시킴으로 인간관계의 범위를 확대시켰습니다.

그러나 분명한 것은 소셜 미디어에서 소통과 인간관계의 양이 확장된다고 해서 소통과 인간관계의 질이 덩달아 높아지는 것은 아니라는 점입니다. 디지털로 연결된 관계는 공동의 관심사, 취미, 이야깃거리 등으로 급속도로 친밀해지기도 하지만 간단히 끊어버릴 수 있는 피상적인 관계일 수도 있습니다. 소셜 미디어를 통한 인간관계의 확장은 '관계 과잉'으로 인한 피로감을 낳기도 합니다. 매초 울리는 새로운 정보 알림, 사람들과의 관계 유지를 위해 항시 연결되어야 한다는 강박감은 결국 피로감으로 이어질 수밖에 없을 것입니다. 그러나 이와 반대로 디지털 연결에 익숙하지 않은 사람들은 소외될 가능성도 있습니다. 디지털 미디어를 매개한 소통에 익숙하지 않거나 접근할 수 없는 사람들에게 디지털로 연결된 인간관계의 부재는 소외를 낳을 가능성도 있습니다. 디지털 격차가 경제적 불평등뿐만 아니라 사회문화적 불평등을 낳기도 하는 것이지요.

디지털 시대 소통방식의 변화는 인간관계의 형태를 변화시키고, 또한 나아가 이 인간관계를 토대로 정보 생산과 공유 그리고 이 과정에서 경제적 활동까지 변화를 일으키고 있습니다. 디지털 시대의 소통과 인간관계는 정보 리터러시, 사회 참여 등에도 영향을 미칩니다.

④ 정보 리터러시

디지털 기술은 인간을 미디어 수용자에서 미디어 생산자로 만들었습니다. 과거에는 거대한 자본, 시설, 그리고 전문가를 통해 미디어 콘텐츠가 생성되었지만, 이제는 스마트폰과 네트워크만 연결된다면 누구나 자유롭게 미디어 콘텐츠를 생성하고 송출하는 것이 가능해졌습니다. 개인 미디어가 등장하면서 다양한 개별화된 콘텐츠들이 등장하고 있습니다.

이러한 개별화된 콘텐츠는 개인들의 다양한 욕구를 반영해준다는 점에서는 긍정적이지만, 제공되는 콘텐츠의 정보와 메시지가 정제되지 않다는 점에서 부정적일 수 있는 양면성을 지니고 있습니다.

미디어를 비판적으로 소비한다는 것은 미디어 메시지에 담긴 인간과 사회의 모습을 분석하고 성찰하는 것이며, 이는 곧 미디어를 읽어내는 것이기도 합니다. 개인 미디어가 등장하면서 이용자들의 비판적 해석과 소비는 더욱더 중요해지고 있습니다. 이용자들은 정제되지 않은 개인 미디어들의 콘텐츠뿐만 아니라, 실시간으로 올라오는 댓글에도 비판적 리터러시가 필요해지고 있습니다. 과거 대중매체들이 콘텐츠를 생산할 때 적용하던 가이드 라인이나 규범이 존재하지 않는 개인 미디어에서 진짜와 가짜를 골라내야 하고, 혐오와 편견을 구분해 내야 하고, 상업적 정보인지 유용한 정보인지를 판단해 신뢰 여부를 결정하는 모든 책임을 이용자 스스로가 짊어지게 되었습니다.

한편, 최근 들어 빅데이터와 알고리즘, 인공지능과 관련한 리터러시의 필요성이 화두로 등장하고 있습니다. 소셜 미디어를 통해 수집된 개인의 사적 정보가 상업화되는 과정에서 추천 알고리즘에 대한 비판적 리터러시의 필요성이 함께 제기되고 있습니다. 인터넷 정보 제공자들이 이용자들의 취향 정보 기반으로 맞춤형 정보를 제공하면서 이용자들이 필터링된 정보만을 접하게 되는 현상을 낳기도 합니다. 또한 인공지능의 딥러닝 기술은 이미 편향된 정보를 통해 학습하게 되면 편향된 결론에 닿을 수 있습니다. 인공지능의 학습을 위해 제공된 많은 정보가 기존 사회의 편견과 편향성을 담고 있다면 인공지능이 내리는 결론도 편향적일 수밖에 없겠지요. 우리 일상에 들어 온 인공지능과 알고리즘에 대한 이슈들에 대해서도 기술과 인간의 관계뿐만 아니라 다양한 차원에서 비판적 리터러시가 요구됩니다.

⑤ 사회 참여

디지털 기술은 사람들이 원하기만 하면 다양한 형태로 사회에 참여하는 것을 가능하게 해주었습니다. 디지털 사회에서의 사회 참여의 개념은 네트워크와 디지털 미디어를 통한 자유로운 참여와 소통을 기반으로 합니다(Bennet 2008). 온라인 청원, 온라인 투표, 챌린지 뿐만 아니라, 소셜 플랫폼의 게시글, 댓글 그리고 개인 미디어에 이르기까지 디지털을 통한 사회 참여의 방식은 매우 다양합니다. 디지털 미디어가 등장하면서 사회 참여 개념은 온라인 참여로 정의되었습니다. 디지털 기술을 통한 사회적 참여 방식에는 사회를 직접 바꾸는데 필요한 기술을 활용하는 디지털 혁신도 포함됩니다.

디지털 기술로 인해 이용자들이 미디어를 생산하는 것이 가능해지면서 미디어 콘텐츠 생산을 통해 사회를 변화시키는 메시지를 담아내고, 미디어가 보여주지 않는 다양한 시선과 목소리를 담아내고자 노력해왔습니다. 이런 노력은 우리 사회에 개인과 공동체의 다양성을 실현하게 하는 데 이바지했습니다. 소셜 미디어 플랫폼으로 개인이 미디어를 가지게 되고, 사회 참여의 수단들이 확장되면서 다양한 방식의 사회 참여가 가능해졌습니다. 이에 적극적이되 윤리적인 방식으로 디지털 사회에 참여하여 우리 공동체 모두의 삶을 유익하게 변화시키는 태도가 필요합니다.

5. 디지털 시민 되어가기

　　디지털 시민은 전술한 바와 같이 디지털 환경의 주인으로서 디지털 기술과 긍정적인 관계를 맺을 수 있으며, 디지털로 소통하고, 관계를 맺고, 정보를 공유하고, 생산하며, 사회와 전 지구적 문제를 해결하기 위해 다양한 협업과 능동적 참여를 하는 시민, 디지털 전환에 따른 새로운 시대의 시민을 의미합니다. 디지털 시대의 시민으로서 우리 자신의 디지털 시민성을 점검해볼 수 있는 질문을 열거해보고자 합니다. 질문에 대한 우리의 답이 안전하고 건강한 디지털 사회를 만드는 것을 지향하는 것이길 바라봅니다.

　　디지털 시민이라면 아래 질문을 항상 마음에 새겨야 할 것입니다.
- 디지털에서 나는 누구인가?
- 디지털에서 나는 어떻게 살아가고 있는가?
- 나의 일상에서 '디지털 미디어'와 '디지털 서비스'가 차지하는 비중은 어떠한가?
- 디지털에 표현된 나의 모습을 다른 사람들은 어떻게 평가하는가?
- 현실과 디지털 공간의 정체성 중에 어떤 것에 더 몰입하고 있는가?
- 디지털 시민으로 살아간다는 것은 어떤 것일까?
- 소셜 미디어에 글, 사진, 동영상 등을 남길 때는 공개 허용 범위를 꼭 확인해 보는가?
- 소셜 미디어를 이용할 때는 자신의 개인정보의 허용 범위를 꼭 확인하고 있는가?
- 인터넷에서 다른 사람의 평판과 관련한 글을 퍼 나르기 할 때는

꼭 필요한 정보인지, 사실인지를 확인하고 있는가?
- 다른 사람의 글, 그림, 사진, 동영상 등을 전달할 때는 저작권에 위배되는지 확인하는가?
- 디지털로 연결된 삶은 우리에게 편의성을 가져다줄 수도 있지만, 그 이면에는 내가 제공한 정보가 활용되고 있다는 점을 기억하고 있는가?
- 나의 일상에서 다른 사람들과 대화를 나누는 도구들을 기록해 두는가?
- 자신이 사용하는 소셜 미디어를 대상, 목적에 맞게 잘 이용하고 있는가?
- 소셜 미디어를 통해서 만난 친구들과의 관계를 유지하기 위해서 어떤 노력이 필요한가?
- 자신만의 소셜 미디어를 통해 전달되는 정보를 판단하는 체크리스트를 가지고 있는가?
- 모바일 메신저를 통한 소통에서 지켜야 할 예절이나, 방법을 가지고 있는가?
- 모바일 메신저에서 사람들과 대화를 나눌 때 자신이 주로 사용하는 단어, 이모티콘 등을 알고 있는가?
- 사람들과 대화를 나누거나, 정보를 전달할 때 대상, 목적, 내용별로 적절한 커뮤니케이션 수단을 사용하고 있는가?
- 온라인 소통과 오프라인 소통의 균형을 맞추고 있는가?
- 인터넷에서 정보를 공유할 때는 전달할 사람에게 꼭 필요한 정보인지를 생각하고 있는가?
- 미디어 콘텐츠를 제작하거나 전달된 정보를 공유할 때는 정보의

사실 여부를 확인하고 있는가?
- 다른 사람에게 미디어 콘텐츠를 추천하기 전에 미디어 콘텐츠에 혐오, 차별, 편견, 폭력적인 콘텐츠가 담겨있는지를 점검하고 있는가?
- 다양한 큐레이션 서비스를 이용할 때, 이들이 추천해 주는 콘텐츠에 비판적 소비자로서 자세를 갖추고 있는가?
- 미디어 콘텐츠에 이용할 때, 이들 콘텐츠에 담긴 상업적 의도를 파악하고 있는가?
- 미디어 콘텐츠를 제작할 때는 다른 사람의 평판이나 명예를 훼손하거나 사생활을 침해하는 정보가 담겨있지 않는지를 점검하는가?
- 미디어 콘텐츠를 만들 때 필요한 이용자의 입장, 생산자의 책임과 의무가 동시에 담긴 자신만의 체크리스트를 가지고 있는가?
- 인공지능에도 편견이 있을 수 있다는 사실을 항상 유념하고 있는가?
- 인간과 기술의 관계에서 중심은 인간이라는 점을 항상 생각하고 있는가?
- 디지털에서 나는 어떤 이용자인가? 적극적인 이용자인가? 그렇지 않다면 수동적인 이용자인가?
- 디지털 미디어를 통해서 인터넷에 어떤 방식으로 참여하고 있는가?
- 스스로 경험한 사회 문제를 인터넷에서 제기하고 다른 사람들과 협업을 한 경험이 있는가?
- 사회변화를 위한 활동에 참여한 경험이 있는가?
- 디지털 사회를 변화시키기 위한 정책을 제안해본 경험이 있는가? 혹은 제안할 정책을 가지고 있는가?
- 우리 주변에서 발견한 불편을 제안하고 바꾸기 위한 노력을 하고 있는가?

참고문헌

- 김봉섭, 김현철, 박선아, 임상수(2017), 『4차산업혁명시대, 지능정보사회의 '디지털 시민성'에 대한 탐색』, KERIS 이슈리포트 연구자료 RM 2017-6.
- 김아미, 이지영, 주주자, 이윤주, 양소은(2019), 『디지털 시민성 개념 및 교육 방안 연구』, 기도교육연구원, 정책연구 2019-13.
- 김은미, 양소은(2013). 「디지털 네이티브'의 시민성」, 『한국언론학보』 57(1), 한국언론학회.
- 박기범(2009), 『사회과 디지털 수업론』, 교육과학사.
- 방송통신위원회, 한국지능정보사회진흥원(2020). 『디지털 시민총서 1. 나는 디지털 시민인가』, 커뮤니케이션북스(주).
- 성경희(2024). 「디지털 시민성에 대한 개념적 이해와 사회과 시민교육에서의 함의」, 『시민교육연구』 56(1), 한국사회과교육학회.
- 윤성혜(2017), 「대학 교양교육으로서의 디지털 시민교육의 필요성과 방향」, 『교양교육연구』 11(3), 한국교양교육학회.
- 최원기, 노명순, 조민식(2022), 『2022 디지털 시민성 함양을 위한 시대적 함의 연구 : 사이좋은 디지털 세상 프로그램을 중심으로』.
- Bennett, W. L.(2008). Changing Citizenship in the Digital Age. Civic Life Online: Learning How Digital Media Can Engage Youth. pp.1~24. The MIT Press.
- UNESCO(2017). Outcome document of the conference on digital citizenship education in AP.

'연결'되고 '역할'하고 싶은 마음에 대하여

서진영

1. 리터러시 다시 보기

처음 '소셜 리터러시'를 주제로 한 컬로퀴엄에 발제를 제안받고는 "제가요?" 하고 되물을 수밖에 없었다. 리터러시(literacy)의 사전적 의미는 알지만, 별다르게 생각해 본 적이 없는 개념이다. 더군다나 앞에 '소셜'이라는 말이 붙었다. 이게 대체 뭐란 말인가.

뜬금없으면서도 호기심이 일어 빠르게 리터러시를 연구한 학술 논문들을 훑었다. 근래 리터러시 연구는 '글을 읽고 쓸 줄 아는 능력'이라는 사전적 정의를 넘어 타인에 대한 관심을 바탕으로 한 소통, 사회를 이해하고 적응해 나가는 과정 등 '삶의 차원'으로 확장되고 있었다.

연구 동향으로 어렴풋이 짐작할 수는 있었지만 '소셜 리터러시'의 개념이 또렷이 잡히지는 않았고, 이 글을 쓰는 지금까지도 이 사실에는 변함이 없다. 다만 왜 이 주제가 나에게 건네진 것인지를 생각해 보았다.

나는 직업으로서 글을 쓴다. 주로 취재와 인터뷰를 바탕으로 내용을 정리하고, 그 결과물을 글로 옮겨 다양한 매체를 통해 대중에게 전달한다. 조금 더 풀어보자면 사람을 통해 이야기를 그러모아서 대상을 이해하고, 이것을 다시 맥락화·의미화해서 독자에게 새로운 언어로 전달함으로써 공감과 소통을 이뤄내는 게 내가 하는 일의 속성이다. 이를 소셜 리터러시의 관점으로 보면 그 일련의 과정이 우리 사회에 어떠한 리터러시가 작동하는지를 확인하는 과정과 다르지 않겠다는 생각이 들었다. 또한 발행된 글은 소셜 리터러시의 회복을 도모하는 일로도 연결되는 것이 이상적일 것이다.

그간 소셜 리터러시를 염두에 두고 글 작업을 한 것은 아니지만 궁극적인 방향성이 내가 해온 일의 맥락과 크게 다르지 않다. 그렇다면 이 소셜 리터러시로 나눌 수 있는 이야기가 있을 것 같았고, 제안해 주신 쪽에서도 어떤 연결고리를 발견한 것이리라 짐작됐다. 특히 2023년 가을께 출간한 단행본 『로컬 씨, 어디에 사세요?』에 풀어낸 이야기들을 소셜 리터러시를 확인할 수 있었던 사례로 풀어낼 수 있을 것 같았다.

2. '지역'을 '읽기' 전에 고민한 것들

2022년 여름이었다. 강원도 고성에 있는 출판사 온다프레스로부터 연락을 받았다. 문화도시[1] 조성사업을 추진하고 있는 춘천문화재단과 함께 춘천이라는 지역을 매력적으로 브랜딩하는 차원의 단행본 출간을 고민하고 있다는 내용이었다.

춘천문화재단 내부에서 처음 춘천에 대한 책을 만들자고 모의를 시작했을 때 최우선에 둔 키워드는 '축제'였다고 했다. 춘천은 마임축제, 인형극제 등 내로라하는 축제를 보유한 지역이고, 이것이 지역에서 가장 내세울 수 있는 콘텐츠라 판단했던 것으로 보인다. 축제는 그 자체로 좋은 소재이지만 그 이야기를 듣는 순간 머릿속에 물음표가 떴다. 이 축제들이 춘천이라는 지역을 대표하거나 포괄할 수 있을까?

축제보다 춘천이 어떤 동네인지부터 파악이 되어야 축제의 의미도 더 또렷해질 거라 봤다. 또한 결과치로 '춘천은 축제지' 하고 답을 얻게 되었을 때 춘천의 축제에 접근할 명분이 선다. 그 과정이 생략된 채 춘천의 축제로 무언가 결과물을 만드는 것은 설득력을 얻기 어려울 거라 판단했다. 또한 그 일이라면 춘천의 축제를 오랫동안 경험하고 내부 사정을 잘 아는 사람이 기록하면 될 일이었다. 그렇지 않다면 춘천에 뿌리가 없는 출판사와 저자를 내세웠을 때 '말할 자격'에 대한 문제가 발생할 가능성이 농후하다.

물론 줄곧 지역 콘텐츠를 취재하고 기록해 온 나는 '지역을 안다는 것은 무얼까?' '무엇을 얼마큼 알아야 지역을 안다고 할 수 있을까?' 하는 문제의식을 가지고 있다. 오래 살았다고 해서 꼭 지역에 대해 잘 아는 것은 아니다. 중요한 것은 화자가 어떤 '관점'을 가지고 있느냐,

---

1 「지역문화진흥법」에 따라 문화예술·문화산업·관광·전통·역사·영상 등 지역별 특색 있는 문화자원을 효과적으로 활용하여 문화 창조력을 강화할 수 있도록 지정된 도시. 문화도시심의위원회의 심의를 거쳐 문화체육관광부 장관이 지정한다.

나아가 그 관점이 독자를 설득할 수 있느냐다. 외부자의 시선으로 춘천을 새로이 본다고 해도 어떤 관점에서 새로이 볼 것인지가 분명해야 한다는 이야기다.

그 시점에 나는 춘천시가 인구 30만을 목표로 부단히 노력하고 있다는 걸 알게 됐다. 목표를 충족시키기 위해 춘천시에서는 '대학생 전입 장려금'과 같은 지원 사업도 진행하고 있었다. 30만이 잘 가늠이 되지 않아 내가 살고 있는 지역의 인구를 검색해 봤다. 내 주소지인 서울 서대문구 인구가 30만을 살짝 넘는다. 바로 면적을 비교해 봤다. 춘천시 면적은 1,116.4㎢, 서대문구 면적은 17.6㎢. 이어 부동산 시세를 검색해 봤다. 구옥이라 해도 춘천에서는 1~2억에 내 집 장만이 가능했다. 단편적인 비교라 해도 순간 멍했다. 이 와중에 춘천의 여러 장점 가운데 '서울과 가깝다'라는 것이 제법 큰 비중을 차지하고 있다는 사실에 한 번 더 머리가 울렸다.

> 서울로 진학 또는 취업하지 못하면 루저로 인식되는 분위기 속에서 우리들은 '모로 가도 서울만 가면 된다'라는 말을 부지런히 따르며 살아왔고, 시간이 흘러 '지역에는 먹이가 없고, 서울에는 둥지가 없다'는 현실에 이르러 이게 문제인 줄은 알게 되었지만 그럼에도 선뜻 길을 바꾸지도, 새로운 길을 만들어 내지도 못하고 있는 것만 같다.[2]

단행본은 공공에서 무가지로 발행하는 홍보용 책자와는 결이 다르다. 독자의 선택을 받아야 하는 입장이다. 저자는 누구이고, 독자는 누구인지

---

2   서진영(2023), 『로컬 씨, 어디에 사세요?』, 온다프레스, 60쪽.

가 분명해야 할 뿐만 아니라 저자의 기록이 독자에게 재미든, 의미든, 또 다른 무엇이든, 긍정적인 무언가를 발견해 끝까지 읽어낼 수 있도록 해야 한다. 춘천과 연결고리가 없거나, 별 관심이 없는 사람에게도 말이다. 이게 가능하려면 독자들 스스로 책을 읽는 동안 '자기화' '의미화' 할 수 있는 주제의식 또는 시대정신이 반영되어야 한다.

그렇다면 근래 사회적 현상인 '지역소멸' '탈서울'을 연결하여 새로운 삶의 근거지, 그 후보로 춘천을 살펴보는 일을 개인의 차원을 넘어 사회적 과제로 인식할 수 있게끔 이야기를 끌고 가보자고 다시 기획의 날을 벼리게 됐다. 이는 독자층을 확장하는 전략과도 연결된다. 타깃 독자인 청년세대를 자녀로 둔 중장년층과 곧 청년으로 성장할 청소년들에게도 그저 남의 이야기로 읽히진 않을 거라고 봤다.

'30대, 여성, 1인 가구', 여기에 보태 '지방 출신 서울시민'이라는 인구학적 특성을 지닌 나는 지난 수년간 '왜 꼭 서울이어야 하는가?'라는 질문을 품고, 서울과 고향이 아닌 다른 지역으로의 이주를 꽤 진지하게 고민하고 있던 차였다. 그러나 프리랜서 작가라는 직업적 이점, 당장 어느 지역이라도 서울의 다가구 투룸 월세보다는 훨씬 저렴한 주거지를 찾을 수 있다는 여건에도 불구하고 마침한 곳을 찾지 못하고 있기도 했다. 나만 그럴까? 내 또래 많은 청년들이 겪고 있는 딜레마일 것이다.

그렇게 기획의 큰 틀이 결정됐다. '살기 좋은 도시'의 맥락에서 춘천이라는 지역이 무엇을 가지고 있는지를 한번 확인해 보자, 그리고 '살고 싶은 도시'의 요건들을 구체화해 보자, 이를 잘 풀어내면 이 책이 춘천을 배경으로 하고 있지만 독자들이 이 책을 읽고 난 후 저마다의 삶자리에서 '나는 지금 어디에서 어떤 모습으로 살고 있나?' 나아가 '선택권이 주어진다면 어디에서 어떤 모습으로 살고 싶은가?' 스스로 질문을 던져볼 수 있지 않을까?

　이후 구체적으로 취재 기준을 잡았다. '생활권'으로 접근하기 위해 걷거나 대중교통을 이용하는 것을 기본 원칙으로 삼았다. 또한 축제와 같은 이벤트가 아닌 일상의 이야기를 포착하려고 노력했다. 일탈이 아닌 '사는 재미'의 관점에서 지역을 살펴보려 한 것이다. 그리고 학술어, 개념어의 사용은 최소화하고 보통의 언어로 묻고 답하는 방식을 취했다. 무엇보다 '춘천이라는 지역을 두고 찬사만을 쏟아내지는 않겠다' 하고 선언했다.

　여기까지가 책의 기획 단계에 대한 이모저모다. 이후 나는 6개월 동안 춘천을 걷고 또 걸었다. 시내동지구[3]를 중심으로 행정동별로 한 동네 한 동네, 골목골목을 샅샅이 훑었다. 그 길에서 사람들을 만났고, 인터뷰를 청했고, 그들이 들려준 이야기가 꼬리에 꼬리를 물고 나를 춘천 구석구석으로 이끌었다.

3. 춘천에서 발견한 소셜 리터러시의 면면

　춘천에서 다양한 형태로 나타나고 있는 소셜 리터러시의 면면을 마주할 수 있었는데, 그중 몇 가지를 소개한다.

▶ 길고양이가 맺어준 동네 너머의 이웃

---

[3] 주로 도농복합도시에서 사용하는 표현으로, 시내에 해당하는 '동' 지역이라 보면 된다. 원도심과 그 인접 지역을 포함한 개념이다. 그 밖의 지역은 대부분 '면'과 '리' 단위의 농·산촌이다.

첫 번째는 효자동 고양이 마을 이야기다. 춘천에서 가장 먼저 찾아간 곳이 바로 효자동이었다. 다큐멘터리 영화 <고양이 집사>에서 '고양이 마을'을 조성하려 했던 효자동 사람들의 이야기를 보고 호기심이 일었다.

효자동은 언덕배기로 갈래갈래 좁은 골목이 가지를 친 춘천의 원도심 지역이다. 숲이 우거지고 과수원이 이어지던 곳에 피란민들이 모여들어 동네를 이루었다. 2017년 이 마을은 고양이 때문에 소란이 일었다. 길고양이들이 음식물 쓰레기를 헤집어 놓았고, 배설물도 처치 곤란에, 울음소리도 여간이 아니라며 주민센터에 민원이 계속됐다. 길고양이에 반감을 가진 주민과 어여삐 여기는 주민들 사이에 다툼도 생겨났다.

마을 사람들의 이야기를 듣고 현장을 살펴본 주민센터에선 문제의 본질이 길고양이가 아님을 알아챘다. 세월이 흘러 마을은 낙후되었고, 사람들이 떠나고 남은 빈집들이 많아졌다. 제대로 관리가 안 된 빈집은 길고양이들이 숨어들기 좋은 공간이 됐다. 길고양이들 때문에 동네가 지저분해진다는 것도 반은 맞고 반은 틀린 말이었다. 빈집에 생활 쓰레기를 몰래 버리는 주민들이 적지 않았다. 물론 혼자 지내는 어르신들이 많은 동네에서 늦은 밤 고양이 울음소리는 밤잠을 설치게 만드는 구석이 있긴 했지만 그것 역시 길고양이만 탓할 수 없는 노릇이었다. 주민센터에서는 낙후된 환경과 빈집, 고령화라는 사회 구조적 문제가 길고양이를 매개로 한꺼번에 터져 나온 것이라 보는 게 합당하다고 판단했다.

민원을 넣은 주민들의 요구는 길고양이들을 포획해 달라는 것이었지만 주민센터에서는 '공생'을 고민했다. 매일같이 골목 어귀에 나와 볕을 쬐는 동네 어르신들을 보면 평화로워 보이기도 했지만 외로워 보이기도 했다는 한 직원은 어르신들과 길고양이들이 닮았단 생각을 했고, 친구처럼 지내면 좋지 않을까 하는 데까지 생각이 미쳤다고 했다.

주민센터에서는 마을 곳곳 지저분해진 곳들을 깨끗이 청소했고, 길고양이 무료 급식소를 마련해 어르신들이 공공근로 형태로 관리할 수 있게 했다. 어르신들에게는 소일거리도 되고, 또 밥을 주다 보면 정이 들지 않겠냐는 마음도 있었다. 가용할 수 있는 마을 가꾸기 사업 예산으로 고양이를 주제로 한 공공미술 프로젝트도 진행했다. 이때 어르신들에게 조형물 제작에 활용할 고양이 그림을 요청하고 얻은 결과가 인상적이다. 길고양이가 미워 죽겠다는 어르신들이 못 이기는 척 그려낸 고양이는 자기 얼굴과 묘하게 닮아 있었다.

처음부터 고양이 마을을 만들자고 거창하게 계획을 세웠던 것이 아니다. 이 일련의 과정이 언론에 알려졌고, 마을에서는 해외에 고양이로 관광명소가 된 마을이 있다는 사실을 알게 됐다. 그리하여 효자동도 고양이 마을로 만들어 보자고 의견이 모아졌다.

아쉽게도 주민센터에서 모색한 길고양이와 마을의 공생이 이렇게 빛을 발하게 되는구나 싶었던 그때 문제가 생겼다. 공원 관리 단속반이 길고양이 무료 급식소가 「도시공원 및 녹지 등에 관한 법률 시행규칙」에 의거하여 불법 시설물이라며 철거해 버린 것. 엎친 데 덮친 격으로 고양이 마을을 적극적으로 추진하던 주민센터 소속 공무원이 인사이동으로 동네를 떠나게 됐다. 그 와중에 길고양이 한 마리가 누군가의 고의가 의심되는 상태로 죽는 사건이 발생했다. 결과적으로 효자동의 고양이 마을 만들기 프로젝트는 없던 일이 됐다.

춘천의 이야기를 그러모으는 데 길고양이 민원으로 문을 연 것은 춘천이 관광지, 명소가 아닌 '사람 사는 동네'로 읽혔으면 하는 바람이 있었기 때문이다. 그리고 궁금했다. 요즘의 효자동은 어떤지. 다시금 길고양이 민원이 빗발쳤을까?

효자동 고양이 마을 만들기 프로젝트는 행정적으로 실패했을지는 몰라도 동네에 꽤 긍정적인 영향을 미친 것으로 보였다. 길고양이들은 여전히 동네를 배회하지만, 동네 어르신들도 마냥 길고양이들을 예뻐하진 않지만, 길고양이 민원은 잠잠해졌다고 한다. 한편, 영화 <고양이 집사>를 보고 일부러 동네를 찾아오는 이들도 있다. 길고양이들을 살뜰히 챙기는 음식점에 들러 인사도 하고, 고양이 사료 사는 데 보태라며 기부도 한다. 또 길고양이를 입양해 간 이들이 이따금 소식을 전해오기도 한단다. 그렇게 효자동의 길고양이들은 동네 너머로 새로운 이웃을 만들어 주고 있었다. 효자동의 고양이 마을 실패담은 사회적 관계 속에서 빚어지는 갈등도 어떻게 접근하고 풀어나가느냐에 따라 얼마든 건강한 에너지로 치환할 수 있다는 것을 확인케 되는 사례였다.

▶ **조건 없는 관심과 성원이 가져올 지역의 미래**

남춘천역 인근 온의동 골목을 걷다가 한 카페 입구에 '맡겨놓은 카페'라는 스티커를 보고 그냥 지나칠 수가 없었다. '뭐지? 미슐랭도 아니고, 블루리본도 아니고, 맡겨놓은 카페라니…' 카페에 들어가 차를 한 잔 주문하고 눈치를 살펴 주인에게 말을 걸었다. "맡겨놓은 카페가 뭔가요?" 반색한 주인이 속사포처럼 이야기를 쏟아냈다.

그러니까 이야기는 100여 년 전 지구 반대편 이탈리아에서 시작된다. 흡사 '행운의 편지' 첫 구절 같은 전개인데, 낚인 게 아님을 밝혀둔다. 이 이야기는 2차대전이 한창이던 1930년대 이탈리아 나폴리를 배경으로 한다. 전쟁의 공포와 경제 공황이 사람들의 삶을 피폐하게 만든 그때 나폴리의 카페에선 커피를 마시고 한 잔 값을 더 계산하는 사람들이 있었다. 하루 커피 한 잔이 인간다운 삶의 최소 조건이라 할 만큼 커피

문화가 발달한 이탈리아에서 상대적으로 여유가 있던 사람들이 돈이 없어 커피를 마시기 어려운 이웃을 위해 '선결제'를 한 것이다. 현지에서는 이를 '카페 소스페소'라고 부른다. 이탈리아어로 소스페소(sospeso)는 '연기된'이란 뜻이다. 누군가를 위해 유예한 커피 한 잔은 '연대'의 다른 이름이었다. 맡겨놓은 카페는 이탈리아 나폴리의 카페 소스페소에서 착안한 프로젝트다.

> 우리 시대 청소년들에게 지역사회나 어른들의 환대나 보살핌, 지지 응원이 있었나 하는 물음이 들었고 거기서부터 시작하자고 마음먹었다. 그리고, 노골적으로 '이리 와 얘들아, 너희를 응원할게' 하는 사업이 아닌 익명성이 보장되면서 일상에서 편하게 이용할 수 있는 시공간을 마련해 주는 '맡겨놓은 카페'라는 청소년 환대 프로젝트를 시작하게 되었다. (중략) 무더운 여름날, 추운 겨울 우리 아이들은 어디에 있을까? 용돈이 부족해도 편안히 몸을 쉬고 친구들과 수다를 떨 수 있는 공간으로 카페를 이용할 수 있다면 얼마나 좋을까 하는 생각이 들었다. 또, 춘천의 시민들이, 어른들이 지역의 청소년들을 위해 한잔의 음료를 맡겨놓고 응원의 한마디 전해줄 수 있도록 기획했다.[4]

맡겨놓은 카페는 2022년 당시 춘천시 마을자치지원센터 센터장으로 일한 윤요왕 씨가 낸 아이디어였다. 춘천에 450여 개의 카페가 있다는 것도 주효했다. 잘만 하면 청소년들에게는 안전하고 쾌적하게 머물 공간이 생기고, 어른들에게는 어른의 역할을 할 수 있는 기회가 주어지고,

---

4 윤요왕(2022), <춘천의 청소년들은 행복하겠다>, 오마이뉴스, https://omn.kr/20x2g

동시에 지역 경제 활성화에도 보탬이 될 거라 보았다. 춘천문화재단, 춘천사회혁신센터, 춘천시 마을자치지원센터 등 6개의 중간 지원조직이 TF팀을 결성해 프로젝트를 추진했다. 공공의 예산 지원은 최소화하기로 했다. 언제 어떤 이유로든 예산은 삭감되거나 아예 배정되지 않을 수 있다. TF팀 구성원들은 프로젝트에 대한 공감대만 잘 형성된다면 카페와 시민들의 자발적인 참여만으로도 이 프로젝트가 지속될 수 있을 거라고 판단해 무대가 되는 카페 모집에 애를 썼다.

2022년 7월 춘천 도심 18곳의 카페에서 청소년을 위한 맡겨놓은 카페 프로젝트가 시작됐다. 좋은 취지를 악용해 기부 음료를 싹쓸이하는 아이들이 있으면 어쩌나 하는 우려와 달리 초기에는 이용률이 굉장히 낮았다고 했다. 무료라는 데 아이들이 오히려 주저하더란다. TF팀은 아이들이 민망한 경험을 하지 않도록 맡겨놓은 카페가 어디에 있고, 몇 잔의 쿠폰이 남아 있는지 확인할 수 있는 '맡겨놓은 카페 MAP' 서비스를 추가했다.

이용 방법은 간단하다. 누구든 카페에 비치된 쿠폰에 청소년을 응원하는 메시지와 함께 미리 계산한 금액 또는 음료명을 기재하여 게시판에 붙여두면 된다. 한편 14~19세 청소년이라면 누구나 그 쿠폰으로 음료를 교환해 카페를 자유로이 이용할 수 있다. 맡겨놓은 카페는 지역의 청소년들에게 '관심과 성원을 받아 마땅한 존재'라는 것을 경험케 한다. 응원의 메시지를 받은 청소년들은 쿠폰 뒷면에 답장을 남긴다. 의무 사항이 아닌데도 말이다. 그렇게 동네 카페를 중심으로 낯 모르는 이들 사이 응원의 마음과 감사의 마음들이 쌓여갔다.

모르면 몰랐지 알고는 가만히 있을 수가 있나. 나는 카페 주인에게 아이들이 좋아하는 음료를 물어 청포도 에이드 두 잔을 맡기고 돌아왔다.

그날의 이야기를 SNS에 올린 것을 본 카페 주인이 며칠이 지나 메시지를 보내왔다. "맡겨놓으신 마음을 오늘 아침 춘천고등학교 학생들이 찾아갔어요." 나는 망설임 없이 답을 보냈다. "또 마음 맡기러 가야겠어요." 하고. 2024년 10월 기준 춘천 도심 내 맡겨놓은 카페는 30곳으로 늘었다.

맡겨놓은 카페를 경험한 춘천의 아이들은 훗날 자신들이 성장한 이 지역을 어떻게 기억하게 될까? TF팀 구성원들은 이 프로젝트가 단번에 청소년 문제 또는 세대 갈등을 해결해 주는 것은 아닐 테지만 이웃 간의 접점을 만드는 시발점으로 의미가 크다고 했다. 서울이 모든 것을 빨아들이는 시대적 분위기 속에서 많은 아이들이 춘천을 떠나게 되겠지만 적어도 지역의 어른들로부터 조건 없는 관심과 성원을 받아 본 친구들은 자신들이 나고 자란 지역을 언제든 다시 돌아가도 좋을 따뜻한 품으로 기억하게 되지 않을까.

▶ 저마다의 경험치가 그 자신의 세계를 결정한다

겨우내 춘천의 도심지를 걸으며 유독 눈길이 갔던 것은 다름 아닌 연탄이다. 시청과 도청이 코앞인 동네 골목 어귀에도 어김없이 연탄재가 수북이 쌓여 있었다. 연탄 직매소에 문의하자 많이 줄었다고는 해도 춘천 내에서 연간 150만 장에 가까운 연탄이 소비된다고 했다. 춘천의 연탄 사용 가구가 1천여 세대이고, 한 가구당 1년에 1,200~1,500장 정도를 사용한다고 하니 어림잡아 계산이 맞아 들어갔다.

도시 구조가 재편되면서 도시 외곽보다 원도심이 더 낙후된 춘천이다. 실제 춘천의 연탄 사용 가구는 원도심에 집중되어 있다. 오히려 대단위 아파트 단지가 조성된 외곽으로는 연탄재 쌓인 풍경이 흔치는 않다. 도심에 남은 인구 중에는 고령의 어르신들이 많다. 또 그중에는 도시가스

인입공사가 되어 있지 않거나, 도시가스가 연결되어 있더라도 요금을 감당하기 어려운 '에너지 빈곤층'이 상당하다.

이제 연탄이 저렴한 에너지원도 아니라고 했다. 2023년 기준 춘천에서 연탄 한 장의 판매가가 850원이었다. 계산하기 쉽게 1년에 1천 장을 쓴다고 계산해도 월평균 7만 원꼴로 값을 치러야 한다. 정부에서 취약 계층 난방비 지원 사업을 시행하고 있지만 지원 대상은 한정적이다.

춘천의 연탄을 따라가다가 정해창 목사가 이끄는 춘천연탄은행·밥상공동체를 알게 됐다. 정 목사는 연탄 한 장에 250원 하던 2003년부터 연탄 봉사를 시작했다. 교회 주변 동네는 지대가 높고 좁은 골목이 많아 돈을 배로 준다고 해도 배달을 꺼리는 직매소가 많았다. 전기장판이나 작은 연탄난로로 겨울을 나야 하는 이웃이 적지 않다는 이야기에 연탄 나눔과 연탄 배달 봉사에 나선 것이다. 당시 춘천의 연탄 사용 가구는 3천 세대로 추정된다. 그렇게 많은 줄도 모르고 겁 없이 덤벼들었다는 정 목사도 10년 후면 연탄이 사라질 줄 알았다고, 그로부터 20년이 지난 지금까지 연탄 봉사를 하게 될 줄은 몰랐다고 했다.

생활환경이 개선됨에 따라 앞으로도 전체적인 연탄 수요는 줄어들 거다. 그러나 사회가 아무리 성장한다 해도 모두가 부족함 없이, 아쉬울 것 없이 여유롭게 살 수 있는 것은 아니다. 정 목사는 그런 면에서 춘천 사람들의 문화적 수준이 아주 높다고 했다. 나는 그가 말한 '문화적 수준'에 대해 곱씹게 됐다. 애초에 연탄은행 운영이 교회 구성원만으로는 역부족일 거라 판단한 정 목사는 시민운동으로 활동을 전개했다. 그 결과 현재 연간 4천여 명의 춘천 시민들이 연탄 봉사에 동참하고 있다. 이 부분에서 정 목사가 춘천 사람들의 문화적 수준이 높다고 말한 이유를 알 것 같았다.

문화생활을 하기 좋은 환경이고 이 지역 사람들이 전반적으로 공연·예술에 대한 이해가 깊어서 한 이야기가 아닐 것이다. 개개인이 지역사회의 일원임을 인식하고 있는지, 지역사회가 안고 있는 문제에 대해 책임감을 갖고 있는지, 다양한 문화와 배경을 가진 사람들과 더불어 살아가려는 마음이 있는지, 그 정도를 문화적 수준에 빗대어 표현한 것일 테다.[5]

춘천 사람들을 만나는 동안 나는 인구 30만이 안 되는 춘천이라는 소도시에 살면서도 세계시민으로 살아가는 사람이 있는가 하면, 서울이라는 메트로폴리스에 살면서도 고립된 삶을 살아가는 사람들이 얼마나 많은지 체감할 수 있었다. 결국 우리는 각자 자기가 경험한 만큼의 세계에 산다.

4. 소셜 리터러시의 회복을 돕는 움직임 기대

앞서 언급한 효자동 길고양이, 맡겨놓은 카페, 연탄은행 외에도 춘천을 배경으로 소셜 리터러시를 풀어낼 수 있는 이야기는 한가득이지만 이야기하고자 하는 본질은 크게 다르지 않기에 이쯤에서 정리를 해보려 한다.

내 눈길을 끌고, 내가 기록한 것들이 춘천이라는 지역을 얼마나 잘 설명해 주는지는 잘 모르겠다. 다만 『로컬 씨, 어디에 사세요?』 작업을

---

[5] 서진영(2023), 앞의 책, 223쪽.

통해 한 지역을 구석구석 살펴보는 동안 나는 '나는 무엇에 관심이 있는가?' '나는 어떤 문제의식을 가지고 있는 사람인가?'와 같은 질문에 스스로 답하며 나 자신을 보다 세밀하게 알아가게 됐다. 이렇게 나 자신을 회복하는 일은 나를 넘어 사회 구성원으로서의 역할을 고민하는 것과 별개일 수 없으니 자연스럽게 소셜 리터러시와 연결된다.

무슨 말이냐 하면, 나는 강아지든 고양이든 반려동물에 평소 큰 관심이 없는 정도가 아니라 길에서 맞닥뜨리면 멀리 피해서 가는 겁보이고, 아이는커녕 결혼 계획도 없는 미혼에, 연탄구이 고깃집에서 사용하는 연탄과 연탄보일러에 쓰는 연탄이 같은 연탄이라는 데 새삼 놀란 도시생활자다. 이런 내가 효자동 길고양이와 청소년을 위한 맡겨놓은 카페, 춘천연탄은행에서 삶자리의 의미를 발견하게 된 것이다. 공통점은 이웃이다.

내가 탈서울을 염두에 둔 시작점을 짚자면 십수 년 전 옥탑방에서 방 두 개짜리 다가구주택으로 이사를 갔을 때다. 이사하면 이웃에 떡을 돌려야 한다고 보고 배우며 자란 나는 이사떡을 준비하고도 한 접시조차 나누지 못했다. '이 집에 여자애 혼자 산다'라는 정보가 노출되는 것이 덜컥 두려워졌기 때문이다. 냉동실에 떡을 꾹꾹 채워 넣으며 '큰일 날 뻔했다' 하고 안도감을 느꼈다는 게 내게는 충격이기도 했다.

어려서부터 곧 죽어도 서울에서 살 거라 했던 나였다. 그런데 서울에서는 계속해서 의심과 경계를 늦출 수 없을 것 같았고, 군중 속에서 더욱 고독해질 것만 같아 얼마나 서글펐는지 모른다.

춘천은 내가 '연결'되고 싶고, 그 속에서 내 '역할'을 찾고 싶은 사람이라는 걸 또렷이 인식하게 했다. 결과적으로 나의 소셜 리터러시가 얼마간이나마 회복된 것이라 볼 수 있지 않겠냐는 말이다. 그리고 이러한 감정을 느끼는 것은 나뿐만이 아닌 것 같다. 『로컬 씨, 어디에 사세요?』에 다양한 이야기들이 담겨 있지만 독자들에게 가장 많이 회자되는 문장은 다음의 한 단락이다.

    최상의 환경을 갖춘 지역이 있고 내가 그곳에서 살 수 있다면 더 바랄 것이 없겠지만 현실은 그리 녹록지가 않다. 춘천을 오가며 지역을 보는 시선이 조금씩 달라지는 것을 느낀다. 현재 얼마나 좋은 여건을 갖춘 곳인가를 가늠하기보다 얼마나 여지가 있는 곳인지를 좀 더 깊이 들여다보게 되는 것 같달까. 그러고는 스스로에게 묻게 된다. 나는 어디에서 내 고유의 색깔을 드러내며 살아갈 수 있을까 하고 말이다.[6]

그리하여 다시 한번 질문을 던져본다. '나는 지금 어디에서 어떤 모습으로 살고 있나?' 나아가 '선택권이 주어진다면 어디에서 어떤 모습으로 살고 싶은가?' 향후 소셜 리터러시에 대한 학계 연구는 물론이고 이를 가늠하거나 회복할 수 있는 실질적 움직임들이 민관의 경계 없이 다양하게 일어나기를 기대하며 글을 마친다.

---

6   위의 책, 104쪽.

참고문헌

- 서진영(2023), 『로컬 씨, 어디에 사세요?』, 온다프레스
- 윤요왕(2022), <춘천의 청소년들은 행복하겠다>, 오마이뉴스, https://omn.kr/20x2g

놀 권리를 통해 아동의 삶을 다시 바라보기*

좌현숙

1. 사회적 문해력의 정의와 중요성

리터러시(literacy), 이제는 익숙한 말이다. 흔히 문해력 혹은 문식성으로 번역되는 이 단어는 '읽고 쓰는 능력' 혹은 '글을 읽고 의미를 구성하는 힘'을 의미한다. 좀 더 확장하면 글자를 정확하게 보고 읽고 쓰는 것과 읽고 쓰기 위해 필요한 지식과 능력을 습득하는 것을 포함한다. 최근에는 디지털 리터러시, 데이터 리터러시, 다문화 리터러시, 미디어

---

* 이 글은 좌현숙(2023). 주민참여형 어린이공원 조성 방안 마련을 위한 정책토론회 발제문과 박현선, 좌현숙(2020), 박현선 외(2023)의 논문을 참고하여 재구성된 글임.

리터러시, 파이낸셜 리터러시 등 리터러시가 여러 분야에 적용되고 있다. 리터러시와 결합되는 단어들이 디지털, 데이터, 정보 등 인 것을 보면 리터러시의 대상이 단순히 글이 아니라 정보, 문자, 기호, 태도 등 다양하다는 것을 알 수 있다. 이 조합에서 중요한 것은 '리터러시'라는 뒤가 아니라 앞이다. 뉴스, 데이터, 미디어 등 각각 저마다의 의미를 가지고 있는 이 말들이 특정한 방식과 내용으로 '읽고 쓰고 생각하고 실천하는 대상'이 된다. 예를 들어 뉴스 리터러시(news literacy)는 신문이나 방송 등의 언론이 생산한 뉴스 기사를 제대로 읽고 분석하고 판단하고 제작하는 것이며, 시민적 리터러시(civic literacy)는 시민에게 필요한 관점, 역량, 태도 등을 비판적으로 읽고 쓰고 실천하는 것이다(조병영, 2021).

그렇다면 '문해력'과 '사회'가 만나면 어떻게 될까? 문자 그대로 사회문해력 혹은 사회적 문해력(social literacy)이 되며 이는 세상을 읽고 이해하는 힘, 사회를 읽고 살아가는데 필요한 능력으로 볼 수 있다. 이를 좀 더 풀어쓰면 사회, 이웃, 가족과 소통하는데 필요한 지식, 의사소통하고, 의견과 생각을 말하며 다른 사람의 의견과 생각을 듣고 공감하고 이해하는 능력, 역량, 그러한 행위까지 포괄하게 된다. 사회적 문해력에서 강조되는 것은 문해력이 텍스트를 해독하거나 정보를 처리하는 기술을 넘어 사회적 맥락에서 이해하고 사용한다는 점이다. 파울로 프레이는 글을 읽을 때 '정신의 관료화(bureaucratization of mind)'를 경계해야 한다고 했는데 이는 타성에 젖어 경직된 마음 상태에서 일하는 것 혹은 그러한 상태를 일컫는다. 누군가가 정해준 방식으로 구태의연하게 텍스트를 받아들이지 말고 비판적인 문제의식으로 질문하여 읽는 태도가 필요함을 역설하는 것이다(조병영, 2021).

리터러시는 글자 읽기에서 출발하여 세상 읽기로 발전되는데, 다양성이 넘쳐나는 현대사회에서 사회적 문해력은 더욱 중요해졌다. 읽고 쓰는 능력은 삶을 다채롭고 풍요롭게 하지만 사회적 문해력은 개인의 삶 뿐만 개인이 속한 공동체, 사회를 더 좋게 만들 수 있다. 때문에 사회적 문해력, 소셜 리터러시는 행동, 실천을 필요로 한다.

이 글은 우리 사회의 중요한 구성원이지만 권리를 가진 주체로 인정받고 존중되기 보다는 권리의 목소리를 내지 못하는 소수자 혹은 약자로서의 '아동'에 주목하여 사회적 리터러시 관점에서 아동의 권리 그 중에서 놀이할 권리, 놀 권리에 초점을 맞추었다. 지금은 아동의 놀이를 권리로 주장해야 할 만큼 놀이권이 심하게 박탈된 상태이다. 이론적 논의와 선행 연구에 대한 짧은 고찰과 함께 사회적 현상, 변화 등을 살펴보면서 아동의 놀이가 단순한 여가 활동을 넘어 사회적, 문화적, 교육적 맥락에서 중요한 역할을 한다는 점을 이해하고, 이를 통해 놀이가 아동의 권리 실현을 위한 시사점을 제시하고자 한다.

2. UN 아동권리협약과 아동권리

UN 아동권리협약(United Nations Convention on the Rights of the Child: UNCRC, 이하 아동권리협약)은 아동을 단순한 보호대상이 아닌 존엄성과 권리를 지닌 주체로 보고 이들의 생존, 발달, 보호, 참여에 관한 기본 권리를 명시하는 국제 협약이다. 1989년 11월 20일 유엔에서 만장일치로 채택했고, 현재 가장 많은 국가들이 비준하여 협약당사국으로 가입한 인권 협약이다. 국가가 협약을 비준하고 협약 당사국으로 가입하면 국제협약이 그 국가에서 효력을 가지게 된다. 우리나라는 1991년 11

월에 협약을 비준하였다.

　1989년 「아동권리협약」이 아동권리에 관한 최초의 국제적인 법으로 채택되기 이전부터 아동 권리를 보호하고 실천하기 위한 많은 국제적인 노력이 있어왔고, 그런 노력들이 오늘날 UN 아동권리협약의 바탕이 되었다. 「아동권리협약」은 아동의 범위를 만18세 미만으로 정하고 있다(제1조). 협약당사국이 아동의 연령을 따로 법으로 정해 놓고 있지 않은 한, 만18세 미만을 아동으로 보고 있는데, 그것은 세계의 많은 나라에서 18세를 어른이 되는 연령으로 정하고 있기 때문이다(국가인권위원회, 2018). 「아동권리협약」은 18세 미만 아동의 생명권, 의사표시권, 고문 및 형벌 금지, 불법 해외 이송 및 성적 학대 금지 등 각종 '아동기본권'의 보장을 규정하고 있다[2].

　「아동권리협약」이 담고 있는 권리들은 크게 4가지 기본권이 있다. 이는 생존권, 보호권, 발달권, 참여권이다. 생존은 기본적인 삶을 누리는 데 필요한 권리로서 예를 들면 적절한 생활 수준을 누릴 권리, 안전한 주거지에서 살 권리, 영양 섭취와 기본적인 보건 서비스를 받을 권리 등이다. 보호권은 학대와 방임, 차별, 폭력, 과도한 노동, 약물 등 아동에게 유해한 것으로부터 보호받을 권리이며, 발달권은 아동이 잠재능력을 최대한 발휘하는데 필요한 권리를 의미한다. 교육받을 권리, 문화생활을 하고 정보를 얻을 권리, 놀 권리 등이 이에 해당된다. 참여권은 아동이 자신의 생활에 영향을 주는 일에 대해 의견을 말하고 존중받을 권리인데 표현의 자유, 양심과 종교의 자유 등이다(국가인권위원회, 2018). 「아동

---

2 「아동권리협약」은 전문과 총 54개 조항으로 구성되며, 제1조부터 제40조까지 실제적인 아동권리 내용을 담고 있다. 모든 권리들은 서로 연관되어 있으며 모두 똑같이 중요하다(국가인권위원회, 2018).

권리협약」의 아동권리는 아동을 권리를 가진 주체로 인정하고 있으며, 아동에 대한 보호와 보살핌을 아동이 마땅히 누려야 할 권리로 명시하고 있다는 점에서 매우 중요한 의의를 가진다.

우리나라는 1991년에 협약에 비준했는데 당시에 비해 상당한 제도적 변화와 노력이 있었음에도 불구하고, 여전히 아동의 행복감, 삶의 질은 OECD 국가들 중 가장 낮은 수준이다(이봉주 외, 2019). 아동의 주관적 행복감 국제 비교연구에 의하면 한국의 만10세 아동의 주관적 행복감은 22개국 중 19위이며, 2013 아동 실태조사에서도 OECD 국가들 중에 우리나라 아동의 삶의 질이 최하위로 나타났다(관계부처 합동, 2015).

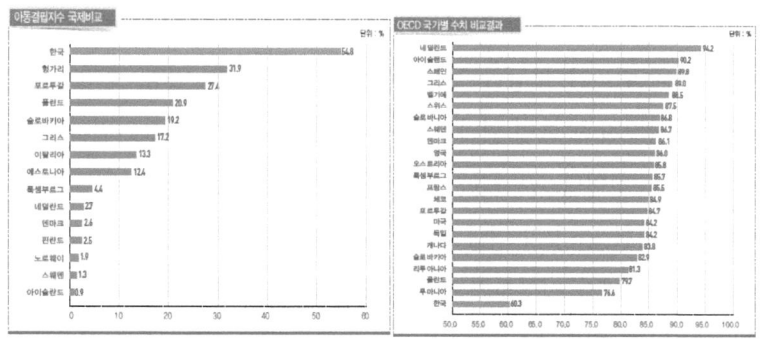

자료: 관계부처 합동(2015). 제1차 아동정책 기본계획.

우리 아이들의 낮은 행복감 순위와 관련해서 빠지지 않고 지적되는 문제로 입시 위주의 교육제도로 인한 과도한 학습 시간과 경쟁 일변도의 문화를 들 수 있다. 초등학생의 여가 시간을 보면 하루 1~2시간 25% 이상, 하루 평균 1시간 이하 17% 등 하루 일과 중 여가 시간이 매우 짧은 것을 알 수 있다(한국청소년정책연구원, 2014).

반면, 방과 후 하고 싶은 활동으로 1위는 '친구들하고 놀기'(50% 이상)이나, 실제 친구들과 노는 아동은 23.2%에 불과했다(한국보건사회연구원, 2014). 2018년 조사에서도 "신체활동 또는 운동을 하고 있다"는 응답은 2013년 11.5%에서 2.6%로 감소하여 아이들의 놀이 상황은 더 악화되었음을 알 수 있다(한국보건사회연구원, 2018).

무엇이 우리 아이들의 행복감을 낮출까? 물질적으로 풍요로운데 왜 삶의 질은 낮을까? 이는 입시교육 위주의 제도적 환경 뿐 아니라 놀이시간의 부족 및 아동 친화적인 놀이 공간 자체의 부족, 문화적으로도 놀이의 필요성에 대한 공감대가 형성되어 있지 못하다는 점과 관련된다. 2011년 유엔아동권리위원회는 대한민국 아동권리협약 이행 상황에 대한 제3·4차 국가보고서 심의에서 우리나라의 극심한 경쟁과 사교육에 대한 우려를 표명하였고, 협약 제31조에 따라서 여가와 문화, 오락 활동에 대한 아동의 권리를 보장할 것을 권고하였다. 아동의 영양, 주거, 건강, 교육과 마찬가지로 놀이·여가 활동이 아동 발달의 필수요건임을 다시 한번 확인한 것이다.

'놀이에 관한 권리'가 아동 권리의 새로운 관심영역으로 부각되고 논의가 본격화되면서 정부부처와 지방자치단체, 민간단체를 중심으로 아동의 놀 권리를 확대하기 위한 사업이 수행되었다. 대표적으로 환경부의 생태놀이터 사업, 서울시의 '창의어린이놀이터', '움직이는 놀이터', '아동놀권리보장 놀이공간조성사업'등을 통해 아동의 놀 권리를 보장하고자 하며, UNICEF를 비롯하여 세이브더칠드런, 초록우산 어린이재단 등 아동 관련 NGO에서도 아동친화도시사업 등을 추진하고 있다.

각 지자체에서도 놀 권리를 보장하기 위한 정책을 세우는 움직임이 증가하였으며, 주로 자치법규의 제정으로 놀이권을 확보하려는 움직임이 활발하다. 2018년과 2019년에는 각 지자체에서 '놀 권리 증진을 위한 조례' 혹은 '어린이놀이터 조성 및 관리에 관한 조례', '창의놀이터 설치 및 운영 조례', '학생 인권 보장 및 증진에 관한 조례'등의 놀권리 보장 및 놀이터 조성에 대한 조례를 제정하였다.

아이들의 생활 시간과 공간의 대부분을 차지하는 학교 현장에서도 놀이가 아동의 발달에 미치는 긍정적 영향과 효과를 인식하면서 2017년과 2018년에 각각 강원도교육청, 전라남도교육청이 어린이 놀 권리 보장에 관한 조례를 제정하였다. 2019년 10월 광주광역시 교육청은 "광주광역시 교육청 학생 놀 권리 보장 조례"를 제정했으며, 5개 자치구에서도 아동 놀 권리 보장 조례가 제정되었다.

정부의 아동 정책기본 계획 수립도 이와 궤를 같이 한다. 아동정책기본계획은 여러 정부부처에서 개별적으로 수립되어 추진되었던 아동 관련 정책을 통합하는 범정부차원의 포괄적, 종합적인 아동정책이며, 제1차 아동정책기본계획(2015-2019)이 수립 및 발표되었다. "행복한 아동, 존중받는 아동"을 비전으로 하며, 핵심목표는 '아동 행복도 증진, 아동 최우선의 원칙 실현 기반 조성'이다. 아동 행복도 증진을 위해 OECD 국제비교가 가능한 삶의 만족도, 주관적 행복지수 점수를 10년에 걸쳐 OECD 평균에 도달할 수 있도록 설정했으며, 아동 최우선의 원칙 실현 기반 조성을 위해 사회의 운영원리, 아동을 둘러싼 환경 및 정책의 변화 과정에서 아동의 이익을 최우선으로 보장하고 실현하는 원칙을 정착하려고 했다(그림1).

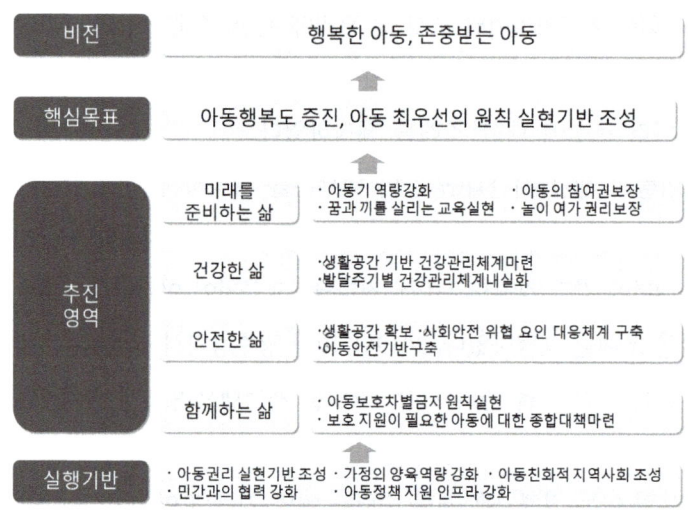

그림 1. 제1차 아동정책 기본계획의 비전과 목표

정부에서 발표하는 이러한 일련의 계획들이 공허한 선언에 그치지 않도록 민간단체에서는 국가 놀이 정책 수립 및 이행을 제안하였다. 세이브더칠드런, 유니세프 한국위원회, 초록우산 어린이재단은 '국가 아동 놀이정책 수립 및 이행 제안서'를 보건복지부에 전달하여 정부의 놀이정책 수립 및 이행을 촉구하였다. 정부는 제1차 아동정책 기본계획을 수립하면서 아동의 놀 권리를 실현하기 위한 놀이 정책을 마련하겠다고 발표했으나 놀 권리를 포함한 아동권리헌장을 구체적인 실천 계획 없이 제정했을 뿐이라면서 '더 이상 실천을 미루지 말고 국가 아동놀이정책을 반드시 수립하고 이행해야 한다'고 강조하였다.

이러한 흐름 속에 정부는 포용국가 아동정책, 그리고 제2차 아동정책 기본계획을 수립하면서 범국가적 차원에서 아동의 권리 향상을 위한 노력을 계속했다(관계부처 합동, 2020). 놀이권 관련한 구체적 내용을 보면, 2019년 5월 포용국가 아동정책에서는 창의성·사회성 계발을 위한 놀이

혁신을 추진했으며, 2020년 제2차 아동정책 기본계획에서는 놀이와 학습이 조화로운 학교와 지역사회 조성을 위해 연령별 놀이 친화적 환경 조성으로 즐거움 속 창의성· 사회성 등 계발 등을 추진 과제로 설정했다.

3. 우리나라의 놀 권리 관련 정책 및 사업

현실을 들여다보자. 우리 아이들은 제대로 권리를 누리고 있을까? 놀 권리를 보장받으며 충분히 잘 놀고 있는가? 우리나라의 아동의 놀 권리 정책과 사업은 주로 2000년대 이후 시작되었다. 보건복지부에서는 '아동 놀이 헌장 제정 및 놀이 정책 수립을 위한 추진단'을 구성하였고 놀이와 여가 권리를 보장하기 위한 방안으로 '아동친화적 도시공간 구성'을 시작하였고, 이러한 사회적인 흐름에 맞추어 각 기관에서는 다양한 놀 권리 사업을 개발 및 추진하였다.

UNICEF 한국위원회는 2006부터 유엔아동권리를 바탕으로 국제적인 협약에 대해 홍보를 하고 한국 아동의 놀 권리를 증진하기 위해 연구사업과 캠페인, 공모전 사업 등을 꾸준히 진행하였다. 아동친화도시 인증은 아동권리옹호를 위한 대표적인 사업이다. 유니세프 아동친화도시(Child Freindly Cities Initiative)는 유엔아동권리협약에 담긴 아동의 권리를 온전히 실현할 수 있는 행정체계와 제도를 갖춘 지역사회를 일컫는다. 우리나라의 경우 2013년 서울 성북구가 아동친화도시 인증을 받은 이래로 2024년 12월 기준 99개 지방자치단체가 유니세프 아동친화도시로 인증받았다.

민간기관인 세이브더칠드런은 '놀이터를 지켜라' 라는 캠페인을 시작으로 아동 놀권리에 대한 인식 개선 및 놀이권 확대를 위한 사업 꾸준히 이어가고 있다. 아동의 삶을 행복하게 만들기 위해서는 아동이 충분히 쉬고 놀 권리는 보장해야 한다는 취지에서 2014년부터 실시한 캠페인의 일환으로 아동권리옹호활동과 함께 도시와 농어촌 지역의 놀이공간 신축 및 개선사업을 지속적으로 수행하고 있다. 놀 권리 사업은 단순히 놀이 환경이나 놀이터 등 물리적 여건에 그치지 않고 놀 권리 인식개선과 정책개선 및 옹호활동을 포함하는데 2014년 사업 계획을 시작하여 2015년부터 각 지역에 놀이터 및 지역아동센터를 설립하고, 다음과 같은 다양한 사업을 진행하였다.

첫째, 학교 놀이환경 개선사업이다. 이는 학교 내 놀이공간 개선뿐만 아니라 놀이시간, 놀이에 허용적인 분위기를 조성하고자 하는 목적의 놀 권리 사업이다.

둘째, 도시 놀이터 개선사업으로 도시지역의 낙후되고 우범지대화 되는 놀이터를 개선하는 사업이다.

셋째, 농어촌지역 기초자치단체와 지역주민의 협력을 통하여 방과 후 아동의 안전한 보호체계를 마련하는 공립형 지역아동센터 설치 및 운영 사업이다. 마지막으로 농어촌 놀이터 사업이다. 이는 농어촌 지역 기초자치단체와 지역 주민의 협력을 통해 아동에게 놀이 활동과 보호 공간을 제공하고, 실내 놀이공간을 겸한 놀이터도 신축하여 운영하는 모델이다.

초록우산 어린이재단도 2015년에 처음 시행된 '아동놀이환경 캠페인' 사업으로 아동권리 및 놀이권 확대를 위한 적극적 사업을 수행해왔다. 이후 대한민국, 어디든 놀이터' 사업을 통해 아동의 놀 권리를 증진하기 위해 가정, 학교, 지역사회가 함께 변화할 수 있도록 인식 개선 캠페인 및 교육을 진행하였다. 학교 및 지역사회에 아동이 원하는 놀이공간이 마련되고 유지될 수 있도록 하였으며, 지자체와 정부 그리고 국회가 놀이 정책 및 제도를 아동 친화적으로 개선 및 수립하도록 촉구하는 등 다양한 활동을 펼치되, 주로 학교내 놀이공간 개선하고 마련하는 사업을 수행해 왔다.

정부부처나 지방자치단체의 놀 권리 사업이나 정책으로는 환경부의 생태놀이터 사업, 서울시의 '창의어린이 놀이터'를 비롯한 '움직이는 놀이터','아동놀권리보장 놀이공간 조성사업'등을 들 수 있다. 2013년부터 시작한 유니세프 아동친화도시(Child Friendly Cities) 인증 조건에서 놀이터 조성이 아동 권리를 보장하기 위한 활동으로 인정이 되고 있어 많은 지자체들이 자체적으로 놀이터를 조성하고 개선하는 사업에 참여하였다.

각 시·도 교육청에서도 아동의 놀 권리 확보와 증진을 위해 '학교 내 놀이시간 확보'사업과 '학교 놀이터 조성'사업 등을 수행했고, '놀 권리 보장에 관한 조례'나 '놀이통합교육 진흥 조례'를 바탕으로 하여 실질적인 놀이권 보장을 위한 환경 조성에 힘쓰고 있다. 광주광역시 교육청에서는 아이들의 이야기를 듣고 반영하며 실천하는 학생 중심 학교 공간 혁신 '아지트 사업'을 진행하고 있으며, 2019년 기준 초등학교 4개교, 중등 10개교가 사업에 참여하였다(방소형, 2019).

4. 놀이 및 놀 권리 관련 연구 고찰: 잘 노는 아이, 무엇이, 어떻게 다른가?

놀이 및 놀 권리와 관련하여 다수의 연구들이 수행되었으나 연구대상별로는 주로 영유아 및 초등 저학년 아동에 초점이 맞추어졌다. 유아 대상의 연구가 가장 많고, 상대적으로 초등 고학년이나 중·고등학생을 포괄하는 청소년 대상 연구는 일부 수행되었으나 제한적인 수준이다. 최근까지 이루어진 연구 경향 및 내용을 보면, 놀이 및 놀 권리의 의미를 탐색하는 연구, 아동의 놀이실태와 현황을 조사함으로써 우리나라 놀 권리 수준을 파악하는 연구, 아동 청소년의 놀이정책 수립을 방향과 과제를 탐색하는 연구, 그리고 -놀 권리 사업을 통한 아동과 지역사회의 변화 등이 큰 흐름이며, 지방자치단체나 교육청에서 아동의 놀이활동 지원을 위한 교육정책 관련 연구(강원도교육청, 2015), 놀이의 영역에서 배제되기 쉬운 장애아의 놀 권리에 대한 연구(노은호, 주혜영, 2011)도 주목할만 하다.

아동의 놀 권리 보장과 확대를 위한 다양한 시도들이 이루어진 역사가 짧기 때문에 이러한 사업이 아이들에게 어떠한 영향을 미치는지 즉 사업의 효과와 성과에 대한 연구는 상대적으로 부족하다. 놀이권 확대 사업 등 효과성을 평가하는 연구 대부분이 양적 방법을 사용하여 놀이성이 높은 아동들은 사회적 유능성이 높고(조미정, 2011), 학교생활에 잘 적응하며(김나리, 2014), 사회, 정서, 긍정적 성격발달을 이루는 것으로 나타났다(기재희, 이숙, 2017). 이 글에서는 놀이공간 조성사업을 통해 나타난 아동 및 지역사회 변화에 대한 질적연구 중 의미있는 결과를 시사하는 연구를 소개한다.[3]

---

3   박현선, 좌현숙(2020). 놀이가 바꾼 아동과 지역사회. 의 내용을 중심으로 발췌하였다.

1) 아동의 변화

▶ 사회·정서·인지의 긍정적 발달

학교놀이 공간을 개선하고, 그 공간에서 놀 수 있는 기회와 시간이 증가한 경우, 또래관계 개선, 집중력과 스트레스 대처기술 향상, 긍정적 정서 증가 등이 나타나 사회·정서·인지가 긍정적으로 발달한다고 할 수 있다.

▶ 또래관계 개선

놀이공간 조성 이후 가장 많이 언급되는 내용은 또래관계의 긍정적 변화이다. 자유롭게 놀이를 통해 또래 간 상호작용하는 과정에서 직접적, 간접적 공격성이 감소되고, 학교 폭력이나 또래간 따돌림과 같은 문제가 감소하며, 또래간 친밀감은 향상된다.

"아이들이 확실히 자기들끼리 더 돈독하고 단합심이 있는 것 같아요. 놀이터가 생기면서 더 많이 같이 있다보니까."

"우리 학교는 아이들이 오고 싶어하는 학교에요. 방학 때도 빨리 학교 안 가냐고 재촉한대요. 그런 만큼 아이들 사이에서 학교 폭력도 별로 없고 우리 학교가 1200명 정도로 아이들이 굉장히 많잖아요. 때리기만 해서 학교 폭력이 아니에요. 그런 마음이 있다는 것 자체가 학교 폭력인데 아이들이 놀이를 통해서 마음이 순화되고 개선되고 교실처럼 좁은 공간에 오래 있지 않아도 되는 것들이 학교 폭력 예방에도 크게 영향을 주지 않았나 생각해요."

▶ 학습태도 향상

아이들이 자유롭고 허용적인 공간에서 에너지를 발산하며 마음껏 노는 경험은 긍정적 정서의 발달 및 태도에도 영향을 미쳤다. 특히 학습으로 인한 스트레스가 많을 수 있는 학교 현장에서 놀이의 경험은 아이들의 학습태도, 집중력과 같은 인지적 요소에 영향을 주는 것으로 나타났다.

학습태도의 요소 가운데 주의집중 요인도 유의미한 효과를 나타내었다. 구체적으로 주의 집중 문제에 대한 교사와 부모의 평가가 모두 유의미하게 감소하였다는 결과가 나왔고 공부를 할 때 필요한 뇌의 안정적 주의집중 상태를 나타내는 전두엽 알파파도 유의미한 증가를 보였다.

▶ 스트레스 대처기술 발달

도움을 요청하는 방식의 대처 행동과 적극적으로 문제해결을 하는 대처 행동이 유의미하게 향상되었다.

놀이에 충분히 노출된 아이들은 스트레스의 상황에서 문제를 해결하기 위해 적극적으로 방법을 찾고 노력하는 대처행동이 유의미한 상승을 보였고, 아무 노력 없이 억압하고 피하는 회피적 대처행동은 유의미한 감소를 보였다.

▶ 긍정적 정서 증가

놀이공간이 조성되고, 놀이 시간이 확보되면서 아이들은 행복감, 즐거움, 만족도, 자신에 대한 긍정적인 자아상, 능력에 대한 행복감 등에서 변화를 보였다.

"아이들이 행복해해요. 아까 아이들 만나보셨죠. 말하는 톤이 굉장히 높지 않나요? 아이들이 놀이할 때도 굉장히 밝고, 노는 것도 놀아봐야 논다고 아이들이 노는 게 뭔지 알아요. 어디가서도 배려와 예절을 지키면서 잘 놀 수 있을거예요."

▶ 놀이의 본질 회복

'놀이'는 아동이 스스로 조절하고 구조화하여 시도하는 어떠한 행동, 활동 혹은 과정이다. 즉 놀이의 특징은 무목적성과 흥미성 그리고 지속성을 가진다는 것이다. 놀이는 아동에게 즐거움을 줄 수 있어야 하며 결과와는 관계없이 놀이를 지속할 수 있어야 하며 생산성을 담보하는 것은 아니다(유니세프한국위원회, 2014). 아동들은 활동적, 주도적, 자율적인 놀이 활동이 증가하면서. 협동 놀이를 통한 상호작용이 활성화되고 놀이의 본질이 회복되는 양상이 발견되었다.

▶ 활동적인 놀이 증가: 실컷 놀아보기

새로 조성된 놀이공간에서 아이들은 에너지를 발산하고, 적극적·활동적으로 놀았다.

"아이들이 '여기는 놀이터니까 여기서는 실컷 놀다가요'라고 해요.. 게임기 거의 안가지고 놀고 바깥에서 뛰어 놀아요... (중략)... 하루에 두 시간 반정도 놀아요 신나게 땀 뻘뻘 흘리며 놀아요. (중략) 옷 다 버린다고 말했는데도 '괜찮아요 금방 말라요' 하고 놀아요. 정말 잘 놀아요."

"놀이터는 아이들 피난처에요. 가정이라는게 아이들에게 편안하지만 규율이 많고 간섭이 많은 곳인데 놀이터는 해방구에요... (중략)...어떤. 아이가 그런 얘기를 해요 여기와서 숨을 쉰다고 이야기해요.. 너무 중요한 공간이에요. 큰 애들은 큰 애들 나름대로.. 작은 애는 작은 애들 대로... 애들은 막 뛰어다녀야 되거든요.. 학교는 짜여져있잖아요. 그런 차원에서 소중한 공간이고.."

▶ 주도적이고 자율적인 놀이 활성화

일정한 틀과 형식이 갖춰지고 구조화된 프로그램보다는 자율적인 놀이를 더 원하는 모습을 보였다.

"처음에는 아이들이 '어, 놀려고 왔는데…', 근데 노는 게 무엇인지도 모르고 온 거 같아요. 그때는. 지금은 어디 가서 내놔도 잘 놀거라고 생각이 들어요 그러니까 아이들이 어디에서 무엇을 할 것인가를 결정하는 것들이 많이 생겼다고 생각을 해요. 처음에는 핸드폰만 하고 싶어하는 거에요. ... (중략)... 이제 센터에 와서 만큼은 계속 생각하고, '무엇을 하고 놀까' 가 어느정도 정립이 되어 있고, 내가 무엇을 해야 될지를 알아가고 있는거 같아요."

▶ 놀이적 상호작용의 다양화

자유롭게 마음껏 뛰어노는 아이들은 새로운 놀이를 생각해내거나 아이들끼리 무리를 지어 노는 협동놀이를 하게 되었으며 다양한 연령대의 아이들이 어울려 놀게 되었다. 학년과 무관하게 놀이공간에서 놀게 되었으며, 장애가 있는 아동과 장애가 없는 아동들이 자연스럽게 통합 놀이를 함으로써 놀이적 상호작용이 다양화된 것이다. 처음 만난 아이들간에

서로 쉽게 가까워지고, 여러 연령의 아동들이 자연스럽게 함께 놀게 되었다.

> "○○○ 놀이터가 있기 전후에 가장 크게 눈에 보이는 것 중에 하나가 학년별 상관없이 섞여서 잘 지낸다는 거에요. 전에는 따로따로 지내서 한 살만 차이가 나도 같이 안놀고 하는 것들이 있었는데 거기에 오는 유치원에 안 간 아이부터 초등학교 5, 6학년까지 여러 명이 한 열 명 정도는 일 평균 방문을 하는데 관계없이 다 같이 모여서 놀고 뭔가 하나의 게임을 해도 같이 하고 서로 싸우거나 이런 것이 없이 훨씬 우애 좋게 지내는 모습들이 생겼다고도 하셨었구요."

▶ 아동 스스로 놀 권리에 대한 각성

아동들은 놀권리를 비롯하여 권리에 대한 인식이 생겼고 변했다고 했다. 또한 권리의 주체로서 자신을 인식하기도 하였다.

> "놀이터는 놀이와 아이들의 권리에 대해 굉장히 강조를 하고 아이들도 그런 이야기를 듣고서 많이 그런 이야기를 하거든요. (아이들이) '우리도 놀 권리가 있다고 아동학대 하면 안 된다'고 이런 이야기를 집에 와서 하죠."

2) 지역사회의 변화: 마을 공동체성 회복

▶ 대외적 평판도 향상: 살기 좋은 마을', '아이 키우기 좋은 곳'

적막했던 마을에 '아이들 노는 소리'가 들리는 등 지역사회가 활기를 되찾았다. 아동친화적인 놀이 공간의 조성뿐만 아니라 아동에 대한 지자체의 투자는 지역사회에 대한 평판도를 높이는데 기여하여 인구 유입의 효과를 가져왔다.

> "많은 읍면동들이 인구가 감소하고 있는데, 여기는 인구가 증가하고 있는 것을 확인을 했어요. 더 놀라운 것은 젊은 부부들이 들어와요. 아이들의 교육까지도 생각하는 학령기 자녀를 둔 부모들이 (이사 오는 거죠)"

▶ 다 함께 키우기, 육아공동체로 발전, 아동친화적 마을 조성

지역 내 아동 놀이공간 조성을 위한 지자체의 투자는 '아동 친화적 마을' 인증과 같은 부수적인 정책성과를 가져왔다.

3) 지방자치단체 및 담당자의 놀 권리 인식 변화

지자체 담당자들은 놀 권리 사업을 담당하면서 아동에 대한 관심, 본 사업의 중요성, 놀이터와 지역아동센터의 지속 가능성을 위한 주민의 참여와 자치의 필요성 등 인식 변화를 경험하였다. 과거에는 지자체 등 제공자 중심의 일방적 의사결정으로 사업이 진행되었지만 놀권리 사업을 경험하면서 지자체는 참여자 중심의 서비스에 대한 인식이 변화하여 새로운 놀이터 건립에도 운영위원회나 협의체를 구성하여 진행하는 등 주민의 참여나 자치 등의 요소를 중요하게 생각하게 되었다.

> "아동친화업무를 보다보니 놀 권리에 대한 것을 처음 알게 되었어

요... (중략)... 예전 우리 때와 놀이터에 대한 개념이 많이 바뀌었어요. 요즘은 놀이터 형태가 기존 야외놀이터에서 창의적 형태로 바뀌는 거고 놀이시설을 만들 때 주민과 아이들의 의견이 반영되는 부분이 달라지는 패러다임이고요... (중략)...참여라는 요소를 통해 우리가 생각지 못한 아이디어가 나올 수 있고 이름을 짓는 과정 등에서 아이들의 소유의식이 생기는 것 같아요."

4) 무엇이 이러한 변화를 이끌었나?

▶ 참여와 자치의 경험: 스스로 만드는 놀이터'

놀이워크샵 경험을 통해서 아동의 놀이와 놀 권리에 대한 이해와 인식이 높아지고, 새롭게 갖게 된 놀이공간에 대해서도 애착과 만족이 높아졌다. 스스로 설계하고 만들었다는 자부심과 주인의식을 갖게 되고, 자신의 의견과 권리가 존중받는다고 느끼는 등 긍정적인 참여 경험과 인식이 생겨났다.

"아이들이 그런 참여에 대한 뿌듯함이 있어요. 지나가며 '저거 내가 지은거야' 이야기하고 저거 내가 설계했어라고 말하기도 해요. 아동감리단을 운영해보니까 자존감이 (높아진 듯)..직접 측정해보지는 않았지만 아이들이 말하는 모습이나 자세에서 내가 관여했어. 스스로 아이들이 뿌듯해고 그런 것이 느껴졌어요.(중략) 이게 굉장히 중요한 포인트인 것 같아요. 내 의견이 반영되었다는 것들을 아이들이 스스로 인지하고 있다는 것"

5. 우리에게 남겨진 과제

1) 아이들이 잘 놀기 위해서는 무엇이 필요할까?

놀 시간, 함께 놀 친구, 놀이에 허용적인 분위기나 사회적 인식 등 다양한 요소가 필요하지만 무엇보다 중요한 것은 접근이 쉽고 안전하며 아동의 의사가 충분히 반영된 '놀이공간'을 만드는 것이다.

2) 우리는 진정으로 아이들이 행복하길 원하는 것일까?

놀이환경 개선사업이나 농어촌 아동지원사업 등이 지속가능하기 위해서는 사업을 지원하는 제도적 뒷받침이 필요하다. 놀이터 설치 및 운영에 소극적인 지자체, 복잡한 법적 체계, 지자체 예산 승인의 어려움 등을 해결하기 위한 적극적인 지원, 지원에 앞선 인식 변화가 전제되어야 한다. 인식의 변화-의지의 발현-예산과 인력 책정-이행과 지속적 관여는 필수불가결한 요소이다.

> "놀이환경조성 사업 시작을 하기 위해서 공무원, 지역 관계자들도 만나고 동네유지도 만나고 했을 때 가장 큰 문제가 (어른들이) '아동에 대한 관심'이 없었어요. 농어촌엔 어르신이 많고, 투표권이 없는 아이들을 위한 예산이 먼저 배정되지는 않아요. 땅부지를 달라고 하니 '어르신을 위한 공간이 만들어져야 한다. 아이들을 위한 공간은 예산이 있을 때 해야 한다'...(지역이) 이러한 분위기라서 어려웠어요."

3) 잘 만들어진 놀이터를 공급한다? 아동참여설계와 놀이공간 조성 워크샵의 중요성

놀이터는 공산품이나 완제품이 아니다. 놀이기구의 단순한 조합이 놀이터가 되지 않는다. 아이들 스스로가 고민하고 기획하고 만들어내는 놀이터, 놀이터를 만들어내는 기회와 경험을 제공해야 한다.

또한 아동 참여 공간구성의 중요성을 인식해야 한다. 아동놀이공간 구현에 건축가가 중요하지만 아동의 목소리를 듣고, 아동을 이해하여 설계와 시공에 반영되도록 한다. 어른들의 시각, 어른들의 구상으로 만든 놀이터가 아니라 시간이 걸리고 절차가 복잡해지더라도 아이와 학부모, 지자체, 지역사회가 함께 아이들의 목소리를 담은 놀이터를 만들어야 한다.

> "기존 패러다임은 관공서에서 일방적으로 지어주는 것에서 지금은 워크샵을 통해서 의견을 수렴하고 반영해서 설계하는 쪽으로 바뀌어 가는거죠. 이 전에는 건물만 지어 주었지만 요즘엔 의견을 반영하죠."

왜 아이들이 오지 않는 놀이터가 되었을까? 이즈음에서 다시 생각해본다. 아동을 주변화하지 않고 주체화하는 아동중심적 관점에서 놀이터와 놀이공원을 조성하고 아동권리적으로 운영하여 놀이터를 아이들에게 돌려주자. 아이들이 놀이터라는 공간뿐만 아니라 놀이할 권리 그리고 아동으로서 가지는 권리를 회복할 수 있도록 말이다.

참고문헌

- 관계부처합동(2015), <제1차 아동정책기본계획>.
- 관계부처합동(2020), <제2차 아동정책기본계획>.
- 국가인권위원회(2018), 『유엔아동권리협약의 이해』, 국가인권위원회.
- 기재희, 이숙(2017), 「초등학생의 놀이성이 학교생활적응에 미치는 영향」, 『한국부모놀이치료학회지』 8, 한국부모놀이치료학회.
- 박현선, 좌현숙(2020), 「놀이공간 조성을 통한 놀 권리 옹호사업의 형성과정에 대한 질적 연구」, 『아동과권리』 24(2), 한국아동권리학회.
- 박현선, 이채원, 좌현숙, 정수정(2023), 「지역아동센터 아동을 위한 아동권리 기반 문화적 다양성 프로그램 개발」, 『한국사회복지학』 75(3), 한국사회복지학회.
- 이봉주, 김선숙, 안재진, 유조안, 유민상, 최창용, 이주연, 김윤지, 박호준(2017). 『지표를 통해 본 한국 아동의 삶의 질』, 세이브더칠드런, 서울대학교 사회복지연구소.
- 조미정(2011), 「아동의 놀이성과 자기조절능력 및 사회적 유능성과의 관계」., 동신대학교 대학원 박사학위논문.
- 조병영(2021), 『읽는 인간, 리터러시를 경험하라』, 쌤앤파커스.
- 좌현숙(2023). 「주민참여형 어린이공원 조성 방안 마련을 위한 정책토론회 발제문」, 광주광역시 광산구.
- 한국보건사회연구원(2013), 『아동종합실태조사』
- 한국보건사회연구원(2018), 『아동종합실태조사』
- 한국청소년정책연구원(2014), 『한국아동·청소년인권실태연구Ⅳ: 2014 아동·청소년인권실태조사통계』, 한국청소년정책연구원.

사회를 읽고 사회에 참여하는 새로운 도구, 웹툰*

강영훈

1. 웹툰의 등장: 만화가 인터넷 세상으로

  필자의 인생을 되돌아보면, 언제나 '만화'가 함께 했던 것 같다. 지금은 잘 보이지 않지만, 동네마다 있었던 만화 대여점은 언제나 나에게 하교길 필수 코스였다. 장르를 불문하고 다양한 만화책을 탐독한 덕분에 나는 우리 동네 만화 대여점의 우수 고객이었던 것 같다. 신작을 기다리

---

* 본고는 필자의 논문 「소수자 담론을 사유하는 웹툰의 방식: 네이버 웹툰 <어서오세요. 305호에>를 중심으로」(『애니메이션연구』19권 2호, 한국애니메이션학회, 2023) 1장과 2장, 「웹툰이 재현하는 청소년 성장서사와 가족 공동체에 대한 성찰: 네이버 웹툰 <집이 없어>를 중심으로」(『애니메이션연구』20권 4호, 한국애니메이션학회, 2024.) 1장의 논의들을 총서의 성격에 맞춰 다시 작성한 글임.

던 몇 개월의 시간들은 언제나 설렘과 기대감으로 가득차 있었다. 의외로 나의 부모님께서는 만화책에 빠져 살던 아들에게 큰 꾸지람을 하지 않으셨던 것 같다. 그렇게 만화책은 나에게 가장 큰 취미이자, 언제든 만날 수 있는 가장 친한 친구이자, 때로는 인생의 지표가 되기도 하였다.

그렇게 중·고등 학창시절을 보냈지만, 입시를 거쳐 대학에 입학하게 되면서 만화책은 조금씩 나의 삶에서 옅어져 갔다. 시대적 변화에 직면한 탓인지, 동네의 만화 대여점 역시 하나 둘 사라져갔다. 시간이 흐른 뒤, 하교길 만화 대여점에서 만날 수 있었던 만화를 어느덧 집에서 인터넷으로 쉽게 만날 수 있게 되었다. 종이로 출판되던 만화가 기술과 통신의 발달과 맞물려 인터넷이라는 새로운 공간에 게재되기 시작한 것이다.

웹툰이란 명칭 역시 이 지점에서 출발한 게 아닐까 싶다. 웹툰(Webtoon)은 말그대로 인터넷(Web)상에서 만날 수 있는 만화(Cartoon)라는 의미를 가진 합성어이다. 명칭에서 드러나듯이, 게재 방식의 차이가 웹툰에 대한 첫인상을 결정하였다. 웹툰에 대한 학술적인 접근 역시 이러한 첫인상과 궤를 같이 한다. 초기 웹툰 연구는 '만화'라는 기존 예술 장르가 인터넷이라는 새로운 공간을 만났다는 점에 조금 더 주안점을 두고 있다. 환언하면, 웹툰을 '만화'의 연장선으로 보고 게재 방식과 인터넷 매체라는 유통방식의 차이에 전제[1]를 두고 웹툰에 접근한 것이다. 이는 웹툰을 아직까지 새로운 예술로 인식하지는 못했다는 것을 의미한다.

기존에 없었던 새로운 예술 양식의 출발이 모두 그러하듯이, 웹툰이 처음 등장한 2000년대 초·중반까지는 웹툰에 대한 탐색전의 단계라

---

[1] 류철균·이지영(2014), 「형성기 한국 웹툰의 장르적 특질 연구」, 『우리문학연구』 44호, 우리문학연구, 571쪽.

할 수 있다. 독자에게나 연구자들에게나 아직까지 웹툰은 만화가 인터넷 상에 게재된 것뿐이었다. 웹툰이 지닌 무궁무진한 가능성은 조금씩 감지가 되었지만, 일단 웹툰에 대한 접근은 이 지점에 그치게 된다. 작가들 역시 종이 출판이라는 전통적인 작업 방식과는 차이가 있는 웹툰이라는 장르에 어색함을 느꼈을 것이다. 만화를 전문적으로 그리던 기존의 작가들이 '바로' 웹툰이라는 새로운 시장에 뛰어들지는 않았던 것이다. 새로운 매체에 일찍 접근했던 몇몇 작가와 독자들이 있었지만, 아직까지는 많은 작가와 독자층을 수용하지는 못했던 것이 초창기 웹툰의 출발이라 할 수 있다.

시간이 또 다시 흐르고, 기술과 통신의 발달 역시 진화를 거듭하였다. 2010년대 이후 스마트폰 보급의 증가로 인해 언제 어디서든 인터넷 공간에 접속할 수 있는 시대가 열렸다. 이는 곧 새로운 방식으로 '만화'를 볼 수 있는 환경이 완벽하게 조성되었다는 의미가 된다. 만화는 본디 침대에 누워서 봐야 제 맛이 아니겠는가? 스마트폰의 완전한 보급은 컴퓨터 책상 앞에 앉지 않더라도, 침대에 누워서 만화를 볼 수 있는 환경을 제공하였다. 본격적으로 '웹툰'이라는 예술 장르가 자리를 잡고 조명받은 시기 역시 이 시점부터라 할 수 있다.

2. 웹툰의 발전: 새로운 예술 장르가 발전하려면

특정 예술 양식이 탄생하는 데에는 이유나 명분이 분명하다. 그것은 자연스러운 시대적 변화일 수도 있고, 사회적·역사적 사명일 수도 있다. 기술과 통신의 발달이 주는 새로운 환경의 조성 역시 주요한 이유가 될 수 있다. 이렇게 탄생한 특정 예술 양식이 계속해서 발전을 거듭하기 위해서는 최소 세 가지 전제 조건이 충족되어야 한다. 바로 예술 양식을 만드는 창작자, 그리고 이를 수용하고 향유하는 독자, 그리고 이 둘을 만나게 해줄 수 있도록 작품을 게재해주는 특정 매체가 바로 그것이다.

이 세 조건이 갖추어지면 예술 장르만의 특정한 장(field)이 형성이 되고, 그 장 안에서 다양한 작품과 작가·독자들이 활발한 만남을 진행하게 된다. 이 세 조건 중 어느 하나를 충족하지 못한다면 하나의 예술 장르로서 큰 의미를 부여받기 힘들 것이다. 여기에 작품이 내·외적으로 성숙할 수 있도록 기여해주는 비평 활동이나 학술 연구 활동이 더해진다면 금상첨화이다. 우리에게 익숙한 예술 양식들 역시 이러한 조건을 갖추면서 발전을 거듭해왔다.

가령 소설을 예로 들어보자. 때는 18세기 조선시대 영·정조 시절, 중세 봉건 사회의 균열과 함께 새로운 시대가 열릴 조짐이 발견되었다. 임진왜란과 병자호란이라는 두 차례의 큰 전쟁을 겪게 되자, 민심은 크게 흔들리고 신분제 사회 역시 요동치게 된다. 서서히 시작되던 상·공업의 발달은 신분제에 억눌려 있던 민중들에게 계급보다 자본이 더 중요할 수도 있겠다는 인식을 싹트게 해주었고, 이러한 인식은 '근대'와 '자본주의'라는 새로운 사유의 시작을 추동하였다.

'근대'의 포문을 열기 위해서는 기존의 질서·가치관·제도를 전복시키는 새로운 사유와 함께 '주체적 자아'의 발견이 관건이 된다. 조선시대 기존의 질서라 함은 당연 중세 봉건 사회를 뒷받침하는 절대 왕정과 신분제이다. 임진왜란과 병자호란의 패배는 왕과 양반들의 패배를 의미하며, 이들의 패배와 피난을 목격한 민중들은 서서히 그들에 대한 환상을 벗겨내기 시작하였다. 또한 상업의 발달과 함께 찾아온 '부(富)'에 대한 인지는 계급 및 신분보다 더 중요하다는 것이 있음을 알려주기 충분하였다.

절대 왕정에 대한 의구심과 신분제에 대한 불만은 곧 근대적이고 주체적인 자아 탐색과 연결된다. 민중들 개개인은 왕의 백성이 아닌, 혹은 신분에 얽매여있는 존재가 아닌, 나 스스로의 주체성과 개성을 찾을 수 있는 혹은 찾아야 하는 시대가 도래한 것이다. 이전까지는 이러한 사유는 필요치 않았다. 왜? 양반으로 태어나면 양반이고, 평민으로 태어나면 그저 평민이기 때문에. 이러한 세상에서 주체적이고 개성을 지닌 '자아'는 중요하지 않기 때문이다.

이와 같은 시대적 변화나 새로운 사유를 공유해줄 매개체가 필요한 시점이었다. 이때 발생한 국문소설이라는 예술 장르는 이러한 시대적 사명과 연관이 있다. 또한 앞에서 살펴본 새로운 예술 장르 탄생의 전제적 조건과 궤를 같이 한다. 한글의 보급이 서서히 자리를 잡자, 한글을 통해 소설이라는 예술 양식을 창작하는 작가층이 확대되었다. 이어 한글을 읽을 수 있는 계층이 늘어남에 따라 소설을 읽는 독자층 역시 확보되었다. 이 시기 등장한 전기수[2]라는 직업과 방각본[3]의 등장은 이를 뒷받침한다. 말그대로 소설의 생산과 판매, 소비가 확산되었고 중인계층부터 서민, 여성 계층까지 독자층이 무궁무진하게 확대된 것이다. 이렇게 유행을 거듭했던 한글 소설은 당대 이념에 억눌려 있던 민중의 욕망을 표출해주었으며, 동시에 시대적 변화를 감지해주고 공유해주는 하나의 도구가 되어주었다.

오늘날 우리가 향유하는 근대 소설의 발전양상도 비슷하다. 1917년

---

2 소설 낭송을 직업으로 삼는 구연가.
3 민간의 출판업자가 판매를 목적으로 출판한 책.

매일신보에 연재되었던 이광수의 『무정』은 한국 근대 소설의 효시로 평가받는다. 이광수는 당대 식민지 조선에 당면한 과제들을 누구보다 예민하고 민첩하게 감지한 시대의 지식인이라 할 수 있다. 뒤쳐진 세계의 흐름을 따라잡고 약소국의 한을 풀기 위해서는 무엇보다 민중 한명, 한명이 깨우쳐야 하고 배워야 하며 가르쳐야 한다는 것을 깨달았던 것이다. 이러한 사유를 공유하기에 적합한 매개체가 바로 소설이었던 것이다. 일찍이 일본 유학을 통해 문학과 신문물, 신학문을 접했던 이광수는 계몽주의에 입각한 근대 소설을 쓸 수 있는 작가이자 지식인이었기에, 당대 신문이나 문학 잡지들을 통해 문학을 매개로 민중들과 만나는 것 역시 가능했을 것이다.

이후 염상섭, 현진건, 김동인과 같은 소설가들이 한국 근대 소설의 출발을 함께 열었다. 당시 <폐허>나 <창조>와 같은 문학 잡지들을 통해 많은 작가들이 활동하였고, 여러 작품들이 이곳을 통해서 독자와 만남을 가지게 되었다. 김동인이 염상섭과 벌였던 근현대 문학사 최초의 비평 논쟁 역시 당대 문학 잡지라는 매체를 통해 진행되었으며, 당시 대중들은 이를 통해 한국 근대 소설의 발전을 목격하였다. 뛰어난 작가, 이들의 작품을 게재해주는 매체, 그리고 이를 적극적으로 수용하는 독자들이 만나 한국 근·현대 소설은 빠른 속도로 발전하게 되었다.

드라마나 영화 역시 비슷한 양상으로 생성되고 발전하였다. 이처럼 풍부한 작가층, 이를 수용하는 독자층의 확보, 그리고 이들을 만나게 해주는 매체의 존재는 특정 예술양식이 생성되고 발전하는 데에 전제 조건이라 할 수 있다. 첨언이 길어졌지만 웹툰 역시 마찬가지이다. 웹툰에 대한 발전과 흥행을 추동한 것은 바로 웹툰 전문 포털 사이트의 등장이었다. 웹툰 플랫폼이 다양해짐에 따라 그만큼 작품의 수가 증가하였고, 자연스럽게 독자 역시 안정적으로 확보되기 시작하였다.

특히 네이버 웹툰과 같이 대형 포털 사이트의 등장은 웹툰의 발전에 지대한 영향을 끼쳤다. 작품이 누구나 쉽게 접근할 수 있는 대형 포털 사이트에 무료로 연재된다는 점은 웹툰에 대한 접근성을 향상시켰다. 또한 '베스트 도전'과 같은 일종의 등단 제도는 전문적인 웹툰 작가 양성으로 이어질 수 있었으며 풍부한 작가층의 확보에 기여하였다. 프로 웹툰 작가의 양성은 다양한 작품 창작을 가능케 하고, 독자들로 하여금 각양의 장르와 주제를 다룬 웹툰을 접할 수 있게 만들면서, '좋은 작품 창작 - 독자층 증가 - 웹툰 시장의 발전'이라는 선순환이 이어질 수 있는 원동력으로 작동하게 된다. 또한 웹툰이라는 새로운 예술에 대한 저변의 확대는 학술적 접근이나 평론과 같은 지적 호기심을 부르기에 충분하였으며, 이 역시도 웹툰의 발전에 충분한 힘을 보태고 있다.

3. 웹툰의 위상: 온 세상이 웹툰이다

이렇게 발전한 웹툰은 이제 현 시대를 대표하는 문화 콘텐츠로써 확고한 위상을 가진다. 웹툰이 지닌 경제적 가치와 다양한 지표들은 웹툰 시장 규모의 확장을 보여준다. 뿐만 아니라 웹툰을 원작으로 하는 제2차, 제3차 컨텐츠 역시 흥행의 역사를 써내려가고 있다.[4] 특히 OTT 플랫폼이

---

4   한국콘텐츠 진흥원이 발표한 <2022년 웹툰 사업체 실태조사>에 따르면 웹툰 산업 규모는 2017년 3,799억원에서 2021년 1조 5,660억원으로 가파른 성장세를 보이고 있다. 또한 드라마와 영화뿐 아니라 게임, 애니메이션, 캐릭터 사업 등의 2차 저작권 매출도 꾸준히 상승하고 있는 추세이다. 웹툰데이터베이스를 이용한 트래픽 분석 결과인 287억뷰(2021년 기준)라는 수치에서 웹툰 자체의 흥행 역시

본격적으로 등장했던 2020년대 이후에는, '웹툰 원작'이라는 단어가 너무나 비근해진 단어가 되어버렸다.

OTT 플랫폼 중 가장 많은 회원수를 확보하고 있는 넷플릭스를 예로 들어보자. <스위트 홈>, <닭강정>, <더 에이트 쇼>, <이두나!>, <안나라수마나라>, <마스크 걸>, <D.P>, <지금 우리 학교는> 등과 같은 작품들은 넷플릭스에서 자체 제작한 컨텐츠로써, 모두 웹툰을 원작으로 하는 작품들이다. OTT뿐 아니라 <오늘도 사랑스럽개>, <모범 택시>, <금수저>, <녹두전>, <동네 변호사 조들호>, <이번 생도 잘 부탁해>와 같은 작품들이 지상파 3사와 JTBC, TVN과 같은 채널에서 방영된 바 있다. 모두 나열할 수 없을 정도로 수많은 웹툰 원작 드라마들은 대부분 좋은 시청률을 거두었다. 원작이 되었던 웹툰이 그 자체로 흥행과 작품성을 인정받았을 뿐 아니라, 원천 자료로써의 가치 역시 보여준 것이다.

웹툰 자체의 흥행과 2차 창작물의 원천 자료로써 웹툰의 힘은 어디서 나오는 것일까? 웹툰 시장을 계속해서 성장시키는 원동력은 무엇이며, 영화·드라마 제작사들은 작품을 만들기 전에 왜 웹툰 시장을 노크해보는 것일까? 세 가지 이유로 정리할 수 있을 것 같다.

첫 번째, 가장 명확하고 간결한 이유이다. 그것은 바로 웹툰이 품고 있는 '이야기'의 힘이다. 웹툰 작가들의 상상력과 그들이 써내려간 서사들이 너무나 재미있고 매력적이기 때문이다. 이는 웹툰의 기본 자질이라 할 수 있는 '유희'와 '재미'에서 비롯된 것이다. 웹툰은 무엇보다 흥행을 염두에 두어야 하는 대중 예술 양식이다. '재미'라는 지배적 특질을 먼저 전제하지 않는 이상, 웹툰 시장에서 살아남기는 쉽지 않을 것이다.

충분히 예상해 볼 수 있다.(조현래(2022), 『2022 웹툰 사업체 실태조사』, 한국콘텐츠 진흥원. pp. 92~99 참조.)

웹툰이 갖고 있는 '재미'적 요소는 주지한 바대로 '이야기'에서 비롯된다. 웹툰 속 이야기들은 웹툰 작가들의 전략을 만나 그 가치가 증폭된다. 이야기를 더 이야기답게, 더 재미있게 만드는 요소들은 다양하다. 그것은 '어떻게' 이야기하느냐의 문제일 수도 있겠지만, '무엇을' 이야기하느냐의 문제일 수도 있다. 즉 웹툰은 그림으로 구성된 회화적 기법이 중심이 되는 예술이지만 '이야기' 역시 중요한 예술이라 할 수 있다.

정리하자면 웹툰 작가들이 창조한 세계관, 그 세계관에서 창조된 인물들, 그렇게 창조된 인물들 간의 다양한 갈등 관계, 그리고 이것이 표현되는 다양한 작화적 요소들이 주는 재미와 긴장감, 감동적인 요소들이 대중들의 큰 사랑을 받을 수 있는 이유가 되었다. 이처럼 매력적인 이야기와 인물들은 영상 매체를 제작하는 제작사들의 사랑을 받지 않을 이유가 없다.

두 번째 이유는 위의 이유와 연결되는 면이 있는데 바로 '소재'의 다양성이 주는 새로운 가능성이다. 웹툰은 기존 영화나 드라마계에서 부딪혔던 소재의 한계를 벗어나게 해줄 수 있도록 무궁무진한 가능성을 제공하고 있다. 웹툰 작가들이 구축해놓은 세계관이나 서사들은 제2차 창작자의 상상력에 틈을 열어줬으며 다시 한 번 새로운 이야기를 구성할 수 있는 원동력을 제공하였다.

웹툰을 원작으로 하는 영상 예술들이 웹툰의 서사를 그대로 영상화하는 작업에 그치지 않는 이유가 여기에 있다. 이 작업에는 반드시 2차 제작자의 재해석이 들어간다. 원천 자료를 새롭게 해석하고 다시 해석하는 과정에서 또 하나의 이야기가 완성되고 새로운 내용과 의미를 담고 있는 컨텐츠가 완성되는 것이다. 여기서 발생하는 창조적 생산성은 새로운 이야기, 새로운 서사를 갈망하는 대중들의 갈증을 풀어주기에 충분하였다.

　세 번째 이유는 웹툰이 담보하고 있는 유희적 가치와 그들의 상상력을 구현할 수 있는 거대 자본 및 높은 수준의 기술력이 등장한 데에서 찾을 수 있다. 특히 OTT 플랫폼이 갖는 자본과 기술력은 만화 속에만 가능할 것 같은 세계관이나 표현력을 실제 영상에서 가능하게 해주었다. 모두 그러한 것은 아니지만, 많은 자본과 기술력이 필요한 장르들은 큰 자본을 투자할 수 있는 OTT 플랫폼에서, 사극이나 로맨스와 같은 장르들은 TV 매체에서 제작되는 경향이 있다.

　이러한 이유들로 인해 웹툰 원작 드라마/영화의 전성시대를 열었으며, 웹툰에 대한 연구의 지평 역시 조금씩 확장되었다. 웹툰 시장의 저변 확대가 가져온 경제적 효과에 대한 논의나, 영상 매체로 전환될 때의 다양한 전략에 접근한 연구들은 웹툰 연구 담론의 지평 확장에 기여하였다. 본격적으로 웹툰에 대한 연구가 시작되었다고 할 수 있는데, 이 지점에서 확보된 연구들은 '만화'라는 장르와 명확하게 변별되는 웹툰만의 특성에 세밀한 관찰과 통찰을 거듭한 결과라 할 수 있다.

4. 웹툰의 새로운 가능성: 아직도 정점이 아니다.

　먼 길을 돌아왔지만, 이제 본고의 핵심적인 이야기에 들어가보자. 본고의 제목이기도 한 '사회를 읽고 해석하고 참여하는 새로운 도구 웹툰'이라는 진술은 익숙한 언표는 아닐 것이다. 일견 '웹툰과 사회 현상' 역시 조화로운 조합은 아닌 듯 보인다. 다만 예술에게 사회 현상은 언제나 해석의 대상이 된다. 때문에 웹툰뿐 아니라 문학이나 영화, 드라마와 같은 다양한 문화예술 장르들은 언제나 사회를 해석하고 반영하는 데에 주력한다. 고급 문화와 대중 문화 간의 차이가 있지 않냐고? 각 예술 장르들은 서로 다른 자질을 바탕으로 한 공정 방식의 차이가 있을 뿐, 여기서 예술 장르 간 수준의 우열을 가리는 것은 당찮은 일이다.

지금까지 장황하게 서술한 것처럼 웹툰은 대중 매체에 연재되며 항상 흥행을 염두에 두어야 하기 때문에 재미와 흥미를 우선시해야 하는 예술 양식임은 분명하다. 주지한 바대로, 이는 웹툰의 기본적이고 지배적인 특질이기 때문에 이를 부정할 수는 없다. 실제로 네이버 웹툰의 요일별 상위권을 차지하고 있는 장르를 살펴보면 이러한 특성이 여실히 반영되었음을 확인할 수 있다. 지금 이 원고를 쓰고 있는 2024년 겨울을 기준으로 살펴보자. 네이버 웹툰 어플을 켜고 월요일부터 일요일까지, 최상위권 세 작품의 장르를 살펴보면 모두 판타지·무협·액션·로맨스·학원물 장르인 것이 확인된다.(이 장르를 제외하고 유일하게 TOP3 안에 드는 작품은 일상툰 범주에 포함시킬 수 있는 <육아일기>가 유일하다.) 이는 너무나 당연한 귀결이며 이 결과에 의문을 제기하는 것은 어불성설이다. 사실 이러한 장르들이 웹툰의 존재 이유이자, 최고의 가치를 증명하는 지점들이라 할 수 있다.

그럼에도 웹툰 시장의 확대는 새로운 가능성을 제공하였다. 대중성이 높은 판타지나 로맨스 장르들이 각자 나름의 가치와 작품성으로 자신의 역할을 다하고 있는 동시에, 장르적 다양성을 추구하여 새로운 이야기와 담론을 창출하고 있는 것이다. 사회를 바라보는 새로운 시각과 해석을 제공할 수 있는 도구, 새로운 담론을 형성할 수 있는 문화적 실천으로써 웹툰의 위상이 재정립될 수 있는 단서들을 수집해보자.

먼저 장르적 다양성을 가능하게 한 요소들을 2장에서 살펴 본 예술 장르의 세 가지 전제 요소, '작가-매체-독자'를 통해 살펴보면 다음과 같다. 먼저 웹툰이라는 예술 장르의 특성과 그 예술을 창작하는 작가의 특성을 먼저 살펴보는 것이 수순이다. 웹툰은 허용되는 이야기의 진폭이 크다. 어떤 이야기를 만들어도 상관이 없는, 매우 자유로운 예술 양식이라 할 수 있다. 웹툰은 작가가 추구하는 의도, 전달하고자 하는 이야기를 구현하는 데에 매우 유리한 장르이다. 모두 그러한 것은 아니지만, 웹툰은 대체로 하나의 작품을 창작하는 과정에서 작가 1인이 혼자 모든 것을 작업하기 때문에 이러한 특성을 담보받을 수 있는 것이다. 즉 개개인 작가들의 사유나 메시지, 작가의식, 주제의식을 전달하는 데에 효과적인 예술 장르[5]라 할 수 있다.

웹툰 시장이 확대됨에 따라 전문적인 작가의 수 역시 기하급수적으로 증가하였다. 만드는 사람이 많아졌다는 것은 무엇을 의미하는가? 바로 그만큼 소재나 표현의 다양성을 추구할 수 있다는 의미로 이어진다. 10명이 이야기할 때와, 1000명이 이야기할 때의 다양성을 비교할 필요가 있겠는가? 물론 대중 예술을 하는 창작자의 입장에서 언제나 대중의 선택을 받아야 한다는 것을 항상 염두에 두겠지만, 수많은 작가층 안에는 자신만의 독특한 관점과 혁신적인 작품 창작에 대한 열의를 보여주는 작가들 역시 존재할 것이다.

또한 작가층이 두터워진다는 것은 일련의 '작가군'이나 '팀' 혹은 '스튜디오'를 형성할 수 있는 원동력으로 이어진다. 근·현대 문학의 초창기, 동인지 중심의 문인 활동은 한국 문학이 빠른 속도로 발전할 수 있었던 요인 중 하나로 평가받고 있다. 자신과 비슷한 문학관과 가치관을

---

5 박범기(2016), 「웹툰, 사회적인 것을 재현하는 대중매체?」, 『문학과학』 85호, 문학과학사, 322-329쪽.

가진 문인들끼리 모여 제작한 동인지는 문학이 양질의 성장을 거둘 수 있게 하는 데에 기여하였고, 자신들의 문학관을 뒷받침해줄 수 있는 이론을 정립하는 계기도 마련해주었다. '자신들이 생각하는 문학이란 무엇인가', '어떻게 하면 좋은 소설을 쓸 수 있을까' 등을 주제로 자유로운 토론이 이어졌으며, 이로 인해 창작 및 비평 이론 역시 깊이를 갖출 수 있게 되었고 문학계는 자연스러운 성장을 도모할 수 있었던 것이다. 웹툰 작가들 역시 특정 소속사나 팀을 구성하여 새로운 이야기, 실험적인 시도, 다채로운 협업 등을 통해 작품의 내적 성숙과 함께 장르적 다양성[6]을 추구할 수 있었다.

다음으로는 매체이다. 특히 네이버 웹툰의 노고와 기여도를 높이 평가하고 싶다. 네이버 웹툰이야말로 지극히 시장 경제 논리에 입각하여 이윤 추구를 우선시해야 하는 대기업이다. 그럼에도 다양한 작가들의 새로운 이야기와 여러 장르를 포섭하려는 노력을 지속해왔다. 덕분에 사회 문제나 새로운 현상을 바라보는 작가들의 날카로운 통찰과 문제 의식이 반영된 작품들 역시 세상의 빛을 볼 수 있었다. 상업성을 완전히 무시할 수는 없지만 작가와 작품의 수를 최대한으로 확보하여 안정적인 연재를 지원하고, 다양한 주제를 이야기할 수 있는 전제 조건을 마련해준 대형 플랫폼의 지원 역시 웹툰의 새로운 가능성에 지대한 기여를 했다고 평가할 수 있다.

이러한 매체적 특성은 편리한 접근성을 제공하는 동시에 시의성에 있어서도 강점을 지닌다. 웹툰만큼 시대적 변화나 이슈에 민감한 예술장

---

[6] 이승연·박지훈(2014), 「웹툰이 재현하는 청년문제와 재현방식: <당신과 당신의 도서관>, <목욕의 신>, <무한동력>을 중심으로」, 『한국소통학보』23호, 한국소통학회. 210~211쪽.

르가 없을 것이다. 이러한 시의성은 인터넷 웹 매체를 기반으로 한다는 점에서 비롯되지만, 작가들이 유행을 빠르게 작품 속에 적용할 수 있다는 점과 독자들 역시 접근하기 편리한 예술 양식이라는 점도 영향을 준다. 특정 이슈를 가장 빠르게, 그리고 가장 필요할 때 반영할 수 있다는 것은 웹툰의 가장 큰 특징이자 장점 중 하나라 할 수 있다.

또한 웹툰은 즉각적인 피드백이 가능하다는 장점 역시 보유하고 있다. 네이버 웹툰은 미리보기를 제외하고 모두 무료로 제공된다. 그것도 깔끔하고 편리한 어플을 통해서 언제 어디서든 작품을 향유할 수 있게 도와준다. 또한 매체가 제공하는 하나의 장 안에서 작가와 독자, 독자와 독자, 더불어 작품과 작품 간의 활발한 소통이 진행된다. 작가들 역시 작품을 생산하고 끝내는 것이 아니라 이 매체를 통해 지속적으로 작품에 참여하며, 독자들 역시 즉각적인 반응을 보여줄 수 있다.[7] 이러한 피드백 속에서 담론이 형성되며 사회에 영향을 줄 수 있는 여론을 형성하기도 한다.

마지막으로 독자이다. 앞에서 살펴본 세 가지 전제 조건 중 가장 중요한 것이 기실 독자가 아닐까? 이 세상 어떤 훌륭한 예술 작품이 있다고 하더라도, 그것을 수용하고 향유하는 독자나 시청자, 관객이 없으면 아무런 의미를 부여받지 못할 것이다. 모든 작품은 독자를 만나 완성이 된다. 작품이 가치를 획득하고, 텍스트 외적으로 영향을 미치기 위해서는 반드시 독자가 필요하다. 이러한 맥락에서 웹툰의 새로운 가능성에 가장 중요한 요소 역시 독자라 할 수 있다.

웹툰은 어떻게 수많은 독자를 모을 수 있었을까? 복잡하게 생각할

7　서정행(2014),「웹툰에서 재현하는 입시 문제: <공부하기 좋은 날>, <입시명문사립 정글고등학교>를 중심으로」,『만화애니메이션연구』37호, 한국만화애니메이션학회, 337쪽.

필요는 없다. 일단 웹툰은 재미가 있다. '재미·흥미·유희'는 웹툰을 논의할 때 어쩔 수 없이 계속 반복·변주될 수밖에 없는 언표이다. 이러한 자질들이 많은 독자를 불러 모으게 하는 원동력이 된다. 웹툰은 독자들이 많이 확보가 된 예술 장르라는 것은 굳이 길게 서술할 필요가 없을 것이다.

중요한 것은 독자들이 웹툰을 감상하고 재미를 느끼는 데에서 그치지 않는다는 것이다. 특히 여러 사회 문제들, 소수자의 이야기, 사회 구조적 모순과 같은 주제를 다루는 작품들은 독자에게 문제 인식과 성찰의 기회를 제공한다. 즉 사회를 반영하는 웹툰은 그 자체의 소비로 그치지 않고, 외면받을 수 있는 문제에 대한 인식을 가능하게 할 수 있다는 점에서 새로운 의미를 부여받을 수 있는 것이다. 유희에서 시작한 독자들의 웹툰에 대한 향유는 어느덧 새로운 메시지를 공유하고, 사회적으로 의미있는 담론 창출로 이어질 수 있는 새로운 힘을 보여주고 있다.

'독자들이 모인다 → 이 독자들은 웹툰의 장 안에서 작품을 향유하고 개개인의 성찰과 성장을 도모한다 → 여기에 그치지 않고 댓글을 통해서 담론들을 형성해 나간다 → 이 담론에 이끌려 더 많은 독자들이 모이고, 파급력을 확보한다 → 이렇게 모인 담론들은 간혹 웹툰 장의 밖으로 나와 사회적으로 영향을 주기도 한다'.

이 메커니즘이야말로 웹툰이 갖는 새로운 가능성을 가시적으로 보여주는 현상이라 할 수 있다.

5. 지평

이 세상에 그 어느 예술 작품과 비교해도 손색이 없을만큼 훌륭한 작품이 있다고 가정해보자. 특히 이 작품은 사회 현상에 대한 작가의 날카로운 통찰을 바탕으로 우리 사회가 안고 있는 병폐를 폭로하고 있다고 가정해보자. 이러한 작품들은 존재 그 자체만으로 자명하게 의미를 부여받을 수 있는 것일까? 아무리 생각해보아도 그것을 향유하고 소비하는 독자가 없다면, 그리고 독자의 수용을 통해 새로운 의미와 담론을 창출해내지 못한다면 큰 의미를 부여받지 못할 것 같다.

이러한 점에서 새롭게 발견된 웹툰의 특성들-시의성, 접근성, 다양성, 자율성, 독자의 적극적 개입-은 사회적 이슈들을 호명하고 또 그것을 공론화할 수 있는 힘을 감지하게 한다. 이처럼 웹툰은 사회 반영으로써의 도구적 가치를 지님과 동시에 디지털 환경이 부른 사회적 조건의 변화에 대응하는 새로운 문화현상이라 할 수 있다. 웹툰은 언제나 대중들의 이야기·고민·갈등·욕망·모순을 그리면서 우리들의 공감을 획득하고 있다.

물론 웹툰 역시 이러한 특성을 담보하고 있음에도 불구하고 각종 사회 문제나 이슈들의 편린들을 나열하는 데에 그치거나, 지나치게 현학적이거나 어려운 주제로 인한 진입장벽 형성으로 독자들의 선택을 받지 못한다고 하면 큰 가치를 획득하기 어려울 것이다. 즉 사회를 읽고 해석하고 참여하는 웹툰의 특성은 자명하게 부여받을 수 있는 것이 아니다. 이를 가능하게 하려면 몇 가지 조건을 충족해야 한다.

첫 번째는 사회 현상의 본질에 대한 작가의 적확한 통찰이 수반된 반영이어야 한다는 것이다. 특정 현상에 대한 단편적인 접근이 아닌, 그 본질을 추적하기 위한 고단한 작업과 그것의 형상화가 수반되어야 한다는 것이다. 사회 문제를 단순 '소재'로 사용하였느냐, 작가의 투철한 주제 의식이 반영되었느냐의 문제는 긴요하다. 소재적 차원에서 작품 전개를 위한 수단으로 사회 현상이 사용되었는가, 아니면 분명한 문제 의식과 목적을 두고 사회 현상이 제시되었는가의 문제는 섬세한 논의가 필요한 부분이다.

물론 이 문제에 대한 해답을 구하는 과정에서 절대적인 진리나 정답은 존재하지 않는다. 중요한 것은 웹툰 작품이 사회 문제나 현상을 다룬다고 하여, 사회 반영으로써의 가치를 무조건적으로 획득하지 않는다는 사실이다. 우리의 현실은 어느 면에서는 작품 속보다 더 모순적이고 문제적이다. 이러한 모순 속에서 작품의 소재를 발견하고 서사를 구축하는 것은 그리 어려운 작업이 아닐 정도로 실제 현실 사회는 무궁무진하게 문제점을 제공한다. 이러한 점에서 사회 문제 반영은 시대적 유행이나 작품의 흥미, 흥행을 위한 선택에 그칠 수 있다. 때문에 사회 반영으로써의 웹툰이 의미를 갖기 위해서는 사회 작가만의 면밀한 해석과 문제 제기가 동반되어야 할 것이다.

두 번째는, 이러한 사회 현상 반영이나 문제를 고찰하는 과정에서 웹툰의 본질이라 할 수 있는 재미적 요소를 놓치면 안된다는 것이다. 재미를 담보로 하여 사회적인 이야기를 이끌어 낸다는 것은 웹툰만이 가질 수 있는 가장 큰 무기이다. 재미와 유희는 웹툰의 기본 자질임을 계속 언급하고 있다. 이러한 자질이 곧 흥행, 즉 많은 독자의 유입을 가능하게 할 것이다. 많은 독자들이 모여야 사회 문제에 대한 인식과 폭로가 더욱 의미를 부여받을 수 있으며, 개개인의 문제 의식이 각자의 논리와 입장이 모인 담론 형성으로 이어질 수 있을 것이다. 이렇게 형성된 담론이야 말로 사회 문제에 대한 새로운 현상이자 새로운 실천적 참여로써 기능할 수 있을 것이다.

　이 두 조건을 충족하는 것은 너무나 어려운 일이지만, 실제로 가능성을 보여준 작품들이 존재한다. 재미적 요소를 놓치지 않는 동시에 시의성과 문제의식을 보여준 작품들이 다양하지만 대표적으로 네이버 웹툰에서 활동하고 있는 와난 작가를 사례로 살펴보자. 와난 작가의 <집이 없어>는 21세기 대한민국의 청소년 문제에 대한 작가의 문제의식을 공유한다. 이 작품에서는 '폭력'에 초점이 맞춰져 있는 웹툰 속 청소년 문제와 변별되는 지점들이 발견된다. 물론 미숙했던 청소년들이 갈등과 성장을 반복한다는 익숙한 서사 구조를 취하고 있지만, 사회 현상을 포착하는 작가의 통찰과 이를 드러내는 다양한 전략으로 인해 비슷한 주제의식을 드러내는 작품들과 비교했을 때 확고한 위상을 가지는 작품이라 할 수 있다. 이 작품을 읽는 독자들은 익숙했던 사회 문제를 낯설게 바라보게 되며, 현상에 대한 성찰과 본질에 대한 근원적인 질문을 함께 하면서 문제 해결을 위한 고민을 함께 하게 된다.

　본고에서는 대표적으로 와난작가의 작품을 사례로 들었지만, 이외에도 학교 폭력이나 사적 제재와 같은 시대의 이슈들을 재현하면서 독자로 하여금 실천과 성찰을 도모하게 하여 새로운 담론을 형성시키는 작품들이 무궁무진하다. 또 이러한 담론들은 웹툰의 실천적 장이라 할 수 있는 댓글을 통해 계속해서 생성·발전해나가고 있으며, 이는 곧 사회 현상을 해소하거나 발전시킬 수 있는 여론으로 이어질 수도 있다.

　웹툰이 그릴 수 있는 또 다른 지평 중 하나는 바로 소수자에 대한 관심이다. 앞서 살펴본 와난 작가는 데뷔작인 <어서오세요. 305호에>를 통해 시대의 소수자에 대한 성찰을 보여준 바 있다. 성소수자라는 민감한 소재를 '일상'의 범주 속에서 재현하려는 작가의 전략과 소수자에 대한 전형을 파괴하는 동시에 이를 대변하는 매력적인 캐릭터와 사건들은 우리 사회 속 소수자 담론에 근원적이고도 결정적인 질문을 하게 한다. 그리고 이 질문을 받은 독자들은 오늘날 소수자 담론에 대한 성찰의 기회를 제공받는다.

<어서오세요. 305호에>에 나오는 성소수자 외에도 우리 사회에는 수많은 소수자들이 존재한다. 그것은 여성이라는 소수자일 수도, 경제적·정치적 소수자일 수도, 인종적 소수자일 수도 있다. 중요한 것은 주류 매체에서 쉽게 다루지 않는 소수자에 대한 끝없는 관심과 조명을 웹툰이라는 예술 장르도 실행하고 있다는 것이다. 시대의 약자에 대한 조명을 통해 주변부로 밀려난 소수자들을 중심으로 돌려 놓는 작업, 그리고 이러한 작업을 통해 많은 독자들이 소수자에 대한 인식과 성찰을 가능하게 한다는 점 역시 웹툰이 수행하고 있는 사회적 기능 중 하나가 될 수 있다.

이처럼 웹툰 작가들이 사회 현상과 그 이면에 관심을 놓지 않는 한, 그 사회문제를 폭로하고 이슈를 공론화해주는 작품 창작이 멈추지 않는 한, 독자들이 웹툰을 통해 사회 문제를 인식하고 성찰하는 작업을 멈추지 않는 한, 사회 반영으로써의 웹툰의 지평은 앞으로도 계속 확대되어갈 것이다. 웹툰의 종착점은 감히 본고에서 예측조차 할 수 없을 것이다. 우리 사회 가장 유용한 유희적 도구로써의 웹툰, 가장 뛰어난 상품 가치를 갖는 콘텐츠로써의 웹툰, 현실 사회를 바라보고 해석하는 도구로써의 웹툰, 21세기 우리는 웹툰의 시대에서 살고 있다.

참고문헌

- 강영훈(2023), 「소수자 담론을 사유하는 웹툰의 방식: 네이버 웹툰 <어서오세요. 305호에>를 중심으로」, 『애니메이션연구』19권 2호, 한국애니메이션학회.
- 강영훈(2024), 「웹툰이 재현하는 청소년 성장서사와 가족 공동체에 대한 성찰: 네이버 웹툰 <집이 없어>를 중심으로」, 『애니메이션연구』20권 4호, 한국애니메이션학회.
- 류철균·이지영(2014), 「형성기 한국 웹툰의 장르적 특질 연구」, 『우리문학연구』44호.
- 박범기(2016), 「웹툰, 사회적인 것을 재현하는 대중매체?」, 『문학과학』85호, 문학과학사.
- 서정행(2014), 「웹툰에서 재현하는 입시 문제: <공부하기 좋은 날>, <입시명문사립 정글고등학교>를 중심으로」, 『만화애니메이션연구』37호, 한국만화애니메이션학회.
- 이승연·박지훈(2014), 「웹툰이 재현하는 청년문제와 재현방식: <당신과 당신의 도서관>, <목욕의 신>, 무한동력>을 중심으로」, 『한국소통학보』23호, 한국소통학회.
- 조현래(2022), 『2022 웹툰 사업체 실태조사』, 한국콘텐츠 진흥원.

우리 곁의 건축을 바라보는 몇 가지 방법*

박종현

1. 들어가는 말: 대문자 A로서의 건축

이 글은 우리에게 너무 익숙한 건축, 그리고 이를 바라볼 때 흔히 주관적이라고 생각하는 요소들에 대한 몇 가지 이야기를 담고 있다. 건축은 오래된 역사와 다양한 유형으로 인해 방대한 스펙트럼을 지니며, 일상의 삶과 밀접하게 연결되어 있어 누구나 건축에 대해 잘 알고 있다는

---

1 이 글은 박종현의 박사학위 논문「현대건축에서 나타나는 전위와 소비의 양가성에 관한 연구」중 일부를 발췌하여 총서 성격에 맞춰 쉽게 읽을 수 있도록 수정한 글임.

오해를 불러일으키곤 한다.

건축에 대해 대중들이 흔히 하는 몇 가지 평가는 다음과 같다. "우리 도시의 건축은 개성이 없고 지루하다.", "우리 도시의 건축은 무질서하고 주변과 어울리지 않는다." 혹은 "유럽 어느 도시는 정말 아름답더라." 이처럼 사람들은 건축물에 대해 끊임없이 평가한다. 건축은 단순히 거주와 사용을 위한 공간일 뿐만 아니라, 언제나 바라봄의 대상이 되었기 때문이다. 사람들은 비록 소유하거나 거주하지 못하더라도 항상 건축을 관찰하고 해석하며, 그 의미를 구성한다.

먼저, 이 이야기들에서 언급된 건축을 몇 가지로 정리해 보자. 건축은 크게 두 가지로 구분할 수 있다. 하나는 문화, 역사, 예술, 철학과 연결된 건축이고, 다른 하나는 기능과 구조에 초점을 맞춘 안전하고 효율적인 설계와 건설 과정으로서의 건축이다. 이 두 측면이 균형을 이루는 것이 중요하지만, 종종 이 균형이 건축에 대한 논점을 흐리게 만들기도 한다. 또 다른 구분으로는 전통 건축과 현대 건축이 있다. 역사적 논쟁을 미뤄 두더라도, 현재 우리 주변에 있는 대부분의 건축은 유럽에서 시작된 서구 건축 발전 과정의 산물임이 분명하다. 이 글에서는 서구로부터 발전해 온 현대의 건축을 살펴보고자 한다.

서구 건축사에서는 플라톤의 이데아처럼 본질로서의 건축을 지향하며, 건축을 대문자 A로 시작되는 Architecture로 칭하던 전통이 있다. 이런 인식은 근대까지 이어졌는데, "자전거 창고는 건물이며 링컨 대성당은 건축이다"라는 페브스너(Nikolaus Pevsner)의 글은 이러한 생각들을 명료하게 드러낸다. 이는 단순한 건물과 상위문화로서의 건축을 구분해 온 것으로, 구조물의 장식 및 의장과 밀접한 관련이 있어왔다. 흥미롭게도 이러한 구분은 시간이 지나면서 점점 더 복잡해지고 이해하기 어려워졌다.

2. 건축의 의인화: 벽돌의 정직함

건축에서 벽돌은 1만년 전부터 사용되어 왔다. 요르단 강 서쪽의 예리코(Jerico)성에서 1만년 전의 순수한 벽돌이 발견되었고, 점토에 밀짚이나 거름을 섞어 만든 어도비 벽돌은 기원전 7600년 전에 사용되었으며 기원전 3500년 전부터 가마에서 불로 구워낸 벽돌이 만들어지면서 비약적인 발전을 하게 되었다. 역사가 앨릭 클리프턴-테일러(Alec Clifton-Taylor)는 벽돌의 가장 중요한 특징으로 "사람 손에 맞는 크기"를 꼽으며, 다음과 같이 설명한다.

"작은 일 하나하나의 성과가 합쳐진 결과이고, 그만큼 장대한 석조 건축과 달리 인간적이고 친밀한 특징이 벽돌에 있다 […] 벽돌 한 장의 작은 크기는 그리스-로마 고전주의의 웅장함이나 그 열망과는 어울리지 않았다."

세월이 흘러 17세기 말, 영국의 점토가 풍부한 촌락에서 집 뒤뜰의 초가집 가마를 이용해 벽돌을 대량 생산하게 되었다. 이 벽돌들은 지역마다 사용된 점토와 굽는 방식이 달라 붉은 색조를 띠고 있어도 각기 다른 색상과 질감을 보였다. 그 결과, 벽돌은 의인화되었고, 벽돌 건축의 특성을 설명할 때 '정직한' 벽돌과 같은 윤리적인 의미를 담은 비유가 사용되기 시작했다. 당시 '정직한 벽돌'은 점토에 인위적인 색을 추가하지 않는 것뿐만 아니라, 그 구성 방식에서도 정직함을 나타내며 네덜란드식 벽돌 쌓기를 의미하기도 했다.

건축을 의인화시키고 윤리의 대상으로 보는 것은, 18세기 이후 담론으로 이미 자리 잡았던 건축의 성품(character)이 배경이 되었다. 18세기 영국의 건축가이자 건축 이론가인 아이작 웨어(Isaac Ware)는 1756년 『건축대계(A Complete Body of Architecture)』에서 무슨 재료로 건물을 지었는지 그대로 드러나야 정직한 건물이라고 주장하였다. 런던 빈곤층의 정직한 벽돌을 높게 생각하였으나 서민적인 분위기 때문에 가려야 한다는 모순된 생각을 동시에 하였다. 그래서 '분별 있는 건축가'는 '위엄이 있어야 할 건물'의 파사드(façade)를 벽돌로 처리해서는 안 되고 치장벽토(stucco)가 어울린다고 하였다. 치장벽토는 형상의 가공이 자유로워서 영국 상류사회를 동경하는 사람들이 로마의 양식을 모방하는 것에 부합하는 재료였다. 이처럼 사람 손으로 만든 벽돌과 치장벽토는 마찬가지로 인간의 손길에 의해 구분되며, 자연스러움과 인위성이 서로 대비되는 성격을 가지게 되었다.

19세기 중반 호프만 가마가 등장하면서 벽돌은 균질해졌고 생산량은 증대되었다. 그런데 획일적인 대량 생산은 오히려 제조 과정의 조절을 통해 전통적인 다양한 지방색을 재생할 수 있게 되었고, 전통적인 진품과 모조품의 구분을 어렵게 만들었다. 핀란드를 대표하는 건축가 알바 알토(Alvar Aalto)는 MIT 기숙사 베이커하우스를 건축하며 전통적인 수작업의 벽돌을 사용하였다. 전체적인 색조는 주황색이지만 군데군데 검정에서 밝은 노랑에 걸친 변화가 생기는 색감의 자연스러움으로 '벽돌이 정직함'을 강조한다. 현대의 스타 건축가 마리오 보타(Mario Botta)는 강남 교보타워에서 붉은 벽돌을 사용해 현대적 도시 환경 속에서도 '인간적인 스케일'과 자연스러움을 부여했다.

Alvar Aalto MIT
Baker House Dormitory, 1949

Mario Botta
Gangnam Kyobo Tower, 2003

흙으로 만들어진 벽돌의 오랜 역사는 인간 속성을 물질에 투영하는 과정에서 나타나는 충돌을 보여준다. 20세기 건축의 거장 루이스 칸(Louis Kahn)은 벽돌을 단순한 재료가 아닌, 존중받아야 할 존재로 대우했다. 이처럼 건축의 의인화는 물질의식(material consciousness)에서 자연스러운 것과 인위적인 것이라는 두 차원의 원류를 이루고 있다. 웨어의 시대에서 벽돌은 루소(Jean-Jacques Rousseau)의 계몽주의적 인간다움과 연결되었고, 치장벽토는 산업화 시대의 자유를 상징했다. 반면, 코르뷔지에(Le Corbusier)가 이끄는 모더니즘에서는 기계, 백색 리폴린, 매끈함이 인간다움을 상징하는 새로운 기준이 되었다.

3. 건축 모더니티의 모습: 심플한 세련됨

과거의 건축은 권력, 종교, 철학 등 시대적 맥락을 공간적으로 구현한 표상(representation)의 도구였다. 이와 같은 건축은 사회적 상징 체계의 일부로 작용하며, 인류의 사상과 문화를 공간적으로 구체화한 산물로 이해되었다. 그러나 산업혁명 이후, 건축은 표상 대신 표현의 중요성이 강조되면서 고급 예술(high art)로 자리 잡았다. 이 시기에 건축은 시각적 표현의 영역으로 축소되었으며, 특정 양식의 선택과 장식 활용이 중심 관심사가 되었다. 당시 장식은 신흥 프티 부르주아 계층이 자신을 표현하는 도구로 기능했다는 점에 주목할 필요가 있다.

아돌프 로스(Adolf Loos)는 『장식과 범죄(Ornament und Verbrechen)』에서, 세기말 빈(Vienna)의 화려하고 자의적인 장식을 비판하며 이를 근대 생활과 동떨어진 허식으로 간주했다. 그는 "문화의 진화란 일상적으로 사용하는 물건에서 장식을 제거하는 것"이라고 주장하며, 단순히 장식에 반대하기보다, 재료 본연의 특성과 용도에 충실한 사물을 지지했다. 로스는 예술로 치장된 건축의 허구성을 경멸하며, 건축의 근대성에 도달하고자 했다. 그의 글은 코르뷔지에에 의해 프랑스어로 번역되어 『에스프리 누보(Esprit Nouveau)』에 게재되었다.

코르뷔지에는 『오늘의 장식 예술(The Decorative Art of Today)』에서 일상의 사물을 검토하며 화려한 장식을 비판하고, 장식 없음의 정직성을 강조했다. 그는 리폴린의 법칙(Law of Ripolin)을 통해 흰 도료의 청결하고 도덕적인 가치를 언급하며, 장식의 제거를 문명의 진보와 동일시했다. 이러한 흐름은 20세기 전반에 걸쳐 미학적 차원을 넘어 산업화된 기계와 근대 도시의 이상을 추구하는 데까지 이어졌다.

20세기 초는 건축과 예술에서 근대성(modernity)이 본격적으로 실험되었던 시점으로, 형식언어에 대한 탐구가 왕성했다. 두 분야는 공통적으로 표상(representation)에서 벗어나 자기지시적(self-referential)인 상태를 추구하였다. 장식의 제거와 대량생산 체계에 의한 건축 외피의 단순화에 대한 건축가들의 미학적 접근은 도널드 저드(Donald Judd), 칼 안드레

(Carl Andre) 등 미니멀리스트 예술가들의 방식과 유사하다.

그럼에도 불구하고, 수많은 비예술적 요인들이 관여하는 건축에 있어서, 이러한 예술의 원칙과 건축의 특성 사이의 상호작용은 미학과 기능의 절충을 통하여 가능하게 된다. 이러한 미니멀 건축의 미적 가능성은 근대 건축 초기의 건축가들과 비평가들에 의해 도외시되었다. 그들에게 대량생산의 반복은 장식에 대한 비판 수단이거나, 퓨리즘(Purism)을 설명하기 위한 것이었고, 공장 생산의 합리화로 다루어졌다. 기계미학은 20세기 전반의 건축을 지배하였고, 건축에서 대량생산과 반복은 건축 윤리의 하위에 종속되었다. 미니멀 건축에 잠재적인 표현성은 장식성의 금기에 의해 전면에 드러나서는 안 되는 것이었고 단순구축이나 부르탈리즘(Brutalism)과 같은 언어로 전달되어 왔다.

Denys Lasdun,
London Royal National Theatre, 1976

Kunsthaus Bregenz, Bregenz,
Peter Zumthor, 1997

그러나, 현대에 이르러 이러한 미니멀 건축의 즉물적이고 단순하며 기하학적인 이미지는 경제적 성공을 과시하고자 하는 여피(yuppie) 계층의 엘리트적 취향, 혹은 사치(luxury)와 적절하게 결부되어 절제된 세련됨을 표현하는 지배적인 디자인 방법이 되고 있다. 현대적 의미에서 사치를 정의하기는 어렵다. 사치는 본질적으로 엘리트주의적이고 전통에 기반하지만, 현대성은 평등주의적이고 민주적인 것으로 여겨지기 때문이다. 그럼에도 불구하고, 절제된 표현은 귀족적 사치로 간주되며 여전히 현대 사회에서 통용되고 있다.

4. 건축의 과시적 소비: 만들기 어려운 것

베블런(Thorstein Veblen)의 시대에 과시적 소비 개념은 비싼 재료를 사용하여 사치스럽고 아름다워 보이도록 구현하는 것이었다. 그러나, 대량 생산 기계를 넘어선 디지털 기술의 현 시대에는 인간의 능력만으로 구현하기 어려운 것을 만들어 내는 것이나, 재료를 필요 이상으로 쓰는 일일 수도 있다. 코르뷔지에가 주목했었던 운송기기 산업의 사례들은 이러한 변화의 역설을 보여준다. 자동차의 대량생산이 너무나 당연해진 오늘날에는 최첨단 기술을 통한 정밀제작보다도 전통적인 맞춤생산(bespoke) 방식이 최고급의 문화로 여겨지고 있다.

벽돌은 전통적인 수작업을 대표하여 왔다. 디지털 디자인과 제작의 기술은 과거에는 시도조차 불가능했던 벽돌의 복잡한 설계를 가능하게 만들고 있다. 헤르조그와 드 뫼론의 <테이트 모던 증축(Tate Mordern Extension)>에 사용된 336,000장의 치장 벽돌은 212가지의 다른 형태 유형을 가지며 계획된 색상 다이어그램에 따른 그라데이션 효과를 만들어낸다. 65미터의 높이의 파사드(facade)에서 2mm의 시공오차만을 허용하였고, 400여 가지 방식으로 11,500개의 내쌓기가 적용되었다. 전통적인 재료인 벽돌은 최첨단의 기술로 설계되고 시공됨으로써 완전히 새로운 관계로 변모하였다.

Herzog & de Meuron, Tate Modern Etension, 2016

대량생산된 물건의 근본적인 성격은 다른 것들과 동일하다는 것이고 건축표면 재료의 속성도 다를 바 없다. 따라서 그것은 벤야민(Walter Benjamin)이 말한 예술작품의 아우라를 가질 수 없고 침잠(沈潛)의 대상이 될 수도 없다. 애초에 건축표면은 세잔(Paul Cézanne)의 작품처럼 관조가 반복되더라도 새로운 감흥을 누리는 대상이 아니었다. 그러나 뒤샹이 <거대한 유리(The Bride Stripped Bare by Her Bachelors)>에 먼지를 묻혀의도된 뉘앙스(nuance)를 만든 것처럼, 테이트 모던의 벽돌은 우연으로 가장한 철저히 계산된 반우연을 만들어 내어 기성 제작품이 아닌 레디메이드가 되고자 하였다. 동시에 20세기에는 만들기 불가능했던 것들을 가능하게 함으로써 현대적 의미의 과시적 소비를 구현하고 있다.

5. 건축적 사치: 놀이

최초의 근대성은 넓은 이념의 영역에서 일어난 전위와 혁명에 의하여 구축되었다. 민주적인 근대성은 사회적이고 역사적인 것들에 대하여 도덕적이고 정치적인 이념이 가지는 무게와 불가분의 관계였다. 그러나 오늘날 우리는 이데올로기 중심의 세계에서 점차 벗어나고 있다. 구조주의나 해체주의 같은 '-주의(-ism)'는 여전히 존재하지만, 과거처럼 강렬한 호응을 얻지는 못한다. 이제는 형식적인 추상이 아닌 시각적 표현의 자유로움이 권리를 되찾고 있으며, 세계를 시적(詩的)으로 환기시키고 있고, 전통적인 규범에서 벗어나 자유로운 놀이로서의 건축은 비로소 일상의 모든 가능성을 받아들일 수 있게 된다.

이러한 건축은 단순히 장식을 덧붙이거나 눈길을 끄는 형식을 사용하는 데 그치지 않는다. 오히려 감각을 새롭게 조직하고, 일상의 공간에 낯설고도 생동감 있는 경험을 불러일으키는 방식으로 의미를 구성한다. 이 과정에서 건축은 더 이상 기호가치(sign value)나 교환가치(exchange value), 즉, 상징적 의미나 자본적 가치를 중심으로 소비되는 대상으로 환원되지 않는다. 대신, 건축은 그 공간을 경험하는 사람들에게 기대 이상의 사용가치, 다시 말해 실용성과 감각적 만족을 초과하는 경험을 증여하는 존재로 자리매김한다. 진정한 건축적 사치(luxury)는 고급 자재나 복잡한 기술로 드러나는 것이 아니라, 사용자의 감각을 확장할 수 있도록 하는 방식으로 실현되는 것이다.

 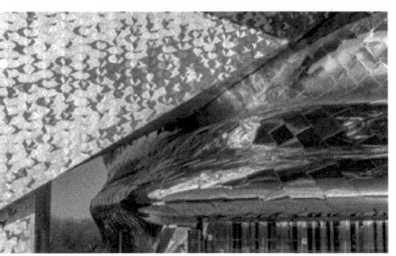

Jean Nouvel, Paris Concert Hall, 2015

장 누벨의 <파리 콘서트홀(Paris Concert Hall)>은 이러한 놀이로서의 건축을 잘 보여주는 사례다. 이 건물의 외관은 거울처럼 반사되는 곡면 금속으로 퀼팅(quilting) 방식이 적용되었고, 낮은 광도의 평면 마감재 위에 테셀레이션(tessellation) 기법이 활용되었다. 테셀레이션은 틈 없이 패턴을 배열하는 2차원 방식으로, 억제된 표현 속에서도 복잡함을 담아낸다. 기하학적 도식화의 끝없는 반복이 만들어내는 장식성은 본질적으로 재현성(representation)에 반대되는 의미를 부여한다.

반사된 이미지와 표면의 실제 이미지가 뒤섞이는 것은 어디가 무엇이라고 말하기 어렵게 하며, 이것에 대하여 장 누벨은 '게임' 혹은 '놀이(jeu)'라고 부른다. 프랑스어 'jeu'는 표면상의 빛의 놀이 또는 말장난을 지칭할 수도 있는데, 이 모든 것이 건축적 놀이를 가리킨다. 장 누벨의 작업은 비범하고 실험적인 것에서부터, 때로는 미학적으로 정제되지 않거나 유치하게 보일 수 있는 요소들까지 아우르며, 건축을 고정된 형식이 아닌 감각과 해석이 유동하는 열린 장으로 변모시킨다. 이러한 접근은 단순한 시각적 기교를 넘어, 경험하는 방식 자체를 새롭게 구성하려는 시도이다. 기능적 필요가 아닌 감각적이고 개념적인 과잉의 차원을 드러냄은 더 이상 실용성에 의해 환원될 수 없는 풍요로운 증여로서의 건축적 사치이다.

6. 맺음말: 좋은 건축의 다층적 의미

건축이 단순히 기능적 공간을 넘어, 시대의 이념과 문화를 담아내는 다층적인 의미의 산물이라는 사실은 이제 당연한 전제로 받아들여진다. 과거의 건축이 사회 질서나 계급적 위계를 시각적으로 드러내는 기호체계로 작동했으며, 모더니즘 건축이 이에 반하여 표상과 장식을 거부하며 보편성과 기능성을 강조했다면, 오늘날의 건축은 놀이와 표현의 자유를 통해 더욱 개인적이고 감각적인 경험을 창출하는 방향으로 나아가고 있다. 이러한 흐름은 근대성의 전개 과정 속에서, 건축이 표상에서 표현으로, 규범에서 놀이로 확장되어 온 진화의 궤적을 잘 보여준다.

우리는 전통과 첨단 기술이 융합된 건축의 시대를 살고 있다. 벽돌 같은 전통적 재료는 디지털 기술을 통해 새로운 조형 언어를 만들어내며, 단순한 장식이 아닌 과학적 정밀성과 미적 감각이 결합된 결과물로 재탄생하고 있다. 또한, 현대 건축은 장 누벨의 작품에서 보듯이 놀이와 실험적 시도가 가능성을 열어가며, 건축이 감각적 즐거움과 시적(詩的) 상상력을 동시에 제공할 수 있음을 보여준다. 결국, 건축은 교환가치와 기호가치라는 자본주의적 원리를 넘어서, 인간의 삶에 초과적인 의미를 증여하는 공간이 될 때 진정으로 빛난다. 이러한 맥락에서 건축적 사치란 단순히 고급의 집합체가 아니라, 감각적 경험과 의미 구성의 과잉 속에서 도시와 사람들 사이의 관계를 재구성하는 역할을 한다.

한편, 이 글에서 다룬 미니멀한 형태의 건축은 사용자에 따라 다르게 해석될 수 있다. 그것은 한편으로 최소 비용을 목표로 한 실용적인 건축일 수도 있고, 다른 한편으로는 상류층의 럭셔리한 취향을 담은 상징일 수도 있다. 반대로 스펙터클하고 화려한 건축은 거대 자본의 과시적 태도를 반영할 수도 있으며, 또는 도시 시민들을 위한 공공적 즐거움의 장으로 기능할 수도 있다. 건축은 이처럼 의도와 해석이 겹치는 지점에서 그 다층성을 드러낸다. 더 나아가, 건축을 바라본다는 것은 단순히 시각적 감상에 그치지 않고, 실천적 지각의 과정임을 인식하는 것이 중요하다. 이는 인지 주체가 수동적으로 의미를 수용하는 것이 아니라, 구체적인 실천 맥락 속에서 의미를 구성하고 재배열하는 능동적 행위로 볼 수 있다. 건축물은 지각의 대상이 되면서도 동시에 그 지각을 구성하는 맥락에 의해 정의되며, 이로 인해 건축의 의미는 고정된 것이 아니라 상황적, 관계적으로 드러난다.

좋은 건축이란 무엇인가에 대한 정의는 수없이 많다. 그러나 그것은 주관적으로 평가하고 소비하는 감상적 판단이 아니라, 건축을 둘러싼 기술적·미학적·사회적 조건들과의 관계 속에서 구성되는 의미의 계열화에 기반해야 한다. 따라서 도시와 건축을 더 나은 것으로 변화시키기 위한 첫걸음은, 우리가 그것들과 맺고 있는 실천적 관계를 이해하고, 해석하며, 재구성하려는 태도를 갖는 데 있다.

건축은 일상 속에서 가장 가까이 존재하는 동시에, 너무 익숙한 나머지 그것이 삶에 작용하는 방식을 간과하기 쉽다. 중요한 것은 건축을 '잘 아는' 것이 아니라, 그것이 우리 삶의 방식과 감각의 구조에 어떤 식으로 개입하고 있는지를 바라보는 것이다. 결국 우리 곁의 건축과 도시를 '구성된 것'이 아닌 '구성되는 것'으로 인식할 때, 익숙함을 넘어 새로운 감각과 가능성을 환기시키는 관계의 장으로 열리게 된다.

참고문헌

- 김홍기(2011),『그림이 된 건축 건축이 된 그림: 신화와 낭만의 시대』, 경기: 아트북스
- 이진경(1997),『맑스주의와 근대성』, 서울: 문화과학사.
- Richard Sennett(2010),『장인』, 서울: 21세기북스.
- Georg Simmel(2005), 김덕영, 윤미애 옮김,『짐멜의 모더니티 읽기』, 서울: 새물결.
- Eric Hobsbawm(2015), 이경일 옮김『파열의 시대: 20세기 문화와 사회』, 서울: 까치글방.
- Gilles Lipovetsky(2017), 이재형 옮김,『가벼움의 시대』, 서울: 문예출판사.
- Georges Bataille(2000), 조한경 옮김,『저주의 몫』, 서울: 문학동네.
- Jean Baudrillard(1992), 이규현 옮김,『기호의 정치경제학 비판』, 서울: 문학과지성사.
- Pierre Bourdieu(2005), 최종철 옮김,『구별짓기: 문화와 취향의 사회학』,. 서울: 새물결.
- Pierre Cabanne(2002), 정병관 옮김,『마르셀 뒤샹: 피에르 카반느와의 대담』, 서울: 이화여자대학교 출판부.

PART

3

글로벌 리터러시 : 세계로 연대

- 다문화 리터러시, 다문화주의, 다문화 정책, 이데올로기 ┃ 진시원

- 세계시민과 지속가능발전 ┃ 장윤경

- 글로벌 리터러시와 세계시민성을 통해 본 세계시민교육의 과제 탐구
  ┃ 오덕열

- 차이를 넘어 존중으로 나아가는 여정, 상호문화 감수성 ┃ 문은희

다문화 리터러시, 다문화주의, 다문화 정책, 이데올로기

진시원

1. 리터러시와 리터러시 교육

리터러시(literacy)는 원래 문자화된 기록물을 통해 지식과 정보를 획득하고 이해할 수 있는 능력을 의미했다. 하지만 리터러시는 더 이상 단순하게 문자화된 언어를 읽고 쓰는 능력만을 의미하는 개념이 아니다. 이제 리터러시는 빠르게 변화하는 사회에 대처하고 적응하는 능력으로까지 그 개념이 확대되었다. 여기서 말하는 '변화하는 사회'는 과학기술의 변화뿐 아니라 인간사회의 변화를 모두 포함한다.

이렇게 본다면 리터러시는 몇 가지 특징을 지닌다. 첫째, 리터러시는 특정 대상을 해석하고 이해하고 그것을 토대로 올바른 실천에 나서는 능력을 포함한다. 리터러시는 우리가 책이나 미디어(올드 미디어, 뉴 미디어)를 통해 얻은 정보와 지식을 어떻게 해석해서 이해하고, 그것을 바탕으로 무엇을 어떻게 실천하는지에 대해 기여하고 관여하는 능력인 것이다. 둘째, 과학기술과 인간사회가 빠르게 변화하면서 리터러시 종류가 점차 확장되고 있다. 과학기술과 관련한 리터러시는 정보통신기술 리터러시, 미디어 리터러시, 정보 리터러시, 디지털 리터러시, 소셜 미디어 리터러시, 게임 리터러시, AI 리터러시 등이 있으며, 인간사회의 변화와 관련한 리터러시는 다문화 리터러시, 성평등 리터러시 등 종류가 다양하다.

이러한 리터러시를 개발하고 향상하기 위해서는 교육이 필요하다. 리터러시 교육(literacy education)이 요구되는 것이다. 리터러시 교육은 극복하고자 하는 대상과 추구하고자 하는 목표를 명확히 상정하고 있다.

첫째, 리터러시 교육은 학생이 진실과 허위를 구분하게 하는 교육이다. 진실은 객관적이고 사실적인 것을 말하며, 허위는 객관적이지 않고 사실적이지 않은 거짓을 말한다. 허위 중에서 가장 대표적인 것은 허위의식과 가짜뉴스. 허위의식은 근거가 없고 사실과 다른, 거짓되고 자의적인 의식을 말한다. 예컨대, 서구중심주의, 남성우월주의, 영호남 지역주의가 그렇다. 가짜뉴스는 사실이 아닌 뉴스로 특정 목적을 위해 의도적으로 위조되거나 날조된 뉴스를 말한다. 허위의식과 가짜뉴스는 리터러시 교육의 극복하고자 하는 주된 적이다. 리터러시 교육은 이러한 허위의식과 가짜뉴스를 극복할 수 있는 계몽된 주체를 양성하는 교육이다.

둘째, 리터러시 교육은 학생이 확증편향(confirmation bias)에 빠지지 않고, 균형적이고 객관적인 사실에 기초한 정보와 지식을 얻게 하는 교육이다. 확증편향은 자신의 가치관, 신념, 이념, 판단과 부합하는 정보만을 성찰력 없이 일방적으로 받아들이고, 그 외의 정보는 철저히 무시하고 불신하여 거부하는 사고방식을 의미한다. 예컨대, SNS와 유튜브 같은 뉴미디어는 사용자의 확증편향을 더 확대 재생산한다. 확증편향은 자신과 비슷한 가치관, 신념, 이념, 판단을 지닌 사람끼리의 상호작용을 활성화하고 그렇지 않은 사람들과의 상호작용은 철저히 차단함으로써, 인간 사회를 이해와 배려, 소통과 대화, 타협과 합의가 부재한 사회로 만드는 주요 요인이다. 확증편향이 인간사회의 갈등, 충돌, 배제, 혐오를 부추기고 공고화하는 나쁜 기능을 수행하는 것이다. 리터러시 교육은 이런 확증편향을 극복할 수 있는 깨어있는 주체를 만드는 교육이다.

2. 다문화 리터러시 교육

이 글은 다문화 리터러시(multicultural literacy)를 설명하는 글이다. 다문화 리터러시는 국제사회와 특정 국가의 다문화화(multiculturalization) 현상을 잘 이해하고 다문화주의를 활성화하는 것과 관련한 개인의 능력을 의미한다. 달리 말해, 다문화 리터러시는 다문화 사회를 잘 이해하고 다문화 사회에 잘 대처하고 적응하며 다문화 사회를 좋은 방향으로 만들어가는 능력을 의미한다. 다문화화는 국제사회와 특정 국가에서 이질적인 인종, 언어, 종교, 문화를 지닌 사람들이 새롭게 서로 섞이면서 살게 되는 현상을 의미한다. 그리고 다문화주의(multiculturalism)은 인종, 언어, 종교, 문화 등에서 이질적인 정체성을 지닌 사람들이 평화롭게 공존하는 것을 추구하고 실현하고자 하는 이데올로기다. 국제사회와 특정 국가에서 다문화주의가 성공적으로 안착하기 위해서는 다문화 교육이 필요한데, 다문화 교육의 핵심 목표는 기존 국민과 새로 유입된 이주민 모두의 다문화 리터러시를 강화하는 데 있다.

일반적으로 다문화화는 이질적인 정체성을 지닌 사람들 간의 차별, 갈등, 충돌, 혐오, 폭력, 테러 등으로 귀결되기 쉬운데, 다문화 교육은 기존 국민과 새로 유입된 이주민 모두의 다문화 리터러시를 키워줌으로써, 평화롭게 공존하는 다문화 사회를 만들고자 노력하는 교육인 것이다. 예컨대, 다문화 리터러시 교육은 다문화주의가 안착하는 데 장애물로 작용하는 인종차별주의, 순수혈통주의, 자문화중심주의, 백인우월주의, 오리엔탈리즘 같은 허위의식을 극복하는 데 기여하는 교육이다.

이 글에서는 다문화 리터러시를 다문화 정책 및 이데올로기와 연결하여 설명한다. 학생과 국민의 다문화 리터러시를 강화하기 위해서는, 학생과 국민이 다양한 다문화 정책과 여러 이데올로기를 잘 이해하는 것이 선차적으로 필요하다. 특정 국가의 다문화 정책이 어떤 정책인지 그리고 그 나라 국민이 어떤 이데올로기를 더 많이 선호하는지에 따라 그 나라의 다문화화 정도와 다문화주의 수준이 달라지기 때문이다.

3. 다문화 정책[1]

각국은 다문화 현상에 대응하기 위해 다양한 유형의 다문화 정책을 수립하고 추구한다. 다문화 정책은 일반적으로 동화주의 정책, 분리주의 정책, 상대주의 정책, 다원주의 정책 등으로 구분된다. 그러나 이 글에서는 이러한 분류에 더해 평등주의적 정책을 추가한다. 동화주의(assimilationism), 분리주의(separatism), 상대주의(relativism), 다원주의(pluralism)만으로는 설명하기 어려운 다문화 정책이 존재하고, 그 부분은 평등주의(egalitarianism)로 설명 가능하기 때문이다.

평등주의적 다문화 정책은 모든 인간은 동등하게 소중하다고 인식하고, 인종, 언어, 종교, 문화의 차이를 떠나 모든 인간을 동등하고 소중하게 대우하는 정책이다. 동화주의적 다문화 정책은 소수집단의 정체성과 일체감보다 다수집단의 정체성과 일체감을 우선시하고, 소수집단의 정체성이 강화될수록 다수집단의 우세적 지위가 위협받고 국가 공동체가 분열된다고 믿는 정책이다. 따라서 동화주의 정책은 국가 공동체의 존속과 결속을 위해 소수집단의 문화는 주류집단의 문화에 동화되어야 한다고 주장한다. 동화주의 정책이 문화를 바라보는 시각은 자문화중심주의, 문화제국주의 등에 기초한다. 평등주의 정책과 동화주의 정책은 문화와 집단의 '차이'를 무시한다는 점에서 서로 공통점이 있다. 평등주의 정책은 동등하게 소중한 인간을 지향하면서 문화와 집단 간의 차이를 경시하는 측면이 있으며, 동화주의 정책은 주류집단의 문화를 보존하고 국가

---

[1] 이하의 글은 진시원(2020), 「다문화주의와 이데올로기」 진시원 외, 『다문화주의 다문화교육 이데올로기 민주주의』, 서울: 동문사의 글을 총서 성격에 맞춰 쉽게 읽을 수 있도록 발췌·인용한 글임.

공동체의 존속과 결속을 지향하면서 집단과 문화의 차이를 무시하는 점에서 서로 공동점이 있는 것이다.

다원주의적 다문화 정책은 사회와 집단이 다원화되어 있는 것이 사회를 다채롭게 만들고 사회 발전을 가져온다는 점에서 좋다고 인식하고, 사회와 집단의 다원화와 다양성을 존중하고 추구한다. 다원주의는 자유주의의 산물로 이성과 합리성에 기초한 이데올로기이다. 따라서 다원주의 정책은 먼저 이성과 합리성에 기초하여 문화와 집단의 좋고 나쁨을 판단하고, 그 다음에 문화와 집단의 다원화와 다양성을 존중하고 추구한다. 예컨대, 특정 집단의 문화가 이성적으로 판단했을 때 비윤리적이거나 부정의한 측면이 존재할 경우 다원주의적 정책은 그 집단에 대한 존중과 지지를 철회한다.

상대주의적 다문화 정책은 문화와 집단의 다원화와 다양성을 존중한다는 점에서 다원주의 정책과 유사하지만, 특정 집단에 대한 이성적 판단을 내릴 수 있는 절대 기준이 존재하지 않는다고 주장하는 점에서 다원주의 정책과 차이가 있다. 상대주의 정책은 모든 문화와 집단은 스스로의 존재 이유를 지니며, 따라서 문화와 집단 간의 우열을 가리는 것은 불가능하고 좋은 태도도 아니라고 주장한다. 상대주의 정책은 이성에 기초한 보편적 도덕률과 보편선을 거부한다는 점에서, 비윤리적이고 반인륜적인 문화나 집단을 비판하지 못하고 오히려 옹호하는 문제점을 지니고 있다.

분리주의적 다문화 정책은 문화와 집단 간의 교류, 공존, 배려가 아닌 문화 집단 간의 분리와 독립을 추구하는 정책이다. 분리주의 정책은 소수 집단이 자신의 독자성과 자율성을 강조하고 궁극적으로 주류집단으로부터 분리·독립하려는 목적 하에 추구하는 성격이 강하다. 분리주의 정책은 소수집단이 열망하고 추구하는 다문화주의인 것이다. 분리주의 정책은 소수집단이 자신만의 새로운 민족국가나 인종국가, 종교국가 등을 건설하려는 정치적 기획의 결과물이며, 따라서 주류집단의 반발로 인한 소수집단과 주류집단 간의 갈등과 충돌을 야기할 가능성을 지닌 정책이다.

지금까지 살펴본 이들 다문화 정책은 '문화집단 간 차이를 인정하는지 여부'와 '타 문화집단에 대한 인식의 차이'에 따라 <표 1>과 같이 정리된다. 집단 간 차이를 부정하고 타 집단에 대해 긍정적으로 인식하는 경우는 평등주의적 다문화 정책으로 귀결될 가능성이 높고, 집단 간 차이를 인정하고 타 집단에 대해 긍정적으로 인식하는 경우는 다원주의적 다문화 정책이나 상대주의적 다문화 정책으로 귀결될 가능성이 높다. 반면, 집단 간 차이를 부정하고 타 집단에 대해 부정적으로 인식하는 경우는 동화주의적 다문화 정책으로 귀결될 가능성이 높고, 집단 간 차이를 인정하고 타 집단에 대해(특히 소수집단이 주류집단에 대해) 부정적으로 인식하는 경우 분리주의적 다문화 정책으로 귀결될 가능성이 높다.

	문화집단 간 차이를 부정	문화집단 간 차이를 인정
타 문화집단을 긍정적으로 인식	평등주의적 다문화 정책	다원주의적 다문화 정책 상대주의적 다문화 정책
타 문화집단을 부정적으로 인식	동화주의적 다문화 정책	분리주의적 다문화 정책

<표 1> 다문화 정책의 종류

4. 다문화주의와 이데올로기

다문화주의는 하나가 아니다. 다문화주의는 위에서 살펴본 것처럼 정책의 유형에 따라 평등주의적 다문화주의, 동화주의적 다문화주의, 분리주의적 다문화주의, 상대주의적 다문화주의, 다원주의적 다문화주의 등으로 분류할 수 있지만, 다문화주의는 이외에도 여러 이데올로기와 결합하여 다양한 유형의 다문화주의를 생산해낸다. 예컨대, 다문화주의는 이데올로기와 결합하여 보수주의적 다문화주의, 자유주의적 다문화주의, 공동체주의적 다문화주의, 공화주의적 다문화주의 등으로 다양화된다. 그리고 이들 다양한 유형의 다문화주의는 서로 간에 유사점과 차이점을 드러내며 다문화화에 대한 서로 다른 인식과 정책을 제시한다. 이 장에서 다문화주의가 다양한 이데올로기와 결합하여 어떠한 형태의 다문화주의를 생산해내는지 분석하고 그것들의 내용과 특징을 비교·분석한다.

(1) 이데올로기

이데올로기는 객관적이고 합리적인 것이 아니라 당파적이고 주관적이며 허위의식적인 측면이 강하다. 이데올로기는 과학이 아닌 것이다(만하임, 1979). 이데올로기는 또한 단순한 신념 체계가 아니다. 이데올로기는 신념 체계에 기초하여 특정한 사회적 관계와 구조를 옹호하며 특정한 태도와 행동을 정당화한다. 이렇게 본다면 이데올로기는 사회나 사회적 쟁점에 대한 인식과 신념뿐 아니라 그것에 대한 평가와 실천 프로그램을 동반한다. 따라서 서로 다른 이데올로기를 추구하거나 신봉하는 사람은 특정 사회나 사회 쟁점에 대해 서로 다른 인식, 신념, 평가, 정치적 실천을 추구한다. 이데올로기는 특정 사회 질서와 사회 이슈를 그냥 유지할지 아니면 개선, 개혁, 타파할지 여부를 결정하는 기능을 수행하고, 바람직한 미래 비전을 제시하고 그것을 실현할 수 있는 방안과 대안을 자신의 구성요소로 확보하고 있어야 하는 것이다.

이렇듯 다양한 이데올로기는 본질적으로 서로 간에 이질적이며 경쟁적이고 충돌적인 것인데, 이런 시각에서 바라보면 사회는 이데올로기 간의 경쟁, 갈등, 전쟁이 상시적으로 벌어지는 영역이다. 예컨대 다문화에 대한 인식, 평가, 신념, 실천, 정책은 다양한 이데올로기마다 서로 이질적이고 경쟁적이며 충돌적이다. 따라서 다문화주의가 어떤 이데올로기와 결합하는가에 따라 다문화화에 대한 이해가 달라지고, 다문화주의의 내용과 목표 또한 달라진다는 점을 이해하는 것이 중요하다.

(2) 자유주의

자유주의(liberalism)는 몇 가지 특징을 지닌다. 첫째, 자유주의는 계몽주의의 산물로 이성과 합리성을 지니고 추구한다. 따라서 자유주의는 불합리하고 부정의한 사회현상과 본질에 대해 그것을 개선해야 한다는 개혁 성향을 지닌다. 둘째, 자유주의는 개인의 자유, 생명, 권리(특히 사유재산권)는 천부인권이고 따라서 그 누구도 침해할 수 없다는 믿음을 지닌다. 자유주의는 공동체주의가 아닌 개인주의 성향이 있으며, 국가 중심주의가 아닌 반국가주의 성향을 지닌 것이다. 개인의 자유와 생명, 권리를 그 무엇보다 중시한다는 점에서 개인주의 성향이 강한 것이며, 국가가 개인의 자유, 생명, 권리에 개입하고 침해하는 것에 반대한다는 점에서 반국가주의 성향을 드러내기 때문이다. 자유주의의 반국가 성향은 자유주의가 경제적 측면에서 자유시장주의(자유방임주의)와 사유재산권을 강조하는 입장으로 연결되며, 정치적 측면에서는 최소국가나 야경국가 혹은 필요악 국가를 강조하는 태도로 연결된다. 자유주의 이데올로기는 자유시장, 사유재산권, 최소국가 등과 같은 핵심어로 대변되는 것이다. 셋째, 자유주의는 낙관적이고 조화로운 세계관을 지닌다. 자유주의는 합리적인 개인이나 단체가 자신의 이익을 이기적으로 추구하더라도 사회 전체는 조화롭게 발전한다는 믿음을 지닌다. 이러한 낙관론이 경제 영역으로 연결된 것이 바로 비교우위론이다. 자유주의의 낙관적이고 조화로운 세계관은 국가들이 이기적으로 자기이익을 추구해도 각국이 비교우위를 확보한 산업에 특화하고 자유무역을 한다면, 무역에 참여한 모든 국가가 함께 득을 볼 수 있다는 낙관적인 무역이론으로 귀결된 것이다.

자유주의의 이러한 이데올로기적 특징은 자유주의가 추구하는 다문화주의에 지대한 영향을 미친다. 첫째, 자유주의의 합리적이고 이성적이며 개혁적인 측면은 자유주의적 다문화주의가 자문화중심주의나 문화제국주의, 인종 차별주의 등에 반대하는데 기여한다. 자유주의적 다문화주의의 이러한 입장은 자유주의의 핵심 가치인 자유, 인권 개념에 기초한다. 특히 사회적 소수집단이나 소외집단이 처해 있는 어려움과 불평등을 해소하기 위한 자유주의적 다문화주의의 노력은 자유주의의 합리적이고 계몽주의적인 전통에 근거한다(심승환, 2009: 131).

둘째, 자유주의의 개인주의 성향과 국가 개입에 대한 거부감과 혐오감은 국가가 다문화주의 정책에 참여하거나 다문화정책을 주도하는데 반대하는 입장으로 귀결된다. 자유주의는 국가가 특정 소수 집단이나 그 집단의 문화를 지원하는 것에 반대한다. 자유주의는 인종, 언어, 종교, 문화 등이 얽혀 있는 국내문제에 개입하지 않는다는 원칙을 고수하고 있는 것이다. 특히 자유주의가 신성시하는 사유재산권에 대한 강조는 자유주의적 다문화주의가 개인의 사유재산권을 침해할 소지가 있는 다문화정책에 강하게 반대하는 입장으로 귀결된다. 자유주의적 다문화주의는 소수집단과 그들의 문화보호를 위한 국가의 경제·사회적 지원에 반대한다. 국가의 경제·사회적 지원은 세금인상 등으로 개인의 사유재산권을 침해할 가능성을 높인다고 보기 때문이다.

셋째, 자유주의의 개인주의 성향은 집단주의 성향을 지닌 다문화주의에 대한 거부감으로 연결된다. 자유주의자들은 다문화주의가 지닌 집단주의 성향이 자유주의가 중시하는 자유주의적 가치와 개인주의적 가치를 훼손한다고 주장한다. 예컨대, 자유방임주의적 시각에서 철저하게 개인주의적 입장을 견지하는 자유주의자는 특정 집단에 대한 강한 소속감과 일체감은 개인의 자유를 침해하고 개인의 삶을 지배할 가능성이 있다고 비판한다. 또한 자유주의적 다문화주의는 다문화주의를 통해 국가가 소수 집단의 권리를 보호하는 경우, 소수 집단 내에 거주하는 특정 개인의 권리나 인권이 침해를 받는 상황이 발생할 수 있다는 점에 강한 우려감을 나타낸다.

넷째, 자유주의의 낙관적이고 조화로운 세계관은 다문화주의를 추구하는데 있어서도 그 모습을 드러낸다. 자유주의적 다문화주의는 다문화주의를 추구하는데 있어서 국가의 주도력이나 지원이 필요하다고 보지 않는다. 다양한 집단과 개인은 그대로 놔두더라도 서로 조화롭게 발전한다고 자유주의는 믿고 있기 때문이다.

다섯째, 자유주의와 다문화주의는 서로 내적으로 직접적으로 연계되는 논리 구조를 지니고 있지 않다. 즉, 자유주의와 다문화주의는 서로 직통하지 못한다. 개인의 자유와 자율을 강조하는 자유주의와 집단의 자유와 자율을 강조하는 다문화주의는 서로 직접 연결되기 어려운 것이다. 자유주의와 다문화주의는 '다원주의'를 매개로 연결된다. 우선 자유주의는 다원주의와 유사하며 서로 통한다. 개인의 자유와 권리를 중시하는 자유주의는 개인들이 참여하여 구성한 다양한 집단 간의 공존과 자유로운 경쟁이 벌어지는 현상에 대해 다원주의의 이름으로 우호적이다. 자유주의 사회는 개인주의 사회이자 다원주의 사회인 것이다. 이렇듯 자유주의와 다원주의는 서로 통한다.

하지만 자유주의와 다문화주의는 서로 직통하지 못한다. 개인주의를 지향하는 자유주의는 다원주의를 통해서만 집단에 대한 접근성을 확보할 수 있으며, 이를 통해 다문화주의와 연결된다. 다원주의는 집단을 중시한다는 점에서 다문화주의와 서로 통한다. 다원주의는 기본적으로 다문화주의와 일맥상통하는 것이다. 이렇듯 다원주의는 자유주의와 다문화주의를 연결하는 일종의 다리 역할을 수행한다. 하지만 결과적으로 자유주의는 집단과 집단주의보다 개인과 개인주의를 선호한다는 점에서, 그리고 다문화주의는 개인과 개인주의보다 집단과 집단주의를 중시한다는 점에서 자유주의와 다문화주의는 서로 쉽게 좁히기 어려운 거리감을 지니고 있다. 자유주의와 다문화주의는 서로 직접적으로 연계되기에는 거리감이 존재하는 것이다. 결국 자유주의와 다문화주의는 다원주의를 매개로 서로 연결되어 있을 뿐이며, 다원주의가 약화되면 자유주의와 다문화주의는 다시 멀어지고 서로 공존하기 어려운 상황에 봉착할 가능성이 높아진다.

정리하면, 자유주의는 다원주의와 친화적이며 그 바탕 위에서 인종, 언어, 종교, 문화 집단의 다양성과 공존을 추구한다. 이렇듯 자유주의는 다원주의와 연계하여 모든 문화와 집단을 동등하게 대할 수 있는 다문화주의적 근거를 지니고 있지만, 소수 문화와 주류 집단 간의 불평등을 개선하기 위한 국가의 개입과 경제적 지원을 반대한다는 점에서 다문화주의와 충돌한다. 자유주의가 신성시하는 개인주의와 사유재산권은 자유주의가 다문화주의를 추진하는데 있어서 가장 큰 장애물로 작용한다. 반면에 자유주의가 이성과 합리성에 기초한 자신의 사회개혁 성향을 견고히 추구한다면 자유주의는 다문화주의와 더욱 친화적인 관계를 맺을 수 있는 이론적 토대를 지닌다.

(3) 보수주의

보수주의(Conservatism)는 과거로부터 내려오는 전통, 제도, 문화는 인류의 지혜가 쌓여 축적되어온 것으로 기본적으로 좋은 것이고, 그래서 지키고 보전하는 것이 사회 질서와 안정을 위해 필요하다는 인식에 기초한 이데올로기이다. 전통, 제도, 문화는 역사적이고 지속적으로 개량되어 온 것으로 현재적 시점에서 볼 때 최적화 된 것이자 좋은 것이라고 생각하는 것이다. 따라서 보수주의는 사회의 전통, 제도, 문화를 급속히 개혁하거나 해체하는 일은 사회의 무질서와 불안정을 야기하는 주요 원인이라고 주장한다.

이러한 점에서 보수주의는 다문화주의를 국가와 사회의 질서와 안정 유지 측면에서 접근한다. 다문화주의는 국가와 사회의 질서와 안정에 도움이 되는 방향으로 추진되어야 하며, 만약 다문화주의가 질서와 안정을 약화시키는 방향으로 작동한다면 보수주의는 다문화주의에 반대하고 거부한다. 달리 말해, 보수주의는 다문화주의를 정치 공동체의 안정, 질서, 공동선을 유지하고 강화하기 위한 수단으로 인식한다(김창근, 2009:

26).

이러한 인식의 연장선상에서 보수주의는 다문화주의가 국가나 사회의 정체성을 약화시키는지 여부에 대해 깊은 관심과 우려를 드러낸다. 다문화주의로 인해 다양한 인종, 언어, 종교, 문화가 섞인다면 과거로부터 내려오는 제도와 문화가 약해지거나 붕괴할 수 있고, 그렇게 될 경우 국가와 사회는 불안정과 무질서로 빠져들 가능성이 높다는 것이다. 달리 말해, 한 나라의 국가 정체성이 다문화주의가 야기한 문화다양성에 의해 약화되고 마침내 그 특징을 찾아보기 어렵게 되어버리는 상황에 대해, 보수주의는 강한 불만과 우려를 보이고 있는 것이다. 다문화주의에 대한 보수주의의 이러한 두려움과 우려는 보수주의적 다문화주의를 동화주의적 다문화주의로 이끈다. 보수주의의 다문화주의는 동화주의인 것이다.

정리하면, 보수주의는 기본적으로 다문화주의에 서로 배타적이며 다문화주의와 공존하기 쉽지 않다. 보수주의가 다문화주의와 서로 공존할 수 있는 유일한 접점은 동화주의적 다문화주의이다. 보수주의는 기본적으로 다문화주의에 대해 부정적이며, 다문화주의를 추구하더라도 동화주의적 다문화주의를 추구할 가능성이 높다는 것이다.

(4) 공동체주의

공동체주의는 공동체를 개인보다 중시하는 이데올로기이다. 공동체주의는 자유주의가 지닌 개인주의 문제점을 지적하고, 이러한 문제점은 공동체를 우선시하고 중심적으로 사고함으로써 해결할 수 있다고 믿는다. 공동체주의 이러한 특징은 공동체주의가 공화주의의 부활을 추구하기 때문에 생겨나는 측면이 강하다. 공동체주의는 공화주의에 영향을 받아 공동체 공동의 일과 공동선, 시민의 덕성, 시민의 참여와 소통을 강조한다(김동수, 1994: 277).

이렇듯 공동체주의는 개인보다 공동체를 중시한다. 이러다보니 공동체주의도 공화주의와 유사한 비판에 직면한다. 공동체주의가 공동체 공동의 일과 공공선을 강조하다보니, 개인과 소수집단의 자율성과 자유를 경시하고 극단적인 경우 전제정치와 다수의 폭정 가능성을 야기한다는 것이다.

그러나 공동체주의는 자신이 추구하고 강조하는 공동체가 어떤 공동체인가에 따라 서로의 입장이 달라지는 문제점을 지닌다. 상위 공동체와 하위 공동체 간의 관계가 불확실한 것이다. 인간 공동체는 가족, 마을, 지방, 인종이나 민족, 문화, 종교, 국가, 지역, 세계 등 다양한 층위로 구성된다. 공동체주의는 이들 다양한 층위 중에서 어떤 공동체를 더 우선시하냐에 따라 입장이 서로 달라진다. 예컨대, 인종, 언어, 종교, 문화 공동체를 국가 공동체보다 중시하는 입장이 존재하는 반면, 국가 공동체를 더 중시하는 입장도 있고 세계 공동체를 더 중시하는 입장도 있다.

국가 내 소수집단 공동체를 우선시하는 '소수집단 공동체주의'는 국가 공동체보다 이들 인종, 언어, 종교, 문화 소수집단의 존속과 공존을 더 중시하는 다문화주의를 추구한다. 반면, 국가 공동체를 자국 내 소수집단 공동체보다 우선시하는 '국가 공동체주의'는 소수집단의 존속과 공존보다 국가 공동체의 존속과 결속을 더 중시한다. 이와 달리, 세계 공동체를 우선시하는 '세계 공동체주의'는 소수집단 공동체나 국가 공동체보다 세계 공동체를 더 중시한다. 이 경우 세계 공동체를 더 우선시하는 공동체주의는 세계시민주의와 일맥상통한다. '세계시민주의적 공동체주의'는 모든 인종, 언어, 종교, 문화, 국적의 차이와 무관하게 모든 인간은 동등하다는 만민평등 사상을 지닌다.

따라서 다문화주의에 대한 공동체주의적 접근은 하나로 통일된 것이 아니라 다양하다는 점을 이해하는 것이 중요하다. 공동체주의가 어떤 공동체를 우선시하는지를 먼저 이해하는 것이 중요하다는 것이다. 국가 내 인종, 언어, 종교, 문화 소수집단을 우선시하고 중시하는 '소수집단 공동체주의'는 '국가 공동체'의 존속과 결속보다 이들 소수집단 공동체의 존속과 결속을 더 중시하고, 이들 소수집단 공동체에 대한 인정, 소수집단 공동체와 국가 공동체의 공존, 국가 공동체의 이들 소수집단 공동체에 대한 적극적인 배려와 지원을 강조한다. 소수집단 공동체주의는 '인정의 정치'와 '공존의 정치' '배려의 정치'를 추구하는 것이다. 이 경우 소수집단 공동체주의는 다원주의적 다문화주의나 상대주의적 다문화주의, 분리주의적 다문화주의를 선호하고 추진하는 입장을 지니기 쉽다.

반면 '국가 공동체'를 '소수집단 공동체'보다 우선시하는 공동체주의는 국가 공동체의 통일성과 일체감을 더 중시한다. 국가 공동체주의는 국가 내 소수집단보다 국가 공동체의 존속과 결속을 더 중시하는 것이다. 이 경우 공동체주의는 개인이나 소수집단의 가치와 권리보다 국가 공동체의 가치와 통일성, 일체감을 우선시하면서 전체주의나 다수의 폭정으로 귀결될 가능성도 지닌다. 국가 공동체의 이름으로 개인의 인권과 소수집단의 권리를 경시할 가능성이 존재한다는 것이다. 결국 국가 공동체주의는 문화 간의 평화적 공존을 추구하는 다문화주의와는 근본적으로 상충하는 이론적 측면을 지닌다. 이와 같은 인식론적이고 이론적인 특징을 지닌 국가 공동체주의는 다원주의적 다문화주의나 상대주의적 다문화주의보다 공화주의적 다문화주의나 동화주의적 다문화주의를 선호하는 입장을 지니기 쉽다.

반면, 소수집단 공동체나 국가 공동체보다 세계 공동체를 우선시하는 '세계 공동체주의'는 세계시민주의적 입장을 견지한다. '세계시민주의적 공동체주의'는 인간은 모두 동등하게 소중하며 이러한 인간의 동등함과 평등함은 소수집단이나 국가 공동체의 존속과 결속보다 더 우선적으로 존중되고 보호되어야 한다고 생각한다. 세계시민주의적 공동체주의는 평등주의적 다문화주의와 친화적이다.

(5) 공화주의

공화주의(republicanism)는 그 어원이 레스 푸블리카(res publica)라는 라틴어에서 기원하는데, 그 의미는 '공동의 일'이라는 뜻을 지닌다. 공화주의는 기본적으로 개인의 자유와 권리보다 공동체 '공동의 일'을 우선시하는 이데올로기인 것이다. 그러나 공화주의는 공동의 일과 공공선에 대한 시민의 적극적인 참여를 강조하고, 참여에 있어서 시민들의 정치적 효능감이 동등성과 평등성을 확보해야 한다는 점을 강조한다. 공화주의를 지향하는 정치 공동체 하에서 시민 개개인은 공동의 일과 공공선에 적극 참여함으로써 자신의 사익을 공익에 반영할 수 있는 정치적 기회를 지닌다. 그리고 참여에 있어서 시민들 간의 공정성과 평등성을 확보하는 것은 중요하다. 참여과정에서 누군가가 다른 시민보다 더 크고 압도적인 영향력을 행사한다면 그것은 공동의 일과 공공선이 오히려 침해받고 특정인의 사익이 관철되는 결과를 초래하기 때문이다.

따라서 공화주의 이데올로기는 참여에 있어서 서로 동등한 시민을 확보하는 문제와 이들 동등한 시민들 간의 소통과 합의를 실현하는 문제가 중시된다. 공적인 일에 참여하고 공동선을 추구하는데 있어서 영향력이 동등한 시민들을 만들기 위해서는, 모든 시민이 법 앞에 평등한 공동체를 만들고 공동의 일과 공동선을 추구할 수 있는 경제력 여력을 지닌 시민을 만드는 일이 중요하다. 법 앞에 평등한 시민과 누구나 정치에 관심을 가지고 참여할 수 있는 경제적 여력이 있는 시민이 바로 공화주의적 시민인 것이다. 공화주의는 그래서 '법 앞 평등'을 강조하며, 경제력 여력을 지닌 시민을 양성하는데 깊은 관심을 가진다(비롤리, 2006: 12).

이러한 이데올로기적 특징을 지닌 공화주의는 다문화주의를 추구하는데 있어서 몇 가지 특징을 드러낸다. 첫째, 공화주의적 다문화주의는 개인과 공동체를 연계하려는 노력을 강조하지만, 기본적으로 개인이 아닌 공동체 공동의 일과 공동선을 강조한다는 점에서 개인과 소수보다 공동체와 다수의 이해관계를 우선시한다. 그리고 이 지점에서 공화주의적 다문화주의는 다수의 억압과 전제 가능성을 지닌다. 둘째, 개인보다 공동체를 그리고 소수보다 다수를 중시하는 경향을 지닌 공화주의적 다문화주의는 동화주의적 다문화주의로 귀결되기 쉽다. 개인과 소수의 문화적 가치보다 공동체와 다수의 문화적 가치를 더 우선시할 수 있기 때문이다.

5. 결론

국제사회와 다수의 국가는 급증하는 다문화화로 인해 그 대처방안을 놓고 적지 않은 기간 고민해왔다. 서방 선진국은 멀게는 1970년대, 짧게는 1990년대부터 자국의 다문화 정책 기조를 동화주의에서 다원주의로 이행한지 오랜 시간이 지났지만, 다문화화가 야기하는 불안정과 무질서,

두려움과 위협을 극복하지 못했다. 예컨대 호주나 캐나다처럼 다원주의적 다문화 정책을 오랜 기간 추구해 온 나라도 소수집단의 소외와 불평등이 확산되는 것을 막아내지 못했다. 오히려 21세기 들어, 다문화화가 촉발한 혐오와 무차별 테러는 다문화화에 대한 공포와 반대를 증폭시키고 있다. 다문화화는 다문화 국가의 갈등, 분열, 혐오, 무차별 테러를 야기할 뿐 아니라 급기야 영국의 브렉시트(BREXIT) 같이 지역통합에의 악재로도 작용했다. 이제 다문화화는 그 어느 나라도 쉽게 벗어나거나 해결하기 어려운 도전이자 과제로 떠오른 것이다. 지금까지 이 글은 다문화 정책과 이데올로기가 어떻게 각국의 다문화화와 다문화주의에 영향을 미치는지 살펴보았다. 다양하고 이질적인 다문화 정책과 이데올로기는 다문화화라는 하나의 객관적 현상을 서로 다르게 해석하고 이해하며, 그에 기초한 서로 다른 다문화주의 방안을 제시한다. 이러한 차이를 이해하고 해석하는 학생과 국민의 능력이 불가피하게 필요가 시기가 된 것이다. 다문화 리터러시를 키우고 강화하는 다문화 리터러시 교육은 지금과 같은 글로벌 다문화 시대에 필수적인 교육이다. 높은 수준의 다문화 리터러시 역량을 지닌 시민을 양성하는 다문화교육의 필요성이 날로 더 강화되고 있는 것이다.

참고문헌

- 김동수(1994), 「민주주의와 공동체주의: 자유주의공동체주의 논쟁을 넘어서」, 『한국정치학회보』 28, 한국정치학회.
- 김창근(2009), 「다문화 공존과 다문화주의: 다문화 시민성 모색」, 『윤리연구』 73, 한국윤리학회.
- 만하임, 칼(1979), 임석진 옮김, 『이데올로기와 유토피아』, 자학사.
- 비롤리, 모리치오(2006), 김경희·김동규 옮김, 『공화주의』, 인간사랑.
- 심승환(2009), 「다문화교육의 의미에 대한 교육철학적 고찰」, 『교육철학』 45, 교육철학회.
- 진시원(2020), 「다문화주의와 이데올로기」, 진시원 외, 『다문화주의 다문화교육 이데올로기 민주주의』, 동문사.

세계시민과 지속가능발전

장윤경

1. 세계시민의 이해

세계화의 진전으로 '세계시민'이라는 개념이 현대 사회에서 더욱 중요해지고 있다. 세계시민이란 특정 국가나 민족에 국한되지 않고, 지구 공동체의 일원으로서 전 지구적 문제를 인식하고 해결하려는 책임감을 지닌 개인을 의미한다. 이러한 개념은 단순한 국제적 감각을 넘어, 인류가 직면한 다양한 문제에 대한 공동의 책임 의식과 적극적인 참여를 포함한다. 세계시민은 다양한 문화와 가치를 존중하며, 협력과 연대를 중시한다. 이들은 기후변화, 빈곤, 인권, 교육 등과 같은 글로벌 이슈에 대한 깊은 이해를 추구한다. 이러한 태도는 현대 사회에서 필수적인 덕목으로 자리 잡고 있으며, 특히 교육 분야에서 강조되고 있다(UNESCO, 2020).

세계시민의 가장 기본적인 특성은 상호연결성에 대한 깊은 이해이다. 오늘날의 사회적, 경제적, 환경적 문제들이 서로 깊이 연결되어 있음을 인식하는 것이다. 한 지역의 환경 오염이 전 지구적 기후변화로 이어지고, 이는 다시 식량 안보와 빈곤 문제로 확대되는 연쇄적 관계를 이해하는 것이 이에 해당한다. 또한 세계시민은 문화적 다양성을 존중하고 포용하는 태도를 가진다. 서로 다른 문화와 가치관을 인정하고, 차이를 통해 더 나은 해결책을 모색할 수 있다는 열린 사고를 지닌다. 이는 글로벌 시대에 필수적인 역량이다.

세계시민에게는 비판적 사고와 능동적 참여 의식이 요구된다. 전지구적 문제들의 근본 원인을 파악하고, 이를 해결하기 위한 실천 방안을 모색하며, 필요한 변화를 이끌어내는 데 적극적으로 참여하는 태도가 필요하다. 나아가 세계시민은 글로벌 연대 의식을 바탕으로 한 책임감을 가진다. 지구촌의 지속가능한 발전을 위해 개인적, 집단적 차원에서 책임 있는 행동을 실천하며, 국제 사회의 협력에 동참하는 자세를 갖추어야 한다.

이러한 세계시민의식은 21세기를 살아가는 모든 이에게 요구되는 필수적인 소양이다. 글로벌 도전과제들을 해결하고 지속가능한 미래를 만들어가기 위해서는 세계시민으로서의 인식과 실천이 그 어느 때보다 중요하다.

세계시민으로서의 책임은 단순히 지식의 습득에 그치지 않는다. 이는 실제 행동으로 이어져야 하며, 지역 사회와 국제 사회의 문제를 해결하기 위한 적극적인 참여를 포함한다. 예를 들어, 지역 사회의 환경 보호 활동에 참여하거나, 국제 구호 활동에 동참하는 것이 이에 해당한다.

세계시민의 개념은 지속가능발전목표(SDGs)와도 밀접하게 연관되어 있다. SDGs는 빈곤 퇴치, 기아 종식, 양질의 교육, 기후변화 대응 등 다양한 글로벌 이슈를 다루고 있으며, 단순히 글로벌 이슈에 대한 인식에 그치지 않는다. 이는 지역 사회에서의 참여와도 깊이 연관되어 있다. 지역 사회의 문제를 인식하고, 이를 해결하기 위한 노력을 통해 글로벌 이슈와의 연관성을 이해할 수 있다.

세계시민의 개념은 또한 평화와 인권의 증진과도 관련이 있다. 세계시민은 갈등을 평화적으로 해결하고, 모든 인간의 권리를 존중하는 태도를 지닌다. 이를 통해 전 지구적 차원의 평화 구축에 기여할 수 있다.

이러한 세계시민으로서의 정체성은 지속적인 학습과 성찰을 통해 형성된다. 이는 다양한 경험과 지식을 통해 발전하며, 평생에 걸쳐 지속되는 과정이므로 세계시민교육은 모든 연령대에서 중요하게 다루어져야 한다(UNESCO, 2022; UNESCO 2020).

세계시민의 개념은 현대 사회에서 더욱 중요해지고 있으며, 이는 교육, 사회 참여, 글로벌 이슈에 대한 이해 등을 통해 실현될 수 있다. 이를 통해 우리는 더욱 평화롭고 지속 가능한 세계를 만들어 나갈 수 있다.

2. 지속가능발전목표의 이해

1) 지속가능발전목표(SDGs)의 등장 배경

지속가능발전목표(SDGs)는 2015년 9월 뉴욕 유엔본부에서 열린 제70차 유엔 총회에서 193개 회원국의 만장일치로 채택된 2030년까지의 전 세계적 발전 목표이다. 이는 2000년부터 2015년까지 시행된 밀레니엄 발전목표(MDGs)의 후속 의제로, 더욱 포괄적이고 통합적인 지속가능발전을 위한 국제사회의 약속이다. SDGs의 핵심 원칙인 '단 한 사람도 소외되지 않는다(Leave No One Behind)'는 선언은 빈곤층, 여성, 아동, 장애인, 난민 등 취약계층을 포함한 모든 인류가 발전의 과정과 혜택에서 배제되지 않아야 한다는 강력한 의지를 담고 있다. 이는 기존의 발전 패러다임이 가져온 불평등과 차별의 문제를 해결하고, 보다 공정하고 지속가능한 세상을 만들고자 하는 국제사회의 새로운 도전이다. 이러한 목표 설정의 배경에는 기후변화, 생물다양성 감소, 빈부격차 심화, 성불평등 등 전 지구적 위기에 대한 인류의 공동 대응이 시급하다는 인식이

자리잡고 있다. 특히 SDGs는 환경, 경제, 사회 영역을 아우르는 통합적 접근을 통해 인류가 직면한 보편적 문제들을 해결하고자 하는 야심찬 계획이다.

- 1962년: 레이첼 카슨(Rachel Carson)의 『침묵의 봄(Silent Spring)』 출간으로 환경 보호의 필요성이 부각됨
- 1972년: 로마클럽의 『성장의 한계(The Limits to Growth)』 보고서가 발표되며 자원의 한계와 지속가능한 성장의 개념이 주목받음
- 1972년: 유엔 인간환경회의(스톡홀름 회의)에서 『하나뿐인 지구(Only One Earth)』 보고서가 발표되었으며, 지속가능한 개발의 개념이 국제적 논의의 중심이 됨
- 1987년: 브룬트란트 보고서 『우리 공동의 미래(Our Common Future)』에서 '지속가능한 발전' 개념이 공식적으로 제시
- 1992년: 리우 환경개발회의(리우 정상회의)에서 『의제 21(Agenda 21)』을 채택하며 지속가능발전의 구체적 실행 전략 수립
- 2000년: 새천년개발목표(MDGs)가 유엔에서 채택되며, 빈곤 감소와 인간 개발에 초점을 맞춘 8개 목표 설정
- 2015년: MDGs의 성과와 한계를 보완하여 17개의 목표를 포함한 지속가능발전목표(SDGs) 채택

2) 지속가능발전목표(SDGs)의 구성

SDGs의 기본 구조는 지속가능한 발전을 위한 세 가지 핵심 축인 사회발전(People), 경제성장(Prosperity), 환경보존(Planet)을 중심으로 평화(Peace)와 파트너십(Partnership) 이렇게 '5P'의 개념으로 구성되어 있다. 이 개념들은 서로 유기적으로 연결되어 있으며, 어느 한 영역도 소홀히

할 수 없는 상호보완적 관계를 이루고 있다. 이러한 기본 틀 아래 17개의 주요 목표와 이를 구체화한 169개의 세부목표가 체계적으로 수립되어 있다.

1. 빈곤 퇴치: 모든 형태의 빈곤을 종식하고 경제적 불평등 감소
2. 기아 종식: 영양 상태를 개선하고 지속 가능한 농업 증진
3. 건강과 웰빙: 보편적인 건강 보장을 강화하고 질병 예방을 확대
4. 양질의 교육: 모두를 위한 포괄적이고 공정한 교육을 제공
5. 성평등: 성별에 관계없이 동등한 권리와 기회를 보장
6. 깨끗한 물과 위생: 안전한 식수와 위생 시스템을 보장
7. 지속 가능한 에너지: 재생 가능 에너지를 확대하고 에너지 접근성을 향상
8. 경제 성장과 양질의 일자리: 지속 가능한 경제 성장을 도모하고 고용 기회를 확대
9. 산업, 혁신, 인프라: 지속 가능한 산업화와 혁신을 촉진
10. 불평등 감소: 국가 내 및 국가 간 불평등을 감소
11. 지속 가능한 도시: 도시를 보다 포용적이고 지속 가능한 환경으로 변화
12. 책임 있는 소비와 생산: 자원의 효율적 사용과 친환경 소비를 촉진
13. 기후 변화 대응: 기후 변화 완화를 위한 긴급 조치를 실행
14. 해양 생태계 보호: 지속 가능한 해양 자원 보호 및 관리 강화
15. 육상 생태계 보호: 삼림 보호 및 생물다양성을 보존
16. 평화, 정의, 강한 제도: 평화로운 사회를 구축하고 법치주의를 강화
17. 파트너십 강화: 글로벌 협력을 통해 지속 가능한 발전을 달성

이러한 목표들은 단순히 나열된 것이 아니라, 인류가 직면한 주요 과제들을 체계적이고 포괄적으로 해결하기 위한 로드맵으로서의 성격을 갖는다. 예를 들어, 빈곤퇴치라는 목표는 단순히 소득 증대만을 의미하는 것이 아니라, 교육기회의 보장, 건강한 삶의 보장, 깨끗한 환경에서 살 권리 등과 밀접하게 연결되어 있다. 또한 기후변화 대응이라는 목표는 환경보존뿐만 아니라 지속가능한 생산과 소비, 책임있는 경제성장, 도시의 지속가능성 등과 불가분의 관계에 있다. 또한, 건강과 웰빙(목표 3)을 증진하면 생산성이 향상되어 빈곤 감소(목표 1)에 기여할 수 있으며, 의료 접근성이 향상되면 교육 기회 확대(목표 4)에도 긍정적인 영향을 미칠 수 있다. 따라서 SDGs는 단순한 정책적 목표가 아니라, 세계시민들이 함께 실천해야 할 공동의 과제이다.

3) 지속가능발전목표(SDGs)의 특징

SDGs의 주요 특징은 보편성, 통합성, 참여성, 측정가능성이라는 네

가지 핵심 원칙을 기반으로 하고 있다. 첫째, SDGs는 보편성의 원칙은 기존의 개발도상국 중심의 발전 목표와는 달리, 선진국과 개발도상국 모두에 적용되는 보편적 의제라는 특징을 갖는다. 모든 국가는 자국의 발전 수준과 상황에 맞게 SDGs를 이행해야 하며, 이는 지구촌 공동의 책임이자 의무이다. 선진국의 경우 자국 내 불평등 해소와 지속가능한 생산·소비 패턴으로의 전환이 주요 과제가 되며, 개발도상국의 경우 빈곤 퇴치와 기본적 사회서비스 확충에 더 큰 노력을 기울여야 한다는 것이다.

둘째, SDGs는 통합성을 핵심 특징으로 한다. 17개 목표들은 개별적으로 존재하는 것이 아니라, 하나의 유기적 시스템으로서 상호 연결되어 있다. 예를 들어, 양질의 교육 기회 확대는 개인의 역량 강화를 통해 빈곤 감소에 기여하고, 이는 다시 성평등 달성을 촉진한다. 또한 교육을 통한 환경의식 향상은 지속가능한 소비와 생산 패턴을 만들어내며, 이는 결과적으로 기후변화 대응과 생태계 보존에 긍정적 영향을 미친다. 이러한 통합적 접근은 발전 과정에서 발생할 수 있는 상충관계를 최소화하고 시너지 효과를 극대화하는데 기여한다.

셋째, SDGs는 참여성을 강조한다. 지속가능발전목표의 성공적 이행을 위해서는 정부의 노력만으로는 불충분하며, 시민사회, 기업, 학계, 지역사회 등 다양한 이해관계자들의 적극적인 참여와 협력이 필수적이다. 특히 기업의 ESG 경영 강화, 시민사회의 감시와 협력, 학계의 연구와 혁신, 지역사회의 실천적 참여는 SDGs 이행의 핵심 동력이 된다. 이러한 다양한 주체들의 참여는 지속가능발전이 전 사회적 변화와 혁신을 필요로 하는 과제임을 보여준다.

넷째, SDGs는 측정가능성을 중요한 특징으로 한다. 각각의 목표들은 구체적인 달성 지표를 포함하고 있으며, 이를 통해 이행 정도를 객관적으로 측정하고 평가할 수 있다. 예를 들어, 빈곤퇴치 목표의 경우 극빈층 비율, 사회보장제도 적용 범위, 기초서비스에 대한 접근성 등 구체적인 지표들이 설정되어 있다. 또한 각국은 자발적 국가검토(VNR)를 통해 SDGs 이행 현황을 정기적으로 점검하고 보고하며, 이를 통해 목표 달성을 위한 진전 상황을 확인하고 필요한 정책적 조치를 취할 수 있다. 이러한 측정가능성은 SDGs가 단순한 선언적 목표가 아닌 실질적인 이행을 담보하는 실천적 의제임을 보여준다.

지속가능발전목표는 단순한 선언적 의미를 넘어서는 구체적이고 실천적인 행동 계획이다. 이는 각국 정부와 국제기구가 합의한 구속력 있는 약속이자, 이행을 위한 세부적인 로드맵을 포함하고 있다. SDGs의 각 목표들은 구체적인 달성 시한과 측정 가능한 지표들을 제시함으로써, 선언적 수준에 그치지 않고 실질적인 변화를 이끌어내기 위한 실행력을 갖추고 있다. 이러한 SDGs의 실천적 특성은 '세대 간 형평성'이라는 핵심 가치를 실현하기 위한 것이다. 현재 세대의 필요와 욕구를 충족시키는 것도 중요하지만, 이 과정에서 미래 세대의 발전 가능성이 훼손되어서는 안 된다는 것이다. 예를 들어, 경제성장을 추구하되 환경을 파괴하지 않는 방식으로, 자원을 활용하되 고갈시키지 않는 방식으로, 발전을 이루되 불평등을 심화시키지 않는 방식으로 이루어져야 한다.

이를 위해서는 전 지구적 차원의 협력과 연대가 필수적이다. 기후변화, 생물다양성 감소, 해양 오염과 같은 환경 문제나 빈곤, 불평등, 난민 문제와 같은 사회적 이슈들은 한 국가나 지역의 노력만으로는 해결할 수 없기 때문이다. 선진국과 개발도상국, 정부와 시민사회, 기업과 개인 등 모든 행위자들이 공동의 책임감을 가지고 협력해야 하며, 이러한 글로벌 파트너십이 SDGs 달성을 위한 핵심 동력이 된다. 더불어 이는 인류의 지속가능한 미래를 위한 구체적인 이정표로서의 의미를 갖는다. SDGs는 2030년이라는 명확한 시간적 목표 하에, 인류가 나아가야 할 방향을 제시하고 있으며, 이를 달성하기 위한 단계적이고 체계적인 접근 방법을 제공하고 있다. 이러한 명확한 방향성과 구체적인 이행 방안은 지속가능한 발전이라는 인류 공동의 목표를 향해 나아가는 데 있어 중요한 나침반 역할을 하고 있다.

3. 대학에서 세계시민성과 지속가능발전교육의 필요성

대학 교육에서 세계시민교육과 지속가능발전목표(SDGs) 교육의 중요성이 점점 강조되고 있다. 글로벌화와 기후변화, 사회적 불평등 등의 문제는 개별 국가 차원에서 해결하기 어려운 복합적인 도전과제로, 대학은 이러한 문제를 해결할 수 있는 역량을 가진 인재를 양성하는 역할을 수행해야 한다(Monzó-Martínez et. al., 2024).

세계시민교육은 학생들이 전 세계적으로 발생하는 문제를 인식하고, 비판적 사고를 바탕으로 해결 방법을 모색할 수 있도록 돕는다. Sant et al.(2018)은 세계시민교육이 단순한 지식 전달을 넘어, 글로벌 이슈에 대한 비판적 사고를 함양하고, 협력적 문제 해결 능력을 배양하는 과정이라고 설명한다. 또한, 대학에서의 SDGs 교육은 학생들이 지속 가능한 발전을 위한 실제적 접근법을 익히도록 도와주며, 사회적 책임을 강조하는 교육 과정의 핵심이 된다(Bosio, 2022).

대학에서 SDGs 교육을 강화해야 하는 이유는 다음과 같다. 첫째, SDGs 교육은 다양한 학문 분야에서 적용될 수 있으며, 다학제적 접근을 통해 문제 해결 역량을 기를 수 있다. 예를 들어, 경제학과 학생들은 지속 가능한 경제 성장과 불평등 감소(목표 8, 10)에 대해 배우고, 공학과 학생들은 친환경 기술 개발(목표 7, 9)에 기여할 수 있다. 둘째, 기업과 산업계에서도 ESG(Environmental, Social, Governance) 경영을 강조하면서 지속 가능성 관련 역량을 갖춘 인재를 선호하고 있다. Monzó-Martínez et. al.(2024)은 대학이 SDGs를 교육 과정에 포함하면 학생들이 지속 가능한 사회를 구축하는 데 필요한 실천적 역량을 기를 수 있다고 설명한다.

셋째, 세계시민교육과 SDGs 교육은 대학의 사회적 책임과도 직결된다. 대학은 단순히 교육과 연구를 수행하는 기관이 아니라, 지역사회와 국제사회에 긍정적인 영향을 미쳐야 하는 역할을 가지고 있다. Sant et al.(2018)은 대학이 지역사회 및 글로벌 네트워크와 협력하여 지속 가능한 발전을 위한 프로젝트를 추진할 때, 학생들이 직접 참여하면서 실천적 학습을 할 수 있다고 강조한다.

한편, 대학 내 세계시민교육과 SDGs 교육을 효과적으로 통합하기 위해 몇 가지 방안이 제안된다. 첫째, 세계시민교육과 지속가능발전 교육을 필수 교양 과목으로 지정하고, 다양한 학문 분야와 연계된 교육과정을 설계하는 것이 필요하다. 둘째, 학생들이 실제적인 문제 해결 경험을 쌓을 수 있도록, 서비스 러닝(service learning)과 프로젝트 기반 학습을 확대해야 한다. 셋째, 글로벌 파트너십을 강화하여 해외 대학 및 국제기구와 협력하는 프로그램을 개발하는 것이 중요하다. 이를 통해 학생들은 실제 글로벌 이슈에 대한 해결 방안을 모색하는 경험을 쌓을 수 있다 (Bosio, 2022).

결론적으로, 대학에서의 세계시민교육과 지속가능발전 교육은 학생들이 글로벌 문제를 해결할 수 있는 역량을 키우고, 지속 가능한 사회를 구축하는 데 기여하도록 돕는 핵심적인 역할을 한다. 대학은 단순한 이론 교육을 넘어, 학생들이 직접 지속 가능성과 사회적 책임을 실천할 수 있도록 하는 환경을 조성해야 하며, 앞으로 대학들은 세계시민교육과 SDGs 교육을 더욱 강화하여, 학생들이 글로벌 사회에서 적극적으로 기여할 수 있도록 해야 할 것이다.

4. 2024년 SDGs 이행 수준과 한계

2024년 현재 국제사회의 SDGs 이행 수준은 매우 우려스러운 상황에 직면해 있다. 유엔이 실시한 중간 평가의 결과는 2030년 목표 달성이 매우 어려울 것임을 명확하게 보여주고 있다. 구체적인 평가 결과를 살펴보면 그 심각성이 더욱 분명해진다. 169개 세부 목표 중 단 15% 정도만이 2030년까지 달성 가능할 것으로 예측되고 있다. 더욱 우려되는 점은 전체 목표의 거의 절반에 해당하는 48%가 목표 달성 경로에서 이탈했다는 것이다. 나머지 37%의 목표는 진전이 없거나 오히려 후퇴하는 상황을 보이고 있다.

이러한 수치는 단순한 통계를 넘어 깊은 의미를 지닌다. 첫째, 이는 현재의 이행 속도와 방식으로는 2030년 목표 달성이 사실상 불가능함을 의미한다. 둘째, 목표 달성을 위해서는 기존의 접근방식에 대한 근본적인 재검토와 혁신적인 전환이 필요하다는 것을 보여준다. 셋째, 국제사회의 더욱 강력한 협력과 실천적 의지가 시급히 요구된다는 점을 시사한다.

국제적 이행 수준의 구체적인 현황은 주요 목표별로 심각한 도전과제를 보여주고 있다. 빈곤 퇴치 목표의 경우, 현재의 추세가 지속된다면 2030년까지 오직 3분의 1의 국가만이 국가 빈곤 수준을 절반으로 감소시킬 수 있을 것으로 예측된다. 이는 SDGs의 첫 번째이자 가장 기본적인 목표인 빈곤 퇴치가 상당수의 국가에서 달성되지 못할 것임을 의미한다. 특히 코로나19 팬데믹으로 인한 경제적 충격은 많은 국가의 빈곤 감소 노력을 후퇴시켰으며, 이러한 영향은 당분간 지속될 것으로 보인다.

교육 분야의 상황은 더욱 우려스럽다. 교육에 대한 투자 감소와 팬데믹으로 인한 학습손실이 겹치면서, 약 3억 명에 달하는 학령기 아동과 청소년들이 기초학습 능력 부족이라는 심각한 문제에 직면할 것으로 예상된다. 이들은 기본적인 수리능력과 문해력조차 제대로 갖추지 못한 채 성장하게 될 위험에 처해있다. 이는 단순한 교육의 문제를 넘어 미래세대의 기회 박탈과 불평등 심화로 이어질 수 있는 중대한 도전과제이다. 이러한 상황은 빈곤과 교육이라는 기본적 인권과 관련된 목표들조차 달성이 어려운 현실을 보여주며, 보다 적극적이고 혁신적인 국제사회의 대응이 시급함을 시사한다.

한국의 SDGs 이행 현황은 글로벌 위기의 영향과 국내의 구조적 문제가 복합적으로 작용하며 다양한 도전과제에 직면해 있다. 글로벌 위기의 영향을 살펴보면, 코로나19 팬데믹은 한국 사회의 취약계층에 더 큰 타격을 주며 불평등을 심화시켰다. 우크라이나 전쟁 등 국제적 갈등은 에너지 안보와 식량 안보에 영향을 미치고 있으며, 기후 위기는 폭염, 홍수 등 극단적 기후현상의 증가로 이어지고 있다. 2022년의 경우 폭염으로 인한 피해가 전체 자연재난의 절반을 차지할 정도로 심각한 수준이었다. 국내적으로는 다양한 형태의 사회적 격차가 지속되고 있다. 성별 격차의 경우, 고위직 여성 비율이 여전히 낮고 성폭력 및 가정폭력에서 여성 피해자 비율이 압도적으로 높다. 연령별 격차는 특히 노동시장에서 두드러지며, 고용보험 가입률에서도 큰 차이를 보인다. 지역별 격차는 공공 서비스 접근성, 교육 기회, 의료 서비스 등 다양한 영역에서 나타나고 있다. 이러한 복합적인 도전과제들은 한국의 SDGs 이행에 있어 보다 체계적이고 통합적인 접근이 필요함을 보여준다.

한국의 SDGs 이행 현황을 구체적인 목표별로 살펴보면, 빈곤 퇴치 영역에서 주목할 만한 도전과제들이 드러나고 있다. 빈곤율 측면에서는 전반적인 감소 추세가 2022년에 들어 주춤한 모습을 보이고 있다. 특히 상대적 빈곤율이 전년 대비 소폭 상승한 것은 소득 불평등 심화의 신호로 해석될 수 있다. 이는 코로나19 이후의 경제 회복 과정에서 취약계층이 상대적으로 더딘 회복을 보이고 있음을 시사한다. 사회보장 체계의 사각지대 문제도 심각하다. 고용보험 가입률에서 나타나는 정규직과 비정규직 간의 현저한 차이는 한국의 이중노동시장 구조를 여실히 보여준다. 정규직의 고용보험 가입률이 91.9%로 높은 수준을 보이는 반면, 비정규직은 54.2%에 그쳐 거의 절반에 가까운 비정규직 노동자들이 고용보험의 보호를 받지 못하고 있다. 이러한 격차는 고용 불안정성이 높은 비정규직 노동자들의 사회안전망 취약성을 더욱 심화시키는 요인이 되고 있다. 이러한 상황은 포용적 성장과 사회보장 체계 강화라는 SDGs의 핵심 목표 달성을 위해 보다 적극적인 정책적 개입이 필요함을 시사한다.

성평등 목표 달성과 관련하여 한국 사회는 여러 심각한 과제에 직면해 있다. 폭력 문제에서 나타나는 성별 격차는 매우 심각한 수준이다. 2022년 통계를 보면 성폭력 피해자의 81.0%, 가정폭력 피해자의 87.4%가 여성으로 나타났다. 이는 여성에 대한 폭력이 우리 사회에서 구조적이고 만연한 문제임을 보여준다. 특히 가정폭력의 경우 피해자의 압도적 다수가 여성이라는 점은 가정 내 권력 관계와 젠더 불평등의 현실을 반영한다. 의사결정 직위에서의 여성 대표성도 여전히 미흡한 수준이다. 교육 분야에서 여성 교육감과 교장의 비율이 낮다는 점은, 여성의 교육 참여율과 성취도가 높음에도 불구하고 지도자급 위치로의 진출이 제한되고 있음을 보여준다. 공직 부문에서도 관리자급 여성 공무원 비율이 낮은 것은 여성의 경력 발전을 가로막는 '유리천장'이 여전히 존재함을 의미한다. 이러한 현실은 법적·제도적 차원의 성평등을 넘어, 사회 구조와 문화의 실질적 변화가 필요함을 시사한다.

환경 분야에서 한국의 SDGs 이행 현황은 여러 도전과제들을 보여주고 있다. 에너지 전환 측면에서 한국은 뚜렷한 한계를 보이고 있다. 신재생에너지 공급이 증가 추세에 있다는 점은 긍정적이나, 최종에너지 소비에서 재생에너지가 차지하는 비율은 OECD 국가들 중 최하위권에 머물러 있다. 이는 한국의 산업구조 특성과 재생에너지 확대를 위한 인프라 부족, 그리고 정책적 지원의 미흡함을 반영한다. 온실가스 배출 문제도 심각하다. 2021년에는 코로나19로 인한 경제활동 위축에서 회복되면서 산업계의 생산활동이 정상화되었고, 이에 따라 온실가스 배출량이 다시 증가세로 돌아섰다. 이는 경제성장과 온실가스 배출의 탈동조화(decoupling)가 아직 실현되지 못하고 있음을 보여준다.

기후위기의 영향이 한국 사회에서 더욱 구체적이고 심각한 형태로 나타나고 있다. 2022년 통계는 이러한 현실을 명확히 보여준다. 전체 자연재난 피해의 절반이 폭염으로 인한 것이었다는 사실은 기후위기가 더 이상 추상적인 위험이나 먼 미래의 문제가 아님을 입증한다. 이는 기후변화가 이미 우리의 일상을 위협하는 현재진행형의 위기임을 의미한다.

이러한 기후위기는 사회적 약자에게 더 가혹한 영향을 미친다. 노인, 저소득층, 야외노동자 등 취약계층은 폭염에 더 많이 노출되면서도 이에 대응할 수 있는 자원과 수단이 부족하다. 냉방시설 접근성의 차이, 주거 환경의 격차, 의료서비스 이용의 불평등 등은 기후위기가 가진 차별적 영향을 더욱 심화시킨다. 이처럼 기후위기는 단순한 환경 문제를 넘어 환경정의의 문제로 확장되고 있다. 기후위기의 영향이 사회경제적 지위에 따라 불균등하게 나타나는 현상은, 기후변화 대응 정책에 있어 형평성과 정의의 관점이 반드시 고려되어야 함을 시사한다. 생물다양성 보존 측면에서도 한계가 있다. 육상 생물 다양성 보호 지역 증가 추세가 정체되어 있으며, 국가 적색목록지수는 악화 추세가 지속되고 있다. 이는 한국을 포함한 대부분의 OECD 국가들이 2000년부터 2023년까지 보인 공통적인 현상이다.

국제협력, 특히 개발도상국 지원 측면에서 한국은 점진적인 발전을 보이고 있다. 2022년 한국의 GNI 대비 ODA 비율은 0.17%로 전년과 비교해 상승세를 보였다. 이는 한국이 국제사회의 책임 있는 일원으로서 개발도상국 지원에 대한 의지를 강화하고 있음을 보여준다. 그러나 이는 여전히 OECD 개발원조위원회(DAC) 회원국들의 평균 수준에는 미치지 못하는 수준이며, UN이 권고하는 목표치인 0.7%에는 상당히 못 미치는 수준이다.

주목할 만한 성과는 최저개발국에 대한 지원 비중이다. 한국의 양자간 ODA 중 최저개발국 지원 비중이 35.8%를 차지하여 DAC 평균인 22.9%를 크게 상회하고 있다. 이는 한국의 개발협력이 단순한 양적 확대를 넘어 지원이 가장 필요한 국가들을 우선시하는 질적 개선을 이루고 있음을 보여준다. 이러한 성과는 한국이 과거 원조 수원국에서 공여국으로 전환된 경험을 바탕으로, 개발도상국의 필요와 상황에 대한 깊은 이해를 반영한 결과로 볼 수 있다.

이러한 현황은 SDGs 달성을 위해 해결해야 할 과제들이 산적해 있음을 보여준다. 특히 불평등 해소, 기후변화 대응, 생물다양성 보존 등의 분야에서 더욱 적극적인 정책적 노력이 요구된다. 또한 코로나19 팬데믹 이후의 사회 변화에 대응하여 교육, 보건, 사회복지 등 주요 분야에서 회복과 발전을 위한 지속적인 노력이 필요한 상황이다. (첨부 참조)

5. 세계시민으로 지속가능발전 실천을 위한 도전과제

세계시민으로서 지속가능발전을 실천하는 과정에서 우리가 직면한 도전과제들은 매우 복합적이고 다층적인 성격을 지니고 있다. 개인적 차원에서는 지속가능발전에 대한 인식과 실천 의지를 강화하는 것이 중요한 과제이다. 많은 사람들이 지속가능발전의 중요성은 인식하고 있으나, 이를 일상적 실천으로 연결시키는 데는 여전히 어려움을 겪고 있다. 특히 개인의 편의나 이익과 지속가능성이 상충할 때 발생하는 갈등을 어떻게 조화롭게 해결할 것인가가 핵심적인 과제가 된다. 사회적 차원에서는 불평등과 차별의 해소가 주요 과제이다. 성별, 연령, 지역, 고용형태 등에 따른 다양한 격차가 여전히 존재하며, 이는 지속가능한 발전을 저해하는 요인이 되고 있다. 또한 기후위기와 같은 환경 문제가 사회적 취약계층에게 더 큰 피해를 주는 현상은 환경정의의 관점에서도 해결해야 할 과제이다. 제도적 차원에서는 지속가능발전을 위한 효과적인 거버넌스 체계 구축이 필요하다. 정부, 기업, 시민사회 등 다양한 이해관계자들의 협력을 이끌어내고, 장기적 관점에서 일관된 정책을 추진할 수 있는 제도적 기반이 요구된다. 특히 경제성장과 환경보호, 사회정의를 조화롭게 추구할 수 있는 제도적 혁신이 중요하다.

이러한 다층적 도전과제들을 해결하기 위해서는 체계적이고 통합적인 접근이 필수적이다. 개인의 인식 변화와 실천, 사회 구조의 개선, 제도적 혁신이 상호 연계되어 추진되어야 하며, 이를 위한 전 사회적 합의와 협력이 요구된다.

인식과 실천의 연계성 강화는 지속가능발전 실현을 위한 가장 기본적이면서도 도전적인 과제이다. 현재 지속가능발전의 중요성에 대한 사회적 인식은 크게 높아졌다. 정부, 기업, 시민사회 모두가 지속가능발전을 중요한 가치로 인정하고 있으며, 특히 기업 부문에서는 ESG 경영 도입과 지속가능성 보고서 발간이 급증하는 등 형식적 측면에서의 진전이 뚜렷하다. 그러나 이러한 인식의 제고가 실질적인 행동 변화로 이어지지 않는 현상이 빈번히 발생하고 있다. 기업의 경우 ESG 경영을 선언하고 지속가능성 보고서를 발간하면서도, 실제 기업 운영에서는 여전히 단기적 이익을 우선시하는 경향이 있다. 개인의 경우에도 환경보호의 중요성을 인식하면서도 일상적인 소비나 생활방식의 변화로 이어지지 않는 경우가 많다. 이러한 괴리가 발생하는 주요 원인은 지속가능한 실천이 단기적으로는 비용이나 불편을 수반하는 경우가 많고 개인이나 조직의 행동 변화를 지원할 수 있는 사회적 인프라가 부족하며 지속가능한 실천의 효과가 즉각적으로 가시화되지 않아 동기부여가 어렵다는 점이다. 따라서 인식과 실천의 연계성을 강화하기 위해서는 제도적 지원과 인센티브 체계의 구축, 실천을 용이하게 하는 인프라의 확충, 그리고 지속적인 교육과 캠페인을 통한 실천 동기의 강화가 필요하다.

불평등 해소를 위한 구조적 접근은 지속가능발전의 핵심적인 도전과제이다. 한국 사회의 불평등은 다양한 형태로 나타나고 있다. 성별 불평등의 경우, 2022년 기준 성폭력 및 가정폭력 피해자의 80% 이상이 여성이며, 의사결정직 진출에서도 여성은 여전히 큰 제약을 겪고 있다. 고용형태에 따른 불평등은 사회보장제도 접근성의 격차로 이어져, 정규직의 고용보험 가입률이 91.9%인 반면 비정규직은 54.2%에 그치고 있다. 지역 간 격차도 심화되고 있다. 공공 하수도 보급률의 경우, 전체 226개 시군구 중 65개 시군구가 80% 미만의 보급률을 보이고 있어 기초 인프라에서조차 상당한 지역 간 격차가 존재한다. 이러한 격차는 교육, 의료, 문화 등 다양한 공공서비스 영역에서도 나타나고 있다. 이러한 불평등 문제들은 단순한 현상적 접근으로는 해결이 불가능하다. 성별 불평등은 오랜 사회문화적 관행과 제도적 차별에 뿌리를 두고 있으며, 고용형태별 격차는 노동시장의 이중구조에서 비롯된다. 지역 간 격차 역시 산업구조의 변화와 인구 분포의 불균형이라는 구조적 요인에 기인한다. 따라서 이러한 불평등을 해소하기 위해서는 법과 제도의 개선, 사회문화적 인식의 변화, 경제구조의 개혁 등을 포괄하는 종합적이고 구조적인 접근이 필요하다.

기후위기 대응과 생태계 보존 문제는 더 이상 미룰 수 없는 시급한 도전과제이다. 한국의 기후위기 대응은 여러 한계점을 보이고 있다. 재생에너지 비율이 OECD 국가 중 최하위권에 머물러 있다는 사실은 에너지 전환이 매우 더디게 진행되고 있음을 보여준다. 이는 한국의 산업구조 특성과 재생에너지 확대를 위한 인프라 부족, 그리고 정책적 지원의 미흡함이 복합적으로 작용한 결과이다. 해양 생태계의 위기도 심각하다. 해양 보호 지역의 확장이 지지부진한 가운데, 해안의 플라스틱 쓰레기는 지속적으로 증가하고 있다. 이는 해양 생태계의 건강성을 심각하게 위협하는 요인이 되고 있다. 특히 해양 플라스틱 문제는 일단 발생하면 회복이 거의 불가능하다는 점에서 더욱 우려되는 상황이다. 생물다양성 위기는 더욱 심화되고 있다. 국가 적색목록지수의 지속적인 악화는 한국의 생태계가 심각한 위기에 처해 있음을 보여준다. 이는 무분별한 개발과 환경파괴, 기후변화의 영향 등이 복합적으로 작용한 결과이며, 한번 손실된 생물다양성은 회복이 매우 어렵다는 점에서 시급한 대응이 필요한 상황이다. 이러한 환경 위기에 대응하기 위해서는 산업구조의 근본적인 전환, 환경 보호를 위한 제도적 장치 강화, 그리고 시민사회의 적극적인 참여가 동시에 이루어져야 한다.

교육격차 해소는 지속가능한 사회 발전을 위한 핵심적인 도전과제이다. 코로나19의 영향은 교육 분야에서 특히 심각한 문제를 야기했다. 기초학력 미달 학생 비율이 전반적으로 증가하는 추세를 보이고 있으며, 이는 비대면 수업 전환 과정에서 발생한 학습 결손이 제대로 회복되지 않고 있음을 시사한다. 더욱 우려되는 점은 이러한 학습 손실이 취약계층 학생들에게 더 크게 나타난다는 것이다. 평생교육 분야의 상황도 심각하다. 평생교육 참여율이 지속적으로 하락하는 추세를 보이고 있으며, 특히 저소득층, 고령자, 농어촌 지역 주민 등 취약계층의 참여율이 현저히 낮은 수준에 머물러 있다. 이는 급변하는 사회에서 요구되는 새로운 지식과 기술을 습득할 기회가 계층에 따라 불균등하게 분포되어 있음을 의미한다. 이러한 교육격차는 단순한 학습 기회의 불평등을 넘어 사회 통합을 저해하는 심각한 요인이 될 수 있다. 교육격차는 소득격차로 이어지고, 이는 다시 다음 세대의 교육격차를 심화시키는 악순환을 만들어낼 수 있기 때문이다. 따라서 교육격차 해소를 위해서는 기초학력 보장을 위한 맞춤형 지원 강화, 평생교육 접근성 제고를 위한 제도적 지원, 그리고 취약계층을 위한 특별 지원 프로그램 확대 등 종합적인 접근이 필요하다.

지속가능한 소비와 생산 체계의 구축은 현대 사회의 자원 낭비와 환경 부담을 줄이기 위한 핵심 과제이다. 음식물류 폐기물 문제는 여전히 심각한 수준이다. 최근 발생량이 다소 감소하는 추세를 보이고 있으나, 여전히 높은 수준을 유지하고 있다. 이는 생산, 유통, 소비의 전 과정에서 발생하는 식품 손실과 폐기물이 효과적으로 관리되지 못하고 있음을 보여준다. 특히 식품의 생산 단계에서부터 폐기물 발생을 줄이기 위한 체계적인 관리가 필요한 상황이다. 자원 순환과 재활용 체계도 개선이 시급하다. ESG 경영과 지속가능성에 대한 기업들의 관심이 높아지면서 지속가능성 보고서 발간은 증가하고 있으나, 실질적인 자원 순환 체계의 구축은 아직 미흡한 수준이다. 생산 과정에서의 자원 효율성 제고, 재활용이 용이한 제품 설계, 효과적인 재활용 시스템 구축 등이 필요하다. 이를 위해서는 생산자와 소비자 모두의 인식과 행동 변화가 필요하다. 생산자는 제품의 설계 단계에서부터 환경 영향을 고려해야 하며, 소비자는 responsible consumption(책임있는 소비)의 실천이 요구된다. 또한 이를 지원할 수 있는 제도적 기반과 인프라의 구축도 시급한 과제이다.

이러한 도전과제들을 해결하기 위해서는 다음과 같은 실천적 접근이 필요하다.

- 데이터 기반의 정책 결정 체계 구축
- 정부, 기업, 시민사회 간의 협력 강화
- 취약계층에 대한 보호와 지원 확대
- 환경보호와 경제발전의 조화로운 추진

- 시민참여형 거버넌스 체계 확립
- 국제사회와의 협력 강화

우리는 이러한 도전과제들을 해결하기 위해 개인적 차원의 실천뿐만 아니라, 제도적 차원의 변화도 함께 추구해야 한다. 세계시민으로서의 책임감을 바탕으로, 지속가능한 미래를 위한 변화의 주체가 되어야 할 것이다. 이는 우리 세대뿐만 아니라 미래 세대를 위한 우리의 책무이다.

[첨부] 2024년 지속가능발전목표 이행 수준과 현황(UN 보고서)

목표 1: 빈곤 종식 (No Poverty)

> 빈곤 감소가 여전히 글로벌 도전 과제이며, 특히 저소득 국가들의 회복 속도가 느려 더욱 심각한 불평등이 발생하고 있다. 빈곤 문제 해결을 위해서는 정부, 민간 부문, 국제기구가 협력하여 포괄적인 정책을 시행해야 한다

1) 극심한 빈곤 증가와 회복의 불균형

COVID-19 팬데믹과 이후 경제적 충격으로 인해 전 세계 빈곤 퇴치 노력에 큰 차질이 발생했다. 2020년, 전 세계 극심한 빈곤율은 수십 년 만에 처음으로 증가하여, 글로벌 빈곤 퇴치 진행 상황이 3년 이상 후퇴했다. 이후 회복 과정은 불균등하게 진행되었으며, 특히 저소득 국가들이 가장 큰 타격을 받았다. 현재 추세가 지속된다면, 2030년까지 5억 9천만 명이 여전히 극심한 빈곤 상태에 놓일 것으로 예상된다. 또한, 현재의 빈곤 감소 속도로는 2030년까지 국가별 빈곤율을 절반으로 줄일 수 있는 나라는 30% 미만일 것으로 전망된다.

2) 사회보장 프로그램 확대의 한계

전 세계적으로 사회보장 프로그램을 확대하려는 노력이 지속되고 있음에도 불구하고, 여전히 심각한 격차가 존재한다. 2023년 기준, 0~15세 어린이 중 28.2%만이 현금 지원 혜택을 받고 있으며, 이는 2015년 22.1%에서 증가한 수치이다. 그러나 여전히 14억 명의 어린이가 사회보장 혜택을 받지 못하고 있다. 특히 저소득 국가에서는 2015년 4.5%에서 2023년 8.7%로 증가했지만, 보편적 사회보장 시스템을 구축하기에는 아직 먼 상황이다. 중·고소득 국가에서는 각각 23.5%와 27.8%로 증가했으며, 고소득 국가는 76.8%에서 80.5%로 점진적인 확대가 이루어졌다.

3) 기후 변화와 빈곤 간의 연관성

기후 변화는 빈곤 감소를 더욱 어렵게 만드는 주요 요인 중 하나이다. 자연재해와 환경 변화로 인해 수백만 가구가 빈곤 상태로 전락하거나 빈곤에서 벗어나지 못하고 있다. 2015년부터 2022년까지 연평균 1150억 달러 이상의 경제적 손실이 발생했으며, 이는 일부 국가들의 GDP의 0.3%에 해당하는 규모이다. 기후 위기로 인한 경제적 타격이 지속될 경우, 빈곤 감소 노력은 더욱 큰 도전에 직면할 것으로 예상된다.

4) 빈곤 해결을 위한 종합적 접근 필요

빈곤을 종식하기 위해서는 단순한 경제 성장 전략이 아니라, 다양한 정책이 통합된 접근이 필요하다. 이를 위해서는 포괄적인 사회보장 시스템 구축, 포용적 경제 정책, 인간 자본에 대한 투자, 불평등 해소 조치, 기후 회복력 강화, 그리고 국제 협력 및 파트너십이 필수적이다. 특히, 빈곤 퇴치를 위해서는 정책적·재정적 지원을 더욱 확대하여 저소득 국가들이 사회 안전망을 구축할 수 있도록 지원해야 한다.

목표 2: 기아 종식 (Zero Hunger)

기아 문제 해결을 위해서는 지속 가능한 농업 발전과 식량 시스템 개혁이 필수적이며, 식량 가격 상승과 경제 불안이 해결되지 않으면 2030년 목표 달성이 어려울 것으로 전망된다.

1) 지속적인 기아 문제와 식량 불안정

COVID-19 팬데믹 이후 전 세계 기아와 식량 불안정이 지속적으로 높은 수준을 유지하고 있다. 2023년 기준, 약 7억 3,300만 명이 기아에 시달리고 있으며, 23억 3천만 명이 중등도 또는 심각한 식량 불안을 경험하고 있다. 이는 2019년 대비 3억 8,300만 명이 증가한 수치이다. 2023년 세계 인구의 9.1%가 영양 부족을 겪고 있으며, 이는 2019년 7.5%에서 증가한 것이다. 특히 아프리카에서는 5명 중 1명(20%)이 기아 상태에 있는 것으로 나타났다.

2) 아동 영양 불량 문제

5세 미만 아동의 영양 불량은 여전히 심각한 문제이다. 2022년 기준, 전 세계 1억 4,800만 명의 아동(22.3%)이 성장 장애(stunting)를 겪고 있으며, 이는 2015년 24.6%에서 감소했지만 여전히 높은 수준이다. 현재 추세가 지속된다면 2030년까지 5세 미만 아동 5명 중 1명(19.5%)이 성장 장애를 겪을 것으로 예상된다. 또한 3,700만 명(5.6%)의 아동이 과체중, 4,500만 명(6.8%)이 심각한 영양 결핍(wasting)을 겪고 있으며, 이는 2030년 목표치인 3%를 초과하는 수준이다. 특히 중남아시아(36.7%)와 사하라 이남 아프리카(38.3%) 지역이 전체 성장 장애 아동의 75%를 차지하고 있다.

3) 식량 가격 상승과 경제 위기

2022년 전 세계적으로 약 60%의 국가에서 중등도 이상으로 높은 식량 가격을 경험했다. 이는 2015~2019년 평균(15.2%) 대비 4배 증가한 수준이다. 특히, 우크라이나 전쟁 이후 물류망과 식량 공급망이 붕괴되면서 식량 및 에너지 가격이 급등했다. 전쟁으로 인해 비료 가격이 상승하면서 농민들의 작물 재배 결정이 더욱 불확실해졌고, 이는 식량 생산량 감소로 이어졌다.

4) 지속가능한 농업 발전의 필요성

기아 종식을 위해서는 생산성과 지속 가능성을 갖춘 농업 시스템 구축이 필수적이다. 2021년 기준, 전 세계 지속 가능한 농업 수준은 5점 만점에 3.4점으로, 목표 달성까지 아직 거리가 멀다. 특히 유럽과 북미(4.1점)가 가장 높은 점수를 기록한 반면, 최빈개도국(LDCs)은 2.6점으로 가장 낮은 수준을 보였다. 지속 가능한 농업 발전 속도는 지역별로 큰 차이를 보이며, 2030년까지 목표를 달성하려면 각국이 더욱 적극적인 조치를 취해야 한다.

5) 소규모 농업 생산자의 역할과 경제적 어려움

소규모 농업 생산자는 글로벌 식량 시스템에서 중요한 역할을 하지만, 여전히 가장 취약한 계층에 속한다. 95% 이상의 국가에서 소규모 생산자의 연평균 소득이 대규모 농업 운영자의 절반 이하로 나타났다. 또한,

남성이 이끄는 소규모 농업 생산자는 여성보다 높은 소득을 올리는 경향이 있으며, 여성 농업 생산자의 소득은 남성의 70% 미만인 경우가 절반 이상을 차지하고 있다.

6) 해결책: 식량 시스템 전환과 영양 개선

기아 문제 해결을 위해서는 지속 가능하고 회복력이 있으며 형평성을 갖춘 식량 시스템으로 전환하는 것이 필수적이다. 또한, 식단 개선, 영양 공급 확대, 건강 및 위생 수준 향상을 가속화해야 한다. 2030년까지 아동 만성 영양 결핍 비율을 절반으로 줄이기 위해 각국은 정책적 노력을 강화해야 한다.

목표 3: 건강과 웰빙 (Good Health and Well-being)

건강과 웰빙을 달성하기 위해 보편적 건강보장(UHC) 확대, 모성 및 신생아 건강 개선, 감염병 예방 및 비전염성 질환 관리, 기후 변화 대응이 필수적이다. 2030년까지 목표를 달성하려면 보건 시스템의 전반적인 개혁과 국제 협력이 필수적이다

1) COVID-19 팬데믹과 건강 지표의 후퇴

COVID-19 팬데믹은 전 세계 보건 시스템을 약화시키고, 기대수명 증가의 긍정적 흐름을 되돌렸다. 2000년부터 2019년까지 세계 평균 기대수명은 66.8세에서 73.1세로 증가했으나, 2021년에는 71.4세로 감소하여 2012년 수준으로 후퇴했다. 감염성 질병의 사망률은 2000년 32.2%에서 2019년 18.2%로 감소했으나, COVID-19의 영향으로 2021년에는 다시 28.1%로 증가했다. 코로나 팬데믹은 2020년과 2021년 전 세계 주요 사망 원인 중 상위 3위에 포함되며, 공중보건 시스템의 취약성을 드러냈다.

2) 모성 사망률 정체 및 지역 간 격차

2015년부터 2020년까지 전 세계 모성 사망률은 10만 명당 227명에서 223명으로 소폭 감소했으나, 2030년 목표인 70명 이하와는 여전히 큰 차이가 있다. 사하라 이남 아프리카와 남아시아가 전체 모성 사망의 87%를 차지하고 있으며, 저소득국의 평균 모성 사망률은 10만 명당 430명으로, 고소득국(13명)과 비교해 극심한 불평등을 보이고 있다. 출산 시 전문 의료인의 도움을 받는 비율은 2015년 80%에서 2023년 86%로 증가했지만, 여전히 18만 건의 출산이 숙련된 의료진 없이 진행되고 있다.

3) 어린이 사망률 감소 속도 둔화

2022년 5세 미만 아동 사망률은 사상 최저치를 기록했지만, 감소 속도가 둔화되고 있다. 2030년까지 목표를 달성하려면 연간 사망률 감소 속도를 2배로 가속화해야 한다. 현재 추세가 지속된다면 2030년까지 3,500만 명의 어린이가 다섯 번째 생일을 맞지 못할 것으로 예상된다. 출생 전후 및 신생아 돌봄 서비스 개선이 매년 100만 명의 신생아와 15만 명의 산모를 살릴 수 있는 핵심 전략으로 제시되고 있다.

4) 예방 접종률 감소와 보건 불평등

2022년 전 세계적으로 2,100만 명의 어린이가 필수 예방접종을 받지 못했다. DTP3(디프테리아, 파상풍, 백일해) 백신 접종률은 2000년 72%에서 2019년 86%까지 증가했지만, COVID-19 팬데믹 동안 81%로 감소했다가 2022년 84%로 부분 회복되었다. 홍역 백신 접종률과 폐렴구균 접종률은 각각 74%와 60%로 증가했지만, HPV(인유두종 바이러스) 백신 접종률은 전 세계적으로 15%에 불과하여 여성 건강을 위한 추가적인 노력이 필요하다.

5) 비전염성 질환과 공중보건 위협

비전염성 질환(NCDs)은 2000년 전 세계 사망의 59.5%를 차지했으며, 2019년에는 73.9%로 증가했다. 하지만 COVID-19 팬데믹으로 인해 2021년에는 65.3%로 감소했다. 이는 팬데믹 동안 전염병 사망이 급증했기 때문이다. 대기오염은 2019년 연간 10만 명당 104명의 사망을 유발했으며, 저소득 및 중소득 국가에서 전체 사망자의 93%가 발생했다.

6) 보편적 건강보장(UHC) 달성의 필요성

전 세계 인구의 절반 이상이 필수 건강 서비스에 접근하지 못하고 있으며, 고령화된 보건 인력이 증가하는 의료 수요를 충족하는 데 어려움을 겪고 있다. 2017~2022년 사이 의사(46.2%), 간호사(40%), 약사(19.6%) 등 의료 인력의 55세 이상 비율이 급증하여 보건 인력의 지속 가능성이 위협받고 있다. 보편적 건강보장을 달성하기 위해서는 건강 시스템 강화, 예방 및 치료를 위한 투자 확대, 의료 서비스 접근성 향상이 필요하다.

7) 기후 변화와 건강 간의 연관성

기후 변화는 공중보건에 심각한 영향을 미치고 있다. 대기오염으로 인한 사망자의 85%는 비전염성 질환(NCDs)으로 인한 것이며, 급성 하부 호흡기 감염이 나머지 15%를 차지한다. 5세 미만 어린이 사망의 31%가 급성 하부 호흡기 감염으로 발생하고 있어, 공중보건 및 환경 개선이 필수적이다.

목표 4: 양질의 교육 (Quality Education)

교육 기회의 불평등 해소, 교사 양성과 교육 환경 개선, 디지털 격차 해소를 위한 투자 확대가 필수적이다. 교육 격차 해소 없이 2030년 SDGs 목표 달성은 어려울 것으로 전망된다

1) 교육 성과의 정체와 학업 성취도 저하

2015년 이후 목표 4의 진전은 매우 더딘 상태이다. 2019년 기준, 전 세계 학생의 58%만이 최소한의 읽기 능력을 갖추고 있으며, 최근 평가에서는 수학과 읽기 성취도에서 큰 감소가 확인되었다. 이러한 학업 성취도 저하는 COVID-19 팬데믹뿐만 아니라 교육 인프라 부족, 교사 부족 및 교사 훈련 미비 등의 복합적 요인에 기인한다.

2) 교육 접근성의 불평등 확대

기술 발전으로 인해 교육 기회가 확대되었으나, 이는 동시에 교육 격차를 심화시키는 결과를 초래하였다. 저소득 및 소외 계층은 디지털 학습 환경에 접근하는 데 어려움을 겪고 있으며, 이에 따라 학업 성취도에서 불평등이 심화되고 있다. 국가별 2030년 교육 목표를 달성하기 위해서는 매년 140만 명의 유아를 조기 교육에 등록하고, 2030년까지 2초마다 새로운 학생을 학교에 입학시켜야 하며, 초등 교육 수료율을 연간 3배 이상 증가시켜야 한다.

3) 중등 교육 수료율 증가 속도 둔화

2015년부터 2023년까지 초등 교육 수료율은 85%에서 88%로 증가했으며, 하급 중등 교육 수료율은 74%에서 78%, 상급 중등 교육 수료율은

53%에서 59%로 증가했다. 그러나 사하라 이남 아프리카에서는 여전히 3분의 1의 아동이 초등 교육을 제때 마치지 못하고 있다. 상급 중등 교육 수료율 증가 속도는 2010~2015년 연간 1.3%포인트에서 2015~2023년 0.9%포인트로 감소하였으며, 오세아니아 지역에서는 오히려 감소세를 보였다. 반면, 동아시아 및 동남아시아 지역은 2015년 63%에서 2023년 74%로 가장 빠른 성장을 기록했다.

4) 성별에 따른 교육 수료율 격차

전 세계적으로 초등 및 중등 교육에서 여학생의 수료율이 남학생보다 2~3%포인트 높다. 특히 상급 중등 교육에서는 여학생이 남학생보다 높은 성취도를 보이고 있으며, 동아시아 및 동남아시아에서는 14%포인트, 라틴아메리카 및 카리브해 지역에서는 8%포인트, 기타 대부분의 지역에서는 4~5%포인트 차이를 보이고 있다. 그러나 중앙 및 남아시아, 사하라 이남 아프리카에서는 남학생이 여학생보다 2~3%포인트 높은 수료율을 기록하고 있어, 교육 기회의 성 평등을 달성하기 위한 추가적인 노력이 필요하다.

5) 코로나19로 인한 학력 저하 심화

2022년 OECD의 국제 학업 성취도 평가(PISA)에 따르면, 2018~2022년 동안 수학 성적이 평균 15점 하락하여 사상 최대 감소폭을 기록하였으며, 읽기 점수도 10점 하락하여 이전 최대 감소폭의 2배를 기록했다. 읽기 능력은 지난 10년 동안 지속적으로 하락하는 경향을 보였으며, 수학 점수는 2003~2018년까지 상대적으로 안정적이었으나 2022년에 급격히 하락했다. 이는 코로나19 팬데믹이 전 세계 교육에 미친 심각한 영향을 나타낸다.

목표 5: 성평등 (Gender Equality)

여성의 정치·경제적 참여 확대, 차별적 법률 개정, 여성의 재산권 보호 강화, 성폭력 예방 정책 마련이 성평등 달성을 위해 시급한 과제이다. 특히, 장애 여성과 같은 취약 계층에 대한 세분화된 데이터 수집과 정책적 지원이 필요하며, 무급 노동의 불균형을 해소하기 위한 사회적 변화가 요구된다.

1) 2030년 성평등 목표 달성 지연

세계는 2030년까지 성평등을 달성하는 데 있어 여전히 크게 뒤처져 있다. 전통적으로 여성과 소녀들에게 가해지는 유해한 관행이 감소하고 있지만, 인구 증가 속도를 따라가지 못하고 있다. 전 세계적으로 5명 중 1명의 여성이 18세 이전에 결혼하며, 2억 3천만 명 이상의 여성과 소녀들이 여성 성기절제(FGM)를 경험했다. 또한, 많은 여성이 여전히 자신의 성적·생식 건강을 결정할 권리를 완전히 행사하지 못하고 있으며, 장애를 가진 여성들은 성폭력과 가정 폭력의 영향을 더욱 심하게 받고 있다.

2) 여성의 공적 참여 및 관리직 진출 격차

여성의 정치 및 관리직 참여는 여전히 낮은 수준을 유지하고 있다. 현재 추세가 유지된다면, 여성의 관리직 진출이 남성과 동등해지는 데 176년이 더 걸릴 것으로 예상된다. 여성은 여전히 남성보다 2.5배 더 많은 시간을 무급 가사노동 및 돌봄 노동에 할애하고 있으며, 이는 노동 시장 참여를 제한하고 경제적 자립을 어렵게 만든다. 여성의 리더십과

의사 결정 과정에서의 참여를 확대하고, 성평등을 위한 투자와 법적 보호를 강화하는 것이 시급한 과제로 남아 있다.

3) 차별적 법률 개정과 남아있는 한계

2019년부터 2023년까지 120개국에서 56건의 법률 개정이 이루어졌으며, 이는 차별적 법률을 폐지하고 성평등을 강화하는 방향으로 진행되었다. 특히, 고용 및 경제적 혜택에서의 평등(22건), 여성 폭력 근절(18건), 공적 생활 참여 확대(14건) 등을 위한 법적 개혁이 이루어졌다. 하지만 여전히 일부 국가에서는 여성이 특정 직업에 종사하는 것을 금지하는 법률이 남아 있으며, 동일 노동 동일 임금 원칙이 완전히 적용되지 않고 있다. 특히, 여성의 토지 소유권 보호는 심각하게 부족하며, 조사된 77개국 중 단 20%만이 여성의 토지 소유권을 보호하는 강력한 법적 프레임워크를 갖추고 있다.

4) 장애 여성의 폭력 피해율 증가

장애를 가진 여성들은 그렇지 않은 여성들보다 친밀한 파트너로부터의 폭력 피해율이 더 높다. 아시아·태평양 4개국(몽골, 베트남, 부탄, 스리랑카)의 데이터를 보면, 몽골에서는 장애 여성의 41%가 친밀한 파트너로부터 신체적 폭력을 경험한 반면, 장애가 없는 여성은 28%에 그쳤다. 베트남에서는 장애 여성 5명 중 1명이 성폭력을 경험한 반면, 장애가 없는 여성은 15명 중 2명만이 이러한 경험을 했다. 장애 여성들은 정책 및 통계에서 과소대표되고 있으며, 이로 인해 이들에 대한 보호 정책과 예방 조치가 효과적으로 마련되지 못하고 있다.

5) 여성의 정치적 참여 증가 속도 둔화

2024년 1월 기준, 세계 각국의 국회에서 여성 의원 비율은 26.9%로 증가했으나, 이는 2015년 22.3%에서 소폭 상승한 수준에 불과하다. 여성의 정치적 참여가 절반을 넘는 국가는 단 6개국(안도라, 쿠바, 멕시코, 니카라과, 르완다, 아랍에미리트)뿐이다. 반면, 예멘과 오만에서는 여성 국회의원이 단 한 명도 없는 실정이다. 여성의 지역 정부 참여율은 2023년 35.5%에 달했으나, 대부분의 진전이 성별 할당제(젠더쿼터) 덕분인 것으로 분석된다.

6) 여성의 경제적 지위 격차

여성은 전 세계 고용의 40%를 차지하지만, 관리직 비율은 27.5%에 불과하다. 특히, 이 수치는 2016년과 동일하여 지난 몇 년간 여성의 경제적 지위 향상이 정체되었음을 보여준다. 현재의 속도로 진행된다면, 여성의 관리직 비율이 남성과 동등해지는 데 176년이 걸릴 것으로 예상된다. 사하라 이남 아프리카 지역에서는 2000년 이후 여성 관리자의 비율이 11.3%포인트 증가하여 2022년 38%를 기록하였으나, 전 세계 평균 증가율은 단 2.8%포인트에 그쳤다.

7) 무급 가사노동의 불평등

여성은 남성보다 평균적으로 2.5배 더 많은 시간을 무급 가사노동 및 돌봄 노동에 소비하고 있으며, 북아프리카 및 서아시아에서는 그 격차가 5배 이상에 달한다. 반면, 오세아니아, 유럽 및 북미 지역에서는 2배 수준으로 상대적으로 적은 차이를 보인다. 여성의 무급 노동 부담이 높을수록 노동시장 참여율이 낮아지며, 이는 빈곤과 경제적 불평등을 심화시키는 주요 원인이 되고 있다.

목표 6: 깨끗한 물과 위생 (Clean Water and Sanitation)

안전한 식수 및 위생 서비스의 보편적 보급, 수자원 협력 강화, 기후 변화 대응을 위한 통합적 물 관리, 폐수 처리 및 데이터 모니터링 확대가 필수적이다. 2030년 목표를 달성하려면 현재의 정책과 실행 속도를 획기적으로 높여야 한다.

1) 깨끗한 물과 위생 서비스의 개선에도 불구하고 여전히 수십억 명이 혜택을 받지 못함

2015년부터 2022년 사이 안전하게 관리된 식수 서비스(safely managed drinking water)를 이용하는 인구 비율은 69%에서 73%로 증가했고, 위생 서비스 이용 비율은 49%에서 57%로, 기본적인 위생 서비스는 67%에서 75%로 개선되었다. 그러나 2022년에도 22억 명이 안전한 식수에 접근하지 못하고 있으며, 35억 명이 적절한 위생 시설을 이용하지 못하고 있다. 특히, 4억 1,900만 명은 여전히 노상 배변을 하고 있으며, 20억 명이 기본적인 위생 서비스조차 이용하지 못하는 상황이다.

안전한 식수 및 위생 서비스의 보편적 보급을 달성하려면 현재 진행 속도를 6배(식수), 5배(위생 서비스), 3배(기본 위생 서비스) 향상시켜야 한다.

2) 기후 변화와 물 부족의 악화

2022년 기준으로 전 세계 인구의 절반 이상이 연중 최소 몇 개월 동안 심각한 물 부족을 경험하고 있으며, 4분의 1은 극도로 높은 수준의 물 스트레스를 받고 있다. 기후 변화는 이러한 문제를 더욱 심화시키고 있으며, 이는 사회적 불안과 식량, 위생 문제를 야기하는 주요 요인이다. 특히, 농업이 전 세계 담수 사용량의 72%를 차지하고 있으며, 산업(15%)과 서비스 부문(13%)이 그 뒤를 잇고 있다. 물 부족이 심화될수록 농업 생산성 저하와 식량 위기가 발생할 가능성이 높아지며, 이에 대한 국제적 대응이 시급하다.

3) 국경을 초월한 수자원 협력의 필요성

153개국이 국경을 공유하는 강, 호수 및 지하수원(transboundary water sources)을 보유하고 있음에도 불구하고, 2024년 기준으로 이들 중 43개국만이 90% 이상의 공유 수자원에 대한 운영 협약을 체결했다. 20개국 이상은 여전히 이러한 협약이 전무한 상태이다. 특히, 사하라 이남 아프리카에서는 16개국이 90% 이상의 공유 수자원에 대해 운영 협정을 체결했으나, 아시아, 라틴아메리카 및 북아프리카 지역에서는 협력이 부족한 상황이다. 또한, 홍수 경보 시스템을 갖춘 국가는 43%에 불과하며, 가뭄 경보 시스템을 보유한 국가는 37%밖에 되지 않는다. 이러한 격차를 줄이기 위해서는 국가 간 협력을 통한 통합적인 물 관리 전략이 필수적이다.

4) 폐수 처리 수준과 데이터 부족 문제

2022년 기준, 보고된 73개국에서 발생하는 총 폐수의 76%가 일부 처리되었으며, 42개국에서 폐수의 60%가 최소한 2차 처리(secondary treatment)를 거친 것으로 보고되었다. 그러나 산업 폐수의 발생량 및 처리율에 대한 데이터는 극히 제한적이다. 전 세계 140개국의 가정 폐수 데이터에 따르면, 58%만이 안전하게 처리되고 있으며, 이는 2030년까지

부적절한 폐수 배출 비율을 절반으로 줄이려는 목표에 미치지 못하는 수준이다. 특히, 저소득 국가에서는 폐수 처리에 대한 모니터링과 보고가 미흡하여 글로벌 폐수 오염 문제의 실태를 정확히 파악하는 데 어려움이 있다.

5) 물 관리 효율성 증가와 격차

2015년부터 2021년까지 전 세계 물 사용 효율성은 1m³당 17.4달러에서 20.8달러로 19% 증가했다. 특히, 농업 부문의 물 사용 효율성은 36% 향상되었으며, 산업(31%)과 서비스(6.3%) 부문에서도 개선이 이루어졌다. 그러나 여전히 58%의 국가에서 물 사용 효율성이 1m³당 20달러 미만으로 낮은 수준을 보이고 있으며, 중앙아시아 및 남아시아 지역에서는 개선 속도가 느린 상황이다.

목표 7: 적정하고 깨끗한 에너지 (Affordable and Clean Energy)

전 세계 청정 에너지 접근성 확대, 신재생에너지 투자 촉진, 에너지 효율성 개선, 개발도상국 지원 강화를 위한 정책적 노력이 필요하다. 2030년까지 전 세계적으로 에너지 접근성을 보편화하고, 재생 가능 에너지 사용을 확대하려면 더욱 적극적인 대응이 요구된다.

1) 전기 접근성 증가에도 불구하고 여전히 수억 명이 전기를 이용하지 못함

2015년 이후 세계적으로 전기 접근성이 개선되었으며, 전기를 이용하지 못하는 인구가 2015년 9억 5,800만 명에서 2022년 6억 8,500만 명으로 감소했다. 하지만 2022년에는 전기 이용 불가능 인구가 전년보다

1,000만 명 증가했으며, 이는 10년 만에 처음으로 전기 접근성이 악화된 사례이다. 이러한 후퇴는 COVID-19 팬데믹과 우크라이나 전쟁으로 인해 에너지 가격과 시장이 불안정해진 결과이다. 특히, 사하라 이남 아프리카 지역은 전 세계 전기 접근성 부족 인구의 83%(5억 7,000만 명)를 차지하고 있으며, 2010년 대비 해당 지역의 접근성 부족 비율이 증가했다.

2) 청정 취사용 연료 부족으로 인한 보건 및 환경 문제

2022년 현재 전 세계 인구의 74%가 청정 취사용 연료(clean cooking fuels)를 이용하고 있지만, 여전히 21억 명이 오염된 연료(나무, 숯, 가축 배설물, 농업 폐기물 등)에 의존하고 있다. 이는 호흡기 질환 및 조기사망 위험 증가와 환경 파괴를 유발하는 주요 원인이다.

특히, 사하라 이남 아프리카는 청정 연료 접근성이 가장 낮은 지역으로, 2030년까지 10억 명 이상이 여전히 오염된 연료를 사용할 것으로 전망된다. 도시와 농촌 간의 격차도 심각한 문제로, 도시 지역 가구의 88%가 청정 연료를 사용하는 반면, 농촌 지역에서는 단 54%만이 접근할 수 있는 상황이다.

3) 재생 가능 에너지 비율 증가와 난제

재생 가능 에너지의 비율은 꾸준히 증가하고 있으나, 여전히 전체 에너지 소비에서 차지하는 비중이 제한적이다. 2015년부터 2021년까지 세계 최종 에너지 소비에서 재생 가능 에너지가 차지하는 비율은 16.7%에서 18.7%로 증가했다. 특히, 전기 생산 부문에서는 재생 가능 에너지가 2021년 기준 28.2%를 차지하며 가장 빠르게 성장하고 있다.

그러나 열 생산 및 운송 부문에서는 여전히 화석 연료 의존도가 높아, 재생 가능 에너지 확대가 지연되고 있다. 특히, 운송 부문에서 재생 가능 에너지 비율은 2015년 3.5%에서 2021년 4.4%로 증가했지만, 여전히 낮은 수준에 머물러 있다. 2023년 제28차 유엔기후변화협약 당사국총회(COP28)에서는 2030년까지 재생 가능 에너지 용량을 3배로 확대하기로 합의했으나, 이를 달성하기 위한 정책적 지원과 금융 투자가 필요하다.

4) 에너지 효율성 개선의 필요성

2015년부터 2021년까지 세계 1차 에너지 소비 강도(primary energy intensity)가 4.9MJ/USD(2017년 구매력 기준)에서 4.6MJ/USD로 감소하며 에너지 효율성이 소폭 향상되었다. 그러나 2021년 에너지 소비 강도 개선율은 0.8%에 불과하여, 2030년 목표(연평균 4% 개선)를 달성하려면 현재의 개선 속도를 대폭 높여야 한다. 에너지 효율성을 높이기 위해서는 전력화(electrification), 기술 효율성 향상, 에너지 및 자원의 효율적 사용이 필수적이다. 그러나 높은 금리와 금융 비용 상승으로 인해 신재생에너지 프로젝트에 대한 투자가 위축되고 있으며, 특히 개발도상국 및 저소득국에서 신재생에너지 투자 확대가 어려운 상황이다.

5) 개발도상국의 청정 에너지 투자 부족

2022년 개발도상국을 위한 청정 에너지 지원을 위한 국제 공공 금융 흐름은 154억 달러로, 2021년 대비 25% 증가했지만, 2016년 최고치인 285억 달러 대비 여전히 절반 수준에 불과하다. 국제 금융 지원 부족은 특히 최빈개발국(LDCs), 내륙 개도국(LLDCs), 작은 섬 개발국(SIDS)에서 신재생에너지 프로젝트 추진을 어렵게 만드는 주요 요인이 되고 있다.

향후 전력망 확장, 독립형 태양광 시스템, 소규모 전력망(미니그리드) 확대 등 탈중앙화된 재생 가능 에너지 솔루션이 필수적이며, 이를 위한 정책적 지원과 국제 협력이 강화되어야 한다.

목표 8: 양질의 일자리와 경제성장 (Decent Work and Economic Growth)

> 세계 경제 성장 둔화, 노동 시장 불평등, 노동권 후퇴 등의 문제를 해결하기 위해 지속 가능한 경제 정책, 기업가 정신 및 혁신 지원, 비공식 경제의 공식화, 노동자 권리 보호 등의 정책이 필요하다. 특히 여성과 청년층을 위한 포용적인 일자리 창출과 경제적 자립 지원이 시급한 과제이다.

1) 세계 경제 성장 둔화와 지속적인 불확실성

세계 경제는 COVID-19 팬데믹 이후 반등했지만, 무역 긴장, 부채 증가, 지정학적 갈등 등의 영향으로 성장세가 둔화되고 있다. 2021년 1인당 실질 GDP 성장률이 5.3%까지 반등한 후, 2022년에는 2.2%로 둔화되었으며, 2023년에는 1.0%까지 하락했다. 특히, 최빈개발국(LDCs)의 경제 성장률은 여전히 7% 목표에 크게 미치지 못하고 있으며, 2022년 4.6%, 2023년 4.4%, 2024년 5.5%로 예상된다. 이는 세계 경제의 불확실성과 투자 부족이 경제 회복을 저해하고 있음을 시사한다.

2) 실업률 최저 기록에도 불구하고 구조적 문제 지속

2023년 세계 실업률은 5.0%로 2000년 이후 최저치를 기록했으며, 2024년에는 4.9%로 추가 감소할 것으로 예상된다. 그러나 청년과 여성의 실업률이 여전히 높으며, 특히 북아프리카 및 서아시아 지역에서 실업률 격차가 크다. 청년층의 실업률은 성인 대비 3배 이상 높은 수준(청년 13.0% vs. 성인 3.7%)이며, 특히 교육도 취업도 하지 않은(NEET) 청년

비율이 높아 노동 시장에서 배제되는 문제가 심각하다.

3) 비공식 경제 노동자의 증가

2023년 기준으로 전 세계 20억 명(전체 노동력의 58%)이 비공식 노동자로 고용되어 있으며, 2024년에도 57.8%로 유지될 전망이다. 비공식 노동자의 비율은 2015년 58.4%에서 소폭 감소했지만, 절대적인 노동자 수는 증가하고 있다. 비공식 노동은 사회 보호망 부족과 불안정한 고용 환경을 초래하며, 특히 최빈개발국에서는 전체 노동자의 89.1%가 비공식 고용 상태이다. 유럽과 북미에서는 비공식 고용 비율이 11.4%로 낮지만, 사하라 이남 아프리카와 중앙 및 남아시아에서는 90% 이상의 여성 근로자가 비공식 경제에 종사하고 있어 심각한 사회적 불평등이 존재한다.

4) 노동권 보호의 후퇴

2015년부터 2022년까지 노동권 보호 수준이 7% 감소했으며, ILO(국제노동기구) 기준으로 측정한 노동권 준수 점수는 4.50에서 4.81로 악화되었다. 이러한 악화는 결사의 자유 및 단체 교섭권에 대한 제한 증가, 노동조합 활동 탄압 등의 영향으로 나타나고 있으며, 특히 동아시아·동남아시아, 중남미, 유럽 및 북미 지역에서 노동권 침해 사례가 급증했다. 단 11%의 국가만이 노동법 개정을 통해 점수를 개선했으며, 33%의 국가에서는 노동권 보호 수준이 악화되었다. 이는 전 세계적으로 사회 정의를 위한 노동권 보호 강화가 필요함을 시사한다.

5) 관광 산업의 회복과 지속 가능성 문제

COVID-19 팬데믹은 관광 산업에 막대한 타격을 입혔으며, 2019년 세계 GDP의 3.8%를 차지했던 관광 산업이 2020년 1.8%까지 하락했다. 그러나 2022년에는 82% 수준까지 회복하여 세계 GDP의 3.1%를 차지했다. 대부분의 지역에서 관광 산업이 회복되고 있지만, 오세아니아(호주 및 뉴질랜드 제외)와 작은 섬 개발국(SIDS)에서는 관광 수익이 팬데믹 이전의 68% 및 43% 수준에 불과하여 회복 속도가 더디다. 또한, 기후 변화, 인플레이션, 지정학적 갈등 등의 요인이 관광 산업의 지속 가능한 발전을 위협하고 있다

목표 9: 산업, 혁신 및 인프라 (Industry, Innovation and Infrastructure)

> 디지털 격차 해소, 제조업의 탈탄소화, 중·고기술 산업 육성, 금융 접근성 강화 등을 통해 산업 및 혁신 부문의 지속 가능성을 확보해야 한다. 특히, 이산화탄소 배출 감소와 저소득국가의 제조업 성장 지원이 주요 과제로 제시되고 있다.

1) 모바일 광대역 보급 확대와 디지털 격차

전 세계 인구의 95%가 모바일 광대역(3G 이상)에 접근 가능하지만, 여전히 5%의 인구는 인터넷 접속이 불가능하다. 2018년 이후 3G 보급률이 90%를 넘었지만, 이후 증가 속도는 둔화되고 있다. 특히, 오세아니아(호주 및 뉴질랜드 제외) 지역에서는 여전히 31%의 사람들이 모바일 광대역에 접근할 수 없는 상태이며, 사하라 이남 아프리카에서는 17%의 격차가 존재한다. 최빈개발국(LDCs)과 내륙 개도국(LLDCs)의 18%는 모바일 광대역을 이용할 수 없는 상태이며, 이는 디지털 격차 해소의 필요성을 시사한다.

2) 이산화탄소 배출량 증가와 제조업의 탈탄소화 필요성

2023년 전 세계 에너지 연소 및 산업 공정에서 발생한 이산화탄소(CO_2) 배출량이 1.1% 증가하여 37.4기가톤(Gt)으로 역대 최고치를 기록했다. 2022년 증가율(1.3%)보다는 낮아졌지만, 여전히 세계 GDP 성장률(3%)보다 높은 수준이다. 석탄 사용이 온실가스 배출 증가의 주요 원인으로, 2023년 배출 증가의 65%를 차지했다. 제조업 부문의 이산화탄소 배출 강도(CO_2 배출량/단위 GDP)는 2015년 대비 11.5% 감소했으나, 전체 배출량 감축에는 여전히 부족한 수준이다.

3) 중·고기술 제조업의 회복력

중·고기술 제조업은 글로벌 경제 위기 속에서도 비교적 높은 회복력을 보였다. 전 세계 중·고기술 제조업의 부가가치 비율은 2015년 46.34%에서 2019년 46.88%로 증가했으며, 코로나19 팬데믹으로 인해 2021년에는 0.67% 감소했지만, 여전히 비교적 안정적인 성장세를 유지하고 있다. 동아시아 및 동남아시아 지역에서는 2021년 기준 제조업 부가가치의 50.6%가 중·고기술 산업에서 창출되었지만, 사하라 이남 아프리카에서는 해당 비율이 18.3%에 불과하여 지역 간 격차가 크다.

4) 제조업 성장 둔화와 일자리 감소

전 세계 제조업 부문은 성장 둔화를 보이며, 제조업 일자리 비율도 감소하고 있다. 2015년 이후 전 세계 제조업 부가가치는 16% 증가했지만, 제조업이 GDP에서 차지하는 비율은 16.3%에서 16.7%로 소폭 증가하는 데 그쳤다. 2022년 제조업 성장률은 2.7%로 정체되었으며, 2024년에도 유사한 수준으로 유지될 것으로 예상된다. 제조업 일자리 비율은 2015년 14.3%에서 2022년 14.1%로 감소했으며, 코로나19 팬데믹과 지정학적 갈등으로 인해 제조업 부문이 타격을 받았다.

5) 소규모 기업의 금융 접근성 부족

소규모 제조업체는 경제 성장을 주도하는 중요한 역할을 하지만, 대부분의 기업이 금융 접근에 어려움을 겪고 있다. 사하라 이남 아프리카의 소규모 제조업체 중 단 16.9%만이 대출 또는 신용 한도를 이용 가능하며, 이는 글로벌 평균(31%)보다 현저히 낮은 수준이다. 특히 저소득 국가의 소규모 기업은 높은 인플레이션과 금융 비용 증가로 인해 생존이 어려운 상황이며, 이에 따라 포용적인 산업 정책이 필요하다는 점이 강조되고 있다.

목표 10: 불평등 감소 (Reduced Inequalities)

> 국내 및 국가 간 불평등 완화를 위해 공정한 자원 배분, 교육 및 기술 투자, 사회보장제도 강화, 차별 철폐 노력, 소외 계층 지원, 공정한 무역 및 금융 시스템 구축이 필수적이다. 특히, 개발도상국의 경제 성장 둔화, 국제 금융 거버넌스에서의 불평등, 난민 증가 문제 해결이 시급한 과제로 제시되고 있다.

1) 소득 불평등의 점진적 감소

전 세계적으로 중위소득의 절반 이하로 생활하는 인구 비율이 감소하는 추세를 보이고 있다. 2000년 이후 데이터가 있는 국가의 3분의 2에서 소득 불평등이 감소하였다. 2015~2019년 동안 세계 인구의 12.8%가 중위소득의 절반 이하로 생활했으나, 2019년 이후 12.1%로 감소하였다. 코로나19 팬데믹 기간에도 일부 지역에서 소득 불평등이 완화되었으며, 이는 선진국들의 사회보장 정책 확대에 기인한 것으로 보인다. 그러나 중앙 및 남아시아 지역에서는 중위소득 이하 인구 비율이 여전히 9% 수준으로 정체되어 있으며, 라틴아메리카 및 카리브해 지역은 국가 내 소득 불평등 수준이 가장 높은 지역 중 하나로, 전체 인구의 18% 이상이 중위소득의 절반 이하에서 생활하고 있다.

2) 취약국의 경제 성장 둔화

전 세계에서 가장 취약한 국가들의 경제 성장률이 선진국보다 낮아지는 역사적 전환점이 발생하고 있다. 세계은행 국제개발협회(IDA) 자격을 갖춘 75개 국가 중 절반이 선진국보다 낮은 경제 성장률을 기록하고 있으며, 이러한 현상은 21세기 들어 처음으로 발생한 것으로, 국가 간 소득 격차를 완화하는 장기적 추세가 역전될 가능성이 높아졌다. 세계 인구의 4분의 1(약 19억 명)이 IDA 국가에서 생활하고 있으며, 이들 국가의 3분의 1은 팬데믹 이전보다 더 가난한 상태이다. IDA 국가의 4명 중 1명은 하루 2.15달러 미만으로 생활하며, 이는 세계 평균보다 8배 높은 극빈율을 의미한다.

3) 국제 경제 거버넌스에서의 불평등

개발도상국들은 국제 경제 의사결정 구조에서 여전히 과소대표되고 있으며, 공정한 금융 시스템이 부족한 상황이다. 유엔 총회의 회원국 중 74%가 개발도상국이지만, 세계은행 주요 대출 기관에서 개발도상국의 투표권은 39%에 불과하며, 세계은행의 민간 부문 대출 기관인 국제금융공사(IFC)에서도 개발도상국의 투표권은 32%에 그친다. 국제통화기금(IMF)도 2019년과 2023년 두 차례에 걸쳐 쿼터 검토를 진행했으나 개도국의 투표권 배분에 변화를 주지 않았으며, 여전히 개발도상국의 투표권은 37%에 불과하다. 2025년에 예정된 제4차 국제개발재원 회의는 이러한 불평등한 금융 시스템 개혁을 논의할 중요한 기회로 평가된다.

4) 난민 증가와 이주 과정에서의 사망률 상승

2023년은 기록상 가장 많은 난민이 발생한 해이며, 이주 중 사망률도 역대 최고치를 기록하였다. 2023년 말 기준, 유엔난민기구(UNHCR)의 보호를 받는 난민이 3,740만 명에 도달하였으며, 이는 전쟁, 분쟁, 박해, 인권 침해 및 사회적 불안정성으로 인해 발생한 강제 이주 증가에 따른 것이다. 세계 난민 수는 지난 10년간 꾸준히 증가해 왔으며, 최근 7년 사이 두 배로 급증하였다. 2023년 전 세계적으로 100,000명당 461명이 난민으로 등록되었으며, 이는 2015년 대비 두 배 이상 증가한 수치(2015년 100,000명당 213명)이다

목표 11: 지속 가능한 도시와 공동체 (Sustainable Cities and Communities)

> 도시 거주 환경 개선, 대중교통 접근성 확대, 대기 오염 저감, 공공 공간 확보를 위한 정책적 노력이 필요하다. 특히, 최빈개발국 및 개발도상국에서의 도시 인프라 개선을 위한 투자 확대와 국제적 협력이 필수적이다.

1) 도시화와 슬럼 인구 증가

현재 전 세계 인구의 절반 이상이 도시에 거주하고 있으며, 도시화는 지속적으로 진행되고 있다. 그러나 도시 지역의 급속한 성장에도 불구하고 도시 인프라 및 서비스의 불평등이 심화되고 있으며, 특히 슬럼 지역 거주 인구가 2022년 기준 11억 명으로 증가하였다. 이는 전 세계 도시

인구의 약 25%를 차지하는 수준으로, 주거 환경 개선 및 기초 서비스 제공이 시급한 상황이다.

2) 대중교통 접근성의 불평등

도시 거주자의 40%가 적절한 대중교통 서비스를 이용하지 못하고 있으며, 특히 최빈개발국(LDCs)에서는 10명 중 4명만이 대중교통을 이용할 수 있는 환경에 있다. 반면, 선진국에서는 80% 이상의 도시 거주자가 편리한 대중교통을 이용할 수 있어 큰 격차가 존재한다. 이러한 불평등을 해소하기 위해서는 대중교통 서비스 확대 및 교통 인프라 개선을 위한 적극적인 투자가 필요하다.

3) 대기오염 감소에도 여전히 높은 수준 유지

대기오염은 일부 지역에서 감소했으나, 여전히 공중보건 기준을 충족하지 못하는 수준이다. 20102014년 대비 20152019년 미세먼지(PM2.5) 평균 농도가 9% 감소했지만, 세계보건기구(WHO)의 권장 기준(5μg/m³)보다 훨씬 높은 35.7μg/m³ 수준을 유지하고 있다. 특히, 동아시아 및 동남아시아 지역에서는 대기질이 개선되는 경향을 보였으나, 사하라 이남 아프리카와 북아프리카 및 서아시아에서는 오히려 악화되었다. 이러한 문제를 해결하기 위해서는 국제적 협력과 대기오염 방지를 위한 정책적 대응이 필요하다.

4) 공공 공간 접근성 부족

도시 인구의 40%만이 쉽게 접근할 수 있는 공공 공간을 보유하고 있으며, 2000년~2020년 사이 도시 지역의 확장 속도가 인구 증가 속도보다 3.7배 빠르게 진행됨에 따라 환경 파괴 및 토지 이용 문제가 심각해지고 있다. 이는 도시의 무분별한 확장으로 인해 녹지 공간이 감소하고, 생활 환경이 악화되는 결과를 초래하고 있다.

목표 12: 책임 있는 소비와 생산 (Responsible Consumption and Production)

식량 폐기물 감축, 전자 폐기물 관리 개선, 순환 경제 도입, 기업의 지속 가능성 보고 강화 등을 통해 책임 있는 소비와 생산을 실현해야 한다. 특히, 국제 사회의 협력과 정책적 개입이 없이는 지속 가능한 발전 목표를 달성하기 어려운 상황이다.

1) 국제 환경 협정 이행과 지속 불가능한 소비·생산 패턴

세계 각국은 위험한 폐기물과 화학물질 관리 및 환경 악화를 방지하기 위한 국제 환경 협정을 준수하려는 노력을 강화하고 있다. 그러나 비효율적인 소비와 생산 방식이 여전히 지속되고 있다. 2022년 기준, 전 세계 식량 폐기물은 10억 5000만 톤에 달했으며, 193개국 중 오직 9개국만이 기후변화 대응(NDC)에서 식량 폐기물 감축 계획을 포함했다. 전자 폐기물(E-waste) 문제도 심각하다. 전 세계 전자 폐기물 중 22%만이 적절하게 수거 및 관리되고 있으며, 나머지는 비공식적인 방식으로 처리되고 있어 환경 오염을 초래하고 있다.

2) 자원 소비 증가 속도 둔화

국내 자원 소비량과 환경적 발자국은 계속 증가하고 있지만, 성장 속도는 점차 둔화되고 있다. 이는 지역별 소비 패턴과 환경적 영향이 다르기 때문에 맞춤형 정책 개입이 필요함을 시사한다. 자원의 지속 가능한 사용을 촉진하기 위해서는 순환 경제 모델, 지속 가능한 생산 방식, 책임 있는 소비 관행을 확대해야 한다. 이러한 접근 방식은 자원 및 화석 연료 사용을 줄이고, 혁신을 촉진하며, 에너지를 절약하고, 탄소 배출을 완화하는 기회를 제공한다.

3) 식량 낭비 문제와 기후 변화 대응의 연계 부족

전 세계적으로 식량 폐기물 문제가 심각하지만, 기후 변화 대응 정책과 연계된 국가가 극히 적다. 2021년 생산된 식량 중 13.2%가 수확 이후, 유통 및 가공 과정에서 손실되었으며, 2022년에는 소비 단계에서 19%의 식량이 폐기되었다. 가정에서 발생한 식량 폐기물이 전체의 60%를 차지하며, 1인당 연간 평균 79kg의 식량을 낭비하고 있다. 특히, 783만 명이 기아에 시달리고 있음에도 불구하고, 하루에 약 10억 개의 식사가 폐기되고 있어 심각한 문제로 대두되고 있다.

4) 전자 폐기물(E-waste) 증가와 지속 가능한 관리 부족

전자 제품 소비 증가, 제품 수명 단축, 수리 부족 등의 문제로 인해 전자 폐기물이 급증하고 있다. 2015년 1인당 6.3kg이던 전자 폐기물은 2022년 7.8kg으로 증가했으며, 총 6200만 톤이 발생했다. 그러나 환경적으로 적절하게 처리된 전자 폐기물은 1.7kg(전체의 22%)에 불과하다. 고소득 국가에서는 전자 폐기물 수거율이 40% 이상이지만, 중남미·사하라 이남 아프리카·남아시아 등 저소득 국가에서는 수거율이 5% 이하로 매우 낮다.

5) 지속 가능한 소비·생산을 위한 정책 및 기업의 대응

2019~2023년 동안 62개국과 유럽연합(EU)이 지속 가능한 소비·생산 전환을 촉진하기 위해 516개의 정책을 도입했다. 이 중 절반은 국가 전략 및 로드맵, 30%는 법적 규제, 14%는 자발적 조치로 이루어졌다. 일부 국가들은 자원 효율성을 높이기 위한 구체적인 정책을 수립하고 있다.

6) 기업의 지속 가능성 보고 증가

기업의 지속 가능성 보고가 증가하면서, 환경·사회·지배구조(ESG) 경영이 확산되고 있다.

2021~2022년 조사 결과, 표본 기업의 73%가 지속 가능성 보고서를 발표했으며, 이는 2016년 대비 3배 증가한 수치이다. 보고 내용은 환경(물 사용, 탄소 배출, 에너지 효율성)과 지배구조(성별 다양성, 이사회 회의, 부패 방지)에 대한 비율이 높았으나, 사회적 문제(인권, 건강·안전, 기회 균등)에 대한 보고는 상대적으로 낮았다. 지속 가능성 보고에 대한 가이드라인을 제공하는 증권 거래소의 수는 10년 전 10개 미만에서 2022년 69개로 증가했다.

목표 13: 기후 변화 대응 (Climate Action)

> 전 세계 온실가스 배출량 증가, 화석연료 보조금 확대, 재난 발생 빈도 증가로 인해 기후 위기가 심화되고 있으며, 이를 해결하기 위한 과감한 감축 조치와 기후 금융 확대가 시급하다. 특히, 2030년까지 전 세계 온실가스를 대폭 감축하지 않으면, 1.5°C 목표 달성이 불가능해질 위험이 크다.

1) 기후 변화에 대한 기록적인 온난화

2023년은 관측 사상 가장 더운 해로 기록되었으며, 전 세계 평균 기온이 산업화 이전(1850~1900년) 대비 1.45°C 상승하였다. 2015년 이후 전 세계에서 가장 더운 10년이 최근 10년 동안 발생했으며, 이로 인해 폭염, 홍수, 가뭄, 산불, 태풍 등의 극단적 기상 현상이 급증하였다. 2024~2028년 동안 최소 1년 이상 1.5°C를 초과할 확률이 80%에 달하며, 향후 5년 중 하나는 2023년보다 더 뜨거운 해가 될 것으로 예상된다.

2) 온실가스 배출량 증가와 1.5°C 목표 실패 가능성

2022년 전 세계 온실가스 배출량은 57.4기가톤(Gt) CO_2 상당량으로 역대 최고치를 기록하였다. 주요 배출원의 약 2/3가 화석연료 연소와 산업 공정에서 발생하였으며, 에너지 부문이 전체 배출량의 86%를 차지하였다. 현재 각국이 설정한 정책으로는 전 세계 기온이 3°C까지 상승할 가능성이 크며, 1.5°C 이하로 유지할 확률은 단 14%에 불과하다. 기온 상승을 1.5°C 이하로 유지하려면 2030년까지 온실가스를 42% 감축해야 하며, 연간 8.7%의 감축이 필요하다. 그러나 현재의 감축 속도로는 목표 달성이 불가능한 상황이다.

3) 화석연료 보조금 증가와 기후 변화 대응의 저해

2022년 전 세계 화석연료 보조금은 1.53조 달러로 사상 최고치를 기록했다. 팬데믹 이후 에너지 가격 상승과 러시아-우크라이나 전쟁으로 인해 정부들이 에너지 시장 안정을 위해 보조금을 확대하면서 보조금 총액이 2021년 대비 두 배, 2015년 대비 세 배 증가하였다. 특히, 유럽 및 북미(4550억 달러), 북아프리카 및 서아시아(3270억 달러), 중앙 및 남아시아

(3220억 달러)에서 보조금 증가가 두드러졌다. 화석연료 보조금은 재생에너지와의 경쟁력을 저하시켜 저탄소 전환을 방해하며, 특히 부유한 계층과 탄소 배출이 높은 기업들이 더 많은 혜택을 받는 구조로 인해 환경적으로 역행하는 정책이라는 비판을 받고 있다.

4) 기후 재난 발생 빈도 증가와 대응 필요성

지난 50년 동안 기후 재난 발생 건수는 5배 증가하였다. 20052014년 사이 연평균 2900만 명이 기후 재난의 영향을 받았으나, 20152022년에는 연평균 1억 3300만 명이 영향을 받으며 약 4.5배 증가하였다. 2030년까지 연간 560건(하루 1.5건)의 중대 재난 발생이 예상되며, 특히 최빈개발국(LDCs)에서는 재난 피해율이 세계 평균보다 20% 높고, 사망률은 170% 더 높은 수준이다.

5) 기후 금융 확대와 대응 방안

기후 변화 대응을 위한 금융 지원이 증가하고 있으나, 여전히 충분하지 않다. 2020~2025년 동안 선진국들은 개발도상국을 위한 연간 1000억 달러 기후 금융 지원을 약속하였으며, 2022년 처음으로 목표를 달성하여 총 1159억 달러가 지원되었다. 기후 변화 적응 금융은 2016년 101억 달러에서 2022년 324억 달러로 3배 이상 증가하였으나, 2019년 대비 2025년까지 두 배로 늘려야 한다는 글래스고 기후 협약의 목표에는 여전히 미치지 못한다. 유엔 기후변화협약(UNFCCC)은 2030년까지 개발도상국들이 기후 변화 대응을 위해 약 6조 달러가 필요할 것으로 예상하며, 기후 금융 확대가 시급하다고 강조하고 있다.

목표 14: 수중 생태계 보호 (Life Below Water)

지속 가능한 어업 관리를 강화하고, 해양 보호구역 확대 및 국제 협력을 통한 해양 생물 다양성 보존이 필수적이다. 특히, 2030년까지 전 세계 해양의 30%를 보호하기 위한 글로벌 노력이 더욱 강화되어야 한다.

1) 지속 가능한 어업의 경제적 기여

수산업은 생계와 식량 안보에 중요한 역할을 하지만, 지속 가능한 어업의 경제적 기여는 일부 지역에서만 증가하고 있다. 2019년~2021년 동안 사하라 이남 아프리카에서 지속 가능한 어업이 GDP에서 차지하는 비율이 0.38%에서 0.42%로 증가하였다. 태평양 소규모 도서국은 1.54%에서 1.63%로 상승하며, 전 세계에서 어업 의존도가 가장 높은 지역 중 하나로 나타났다. 그러나 이러한 경제적 기여를 지속하기 위해서는 남획 방지 및 어업 자원의 지속 가능한 관리가 필수적이다.

2) 해양 보호구역 확대 및 정체

해양 생물다양성을 보호하기 위해 2024년 5월 기준, 전 세계적으로 18,200개의 해양 보호구역과 199개의 기타 해양 보호 조치가 시행되고 있다. 현재까지 약 2,900만 km²(전 세계 해양의 8.12%)가 보호구역으로 지정되었으며, 이는 2000년 이후 10배 증가한 수치이다. 그러나 2020년 이후 해양 보호구역 확대 속도가 정체되었으며, 2030년까지 10% 목표를 달성하려면 매년 평균 113만 km²를 추가 보호해야 한다. 쿤밍-몬트리올 글로벌 생물다양성 프레임워크(Kunming-Montreal Global Biodiversity Framework)는 2030년까지 전 세계 해양의 30%를 보호하는 목표를 설정하였으며, 국제 협력을 통한 보호구역 확대가 중요하다.

3) 해양 생물다양성 보호의 전략적 필요성

해양 보호구역은 전략적으로 배치되어야 하며, 생물다양성이 중요한 지역을 효과적으로 보호하는 것이 핵심이다. 2000년 이후 해양 생물다양성 핵심 지역의 보호구역 비율이 두 배 증가하였으나, 2015년 이후에는 성장이 정체되었다. 2000~2015년 동안 오세아니아(호주 및 뉴질랜드 제외) 지역에서는 보호 면적이 255% 증가하였고, 북아프리카 및 서아시아는 128%, 사하라 이남 아프리카는 86% 증가하였다. 그러나 현재까지 오세아니아(호주 및 뉴질랜드 제외), 중앙 및 남아시아, 북아프리카 및 서아시아 지역의 해양 보호 비율이 30% 미만으로, 추가적인 보호 조치가 필요하다.

목표 15: 육상 생태계 보호 (Life on Land)

삼림 감소를 막고 생물다양성을 보호하기 위해 보다 강력한 정책과 국제 협력이 필요하며, 불법 야생동물 거래 단속 강화 및 지속 가능한 토지 이용 전략 도입이 필수적이다.

1) 지속적인 삼림 감소와 농업 확장

전 세계 삼림 면적은 지속적으로 감소하고 있으며, 2000년에서 2020년 사이 전 지구적 삼림 면적이 31.9%에서 31.2%로 줄어들었다. 약 1억 헥타르의 삼림이 손실되었으며, 농업 확장이 전체 삼림 감소의 90%를 차지하였다. 특히, 작물 재배가 49.6%, 가축 방목이 38.5%의 삼림 감소를 유발하였다. 삼림 감소의 원인은 지역별로 다르며, 남아메리카에서는 대규모 가축 방목(48%)이, 아시아에서는 대규모 농경지 확장(38%)이 주요 원인으로 나타났다.

2) 불법 야생동물 거래 증가

불법 야생동물 거래는 여전히 심각한 문제이며, 2015년~2021년 사이 162개국에서 4,000종 이상의 동식물이 불법 거래 대상이 되었다. COVID-19 팬데믹 동안 불법 야생동물 거래가 급증하였으며, 2020년과 2021년에는 전체 야생동물 거래량의 1.9~1.4%가 불법 거래로 확인되었다. 이는 합법적인 야생동물 거래가 팬데믹으로 위축되면서 상대적으로 불법 거래의 비율이 증가한 결과로 해석된다. 특히 고가 목재(예: 남아메리카의 특정 목재종)와 희귀 동물에 대한 단속이 강화되면서 단속 건수도 증가하였다.

3) 생물다양성 위협 증가

생물다양성 손실이 가속화되고 있으며, 1993년 대비 2024년 생물종 생존 지수(Red List Index)가 12% 악화되었다. 현재까지 전체 평가된 16만 개 생물종 중 4만 4천 개(28%)가 멸종 위기에 처해 있으며, 이 중 70%의 소철류(Cycads)와 41%의 양서류가 가장 큰 위협을 받고 있음이 확인되었다. 기후 변화, 서식지 전환, 침입성 외래종 증가 등이 특정 생물종의 멸종 위험을 가속화하고 있으며, 중앙·남아시아 및 동아시아 지역에서 생물다양성 감소가 가장 심각하다.

4) 산림 보존과 지속 가능한 토지 이용 필요성

산림 감소를 줄이기 위해서는 식량 안보, 농가 소득, 토지 이용권 보장 등의 문제를 해결해야 한다. 지속 가능한 산림 관리와 보존을 위해서는 규제 조치, 시장 인센티브, 이해관계자 협력이 결합된 종합적인 접근법이 필요하다. 일부 국가에서는 토지 황폐화를 막기 위한 녹지화 프로젝트를 추진하고 있으며, 예를 들어 사우디아라비아에서는 사막 지역을 녹화하여 토지 황폐화를 줄이기 위한 조치를 시행하고 있다.

목표 16: 평화, 정의 및 강한 제도 (Peace, Justice, and Strong Institutions)

> 지속 가능한 발전을 위해 평화 구축, 법치 강화, 사법 개혁, 부패 척결, 인권 보호가 필수적이다. 특히, 국제 사회의 협력과 적극적인 개입 없이는 전 세계적으로 정의롭고 강한 제도를 구축하기 어려운 상황이다.

1) 갈등 증가와 조직 범죄의 확산

전 세계적으로 무력 충돌과 조직 범죄가 증가하면서 인류의 고통이 심화되고 있으며, 이는 지속가능한 발전에도 큰 걸림돌이 되고 있다. 2024년 5월 기준 강제 이주민 수는 1억 2천만 명으로 사상 최고치를 기록하였다. 2023년 무력 분쟁으로 인한 민간인 사망자 수는 전년 대비 72% 증가하였으며, 이는 2015년 이후 가장 큰 증가율이다. 특히 팔레스타인과 이스라엘 지역에서 발생한 사망자가 전체의 70%를 차지하며, 전 세계적으로 분쟁 피해가 심각한 수준이다. 또한, 조직 범죄와 부정부패가 지속가능한 발전을 저해하고 있으며, 전 세계적으로 5명 중 1명(19%)이 공무원에게 뇌물을 요구받거나 직접 지불한 경험이 있는 것으로 나타났다.

2) 사법제도 개선의 필요성

전 세계적으로 사법 시스템이 비효율적으로 운영되면서, 수감자의 3분의 1이 재판을 받지 않은 상태에서 구금 중이다. 중앙 및 남아시아에서는 수감자의 60%가 미결 상태로 구금되어 있으며, 이는 인권 침해와 직결되는 심각한 문제이다. 전 세계 감옥의 50%가 수용 가능 인원을 초과하여 운영되고 있으며, 특히 라틴아메리카, 사하라 이남 아프리카에서는 75% 이상의 국가에서 교도소가 과밀 상태이다. 전 세계 교도소의 20%는 수용 가능 인원의 150% 이상을 초과하여 운영되고 있으며, 이는 건강 및 인권 문제를 초래하고 있다.

3) 인권 보호와 언론 자유

2023년 인권 보호 활동가와 언론인의 희생이 계속되었으며, 전쟁 지역에서 언론인의 사망률이 증가하였다. 인권 보호 활동가에 대한 살해 사건은 감소했지만 여전히 높은 수준을 유지하고 있다. 전쟁 지역에서 사망한 언론인의 수가 2023년 급격히 증가하였으며, 이는 언론 자유와 정보 접근권에 대한 위협을 의미한다.

목표 17: 파트너십 구축 (Partnerships for the Goals)

> 개발도상국의 경제적 어려움 해결, 국제 금융 시스템 개혁, 디지털 격차 완화, 글로벌 협력을 통한 지속가능발전 목표 달성이 시급하다. 특히, SDGs 목표 달성을 위해서는 더욱 공정한 국제 경제 질서 구축과 선진국의 적극적인 재정 지원이 필수적이다.

1) 개발도상국의 경제적 어려움과 SDG 자금 부족

전 세계 개발도상국은 심각한 경제적 도전에 직면하고 있으며, SDG 목표 달성을 위한 연간 투자 부족액이 4조 달러에 달한다. 저소득 및 중저소득 국가의 외채 규모가 사상 최고 수준에 도달하여 경제 성장이 둔화되고 있으며, 세계에서 가장 취약한 국가들의 1인당 GDP 성장률이 처음으로 선진국보다 낮아지는 현상이 발생하고 있다. 이로 인해 국가

간 소득 불평등이 다시 증가할 가능성이 높아지고 있다.

2) 국제 금융 시스템에서 개발도상국의 낮은 영향력

개발도상국들은 국제 금융 및 경제 거버넌스에서 충분한 의사결정권을 갖지 못하고 있다. 국제 금융 기구에서 개발도상국의 투표권 비율이 회원국 수에 비해 현저히 낮아 불평등한 구조를 보이며 이러한 구조적 문제를 해결하지 않으면, 개발도상국이 글로벌 경제 문제를 해결하는 과정에서 소외될 가능성이 크다.

3) 글로벌 협력과 디지털 격차 완화

전 세계적으로 디지털 접근성이 확대되고 있으며, 2024년 기준으로 전 세계 인구의 67%인 54억 명이 인터넷에 접근 가능하다. 이는 글로벌 디지털 포용을 향한 긍정적인 신호이지만, 아직도 26억 명이 인터넷을 사용할 수 없는 상황이며, 특히 저소득국가에서는 디지털 격차가 심각하여 SDGs 달성에 제약을 받고 있다. AI 및 첨단기술이 노동시장과 경제 구조를 변화시키는 가운데, 개도국의 디지털 역량 강화를 위한 국제적 지원이 필수적이다.

4) 국제사회가 해결해야 할 주요 과제

SDGs 달성을 위해 국제사회는 다음과 같은 우선순위를 설정해야 한다. 분쟁 종식: 글로벌 지속가능발전 목표 달성을 위해 전쟁과 무력 충돌을 종식하고 평화를 구축하는 것이 필수적이다. 선진국들은 개발도상국에 대한 재정 지원을 확대하고, 공정한 국제 금융 구조를 구축해야 하며 공정한 기후 전환을 추진하고, 기후 변화, 공기 오염, 생물다양성 손실

문제를 동시에 해결할 수 있는 전략적 대응이 필요하다. 또한 사회적 투자 강화: 보건, 교육, 사회 보호에 대한 투자 확대를 통해 모든 연령대의 인간 존엄성을 보장해야 한다.

참고문헌

- 유네스코(2020). 민주적이고 지속가능한 지역사회를 위한 시민성 교육. 유네스코 디지털 라이브러리.
- 유네스코(2022). 성인 학습 및 교육에 관한 제5차 글로벌 보고서: 시민성. 유네스코 디지털 라이브러리.
- 통계청(2024). 한국의 SDG 이행보고서 2024. Statistics Korea. https://kostat.go.kr/
- Bosio, E. (2022). Conversations on Global Citizenship Education: Perspectives on Research, Teaching, and Learning in Higher Education. Routledge.
- Sant, E., Davies, I., Pashby, K., & Shultz, L. (2018) Global Citizenship Education: A Critical Introduction to Key Concepts and Debates. Bloomsbury.
- Monzó-Martínez, A., Ortiz-Cermeño, E., Martínez-Agut, M. P.(2024) Global Citizenship Education and Its Role in Sustainability at the University Level. Education Science. 2024, 14, 847. https://doi.org/10.3390/educsci14080847
- United Nations(2024). The Sustainable Development Goals Report 2024. United Nations Publications. https://unstats.un.org/sdgs/report/2024/

글로벌 리터러시와 세계시민성을 통해 본 세계시민교육의 과제 탐구*

오덕열

1. 들어가며

얼마 전까지 일부 청소년의 문제라고 여겼던 문해력 문제가 이제는 2030세대로까지 확대되고 있다. 기성세대들이 일상적으로 사용했던 '금일', '심심(甚深)한', '혼숙', '우천 시' 등의 단어가 각각 '금요일', '재미없는', '혼자 숙박', '특정 도시의 이름' 등으로 이해되기도 하며, 이력서 항목 중 '휴대폰'란에 기종을 적어 문해력 논란이 일기도 했다. 그러나

---

* 이 글은 필자의 논문(오덕열(2024), 「인격교육의 함의를 통해 본 글로벌 리터러시와 세계시민교육의 과제 탐구」, 『인격교육』 18(4), 253-267)을 총서 성격에 맞춰 일부 수정·보완하여 재구성하였음을 밝힙니다.

문해력 문제가 아랫세대로 내려갈수록 심각하다고 볼 수만은 없다. 기성세대 또한 젊은 세대들이 만들어 내고 향유하는 신조어에 당황한다. 빈번하게 사용하는 약자식 표현의 뜻풀이뿐만 아니라 다양한 매체의 사용에 있어 파생되는 미숙함으로 인해 소통 관계 속 소외감을 느끼기도 한다. 따라서 젊은 세대의 한자에 대한 어휘력을 문해력과 동일시해서는 안된다는 의견도 존재한다. 한편 1인 방송의 시대가 도래하면서, 미디어 특성에 대한 이해 없는 무분별한 정보 수용이 사실 관계의 편향성으로 나아가 논쟁이 가중되기도 한다. 이에 따라 문해력에 대한 심각성을 우려하며 교육계에서는 초등학교 시기부터 이와 관련된 리터러시 교육이 필요함을 주장하고 있다(이윤정, 2024).

이처럼 문명의 발달은 새로운 문화를 창출하여 기성세대로부터 경계 짓게 만드는 새세대만의 독특한 양상을 창조하는 것과 더불어, 세계를 긴밀히 연결하는 기술적 다리가 생성되면서 사람들의 의식 반경을 공간적으로 넓혀 주었다. 즉, 다양한 매체를 통한 직간접적 경험은 지구촌 사회의 상호의존성을 실감하게 만드는 매개물이 되고 있다. 특히 정치, 경제, 사회, 문화, 교육 등 여러 영역에서 일어나는 사태들이 결코 타자화될 수 없음을 느끼게 되었다. 전지구적 문제는 '우리'의 일이 되고, '우리'의 일은 결국 '나'의 삶과 연결되어 있음을 여러 경로를 통해 확인할 수 있다.

국제사회가 함께 고민하는 문제들은 다양하다. 지구온난화로 대표되는 환경 문제 및 분쟁 지역의 갈등 문제는 초국가적 과제를 제안하게 한다. 이와 같은 과제들은 이 시대를 함께 살아가는 구성원들의 인권 문제로까지 확장된다. 분쟁 지역은 시대를 막론하고 언제나 존재한다. 이스라엘과 이슬람문화권 간의 전쟁은 점차 확대되고 있으며, 동중국해,

남중국해를 둘러싼 중국과 다른 국가 간의 갈등도 어제 오늘 일이 아니다. 이처럼 세계 곳곳에는 영토 및 경제적 이권과 관련한 분쟁이 끊임없이 이어지고 있다. 물론 분단이라는 비극적 현대사를 안고 있는 한반도 역시 주요 강대국들과의 관계 속에서 갈등의 역사를 이어가고 있다. 이와 같이 한 국가, 한 지역의 문제는 이제 결코 '우리'와 무관하지 않다. 또한 특정 지역의 분쟁 역시 지구 반대편에 있더라도 직간접적인 영향력이 작용한다. 몇 년 동안 이어지는 러시아와 우크라이나 전쟁은 북한군의 러시아 파병으로 인해 한반도의 긴장 관계를 강화시키며, 한국 역시 우크라이나의 군사적 지원 방안을 검토하는 상황에 이르고 있다. 2018년 일어났던 제주도의 예멘 난민의 문제 또한, 대한민국 사회에서 난민의 개념이 일상 속에 등장하는 계기가 되었다.

이러한 맥락에서 세계의 문제는 곧 지역의 문제를 넘어, '우리' 혹은 '나'의 문제가 될 수 있음을 인식하게 되고, 이에 대한 교육적 과제도 공론화되었다. 결국 교육적 과제로 상정되는 '리터러시'는 그 범주를 국제 사회로 이해할 필요가 있다. 세계의 다양한 문제들을 관심 있게 바라보고 이에 대한 쟁점들을 비판적으로 분석하며 관련된 대안을 모색할 수 있는 능력을 이 시대는 요구하고 있기 때문이다. 그렇다면 세계를 읽어나가며, 관련 쟁점들의 윤리적 가치를 이해하고 해석하며 주체적인 노력을 담아낼 수 있게 하는 '글로벌 리터러시의 요소는 무엇인가?'에 대한 교육적 고민이 제기된다. 또한 이러한 역량을 갖춰 세계시민으로 성장하기 위해 필요한 '교육적 과제는 무엇인가?'에 대한 논의도 필요하다.

이 글에서는 리터러시의 개념을 확인하고 글로벌 리터러시는 무엇인지 검토한 후, 세계시민성 함양을 위한 세계시민교육의 방향과 과제에 대해 논의해 보고자 한다. 특히 세계시민교육의 과제를 탐구하는 데에 있어 인격형성을 교육목표로 두는 인격교육적 함의에 토대를 두고자 한다. 세계의 문제가 나에 대한 이해로부터 출발한다는 관점을 형성하기 위해서 인격발달을 개념화하고 있는 인격교육의 함의는 지역사회와 국가, 국제사회로 나아가는 초석이 될 수 있기 때문이다.

2. 리터러시와 글로벌 리터러시

(1) 리터러시와 확장된 개념들

리터러시(literacy)는 '글을 읽고 쓸 줄 아는 능력'을 뜻하는 단어이다. 또한 이 개념 속에는 무엇인가가 '습득된' 혹은 '습득되지 않은'이라는 판단을 둠으로써 이분법적인 능력 구분이 담겨 있기도 하다. 그러나 '문해력(文解力)' 혹은 '문식력(文識力)'의 개념으로 해석될 경우, 단순히 글을 읽거나 쓰는 것뿐만 아니라 이해한다는 의미까지 내포하고 있다.

그러나 최근에는 리터러시를 '읽기'와 '문해력'의 의미보다 더 확장된 모습으로 개념화한다. 우선 리터러시는 이해와 해석 뿐 아니라 특정 상황에 관한 대처 능력 등을 포함한 개인의 전반적 역량을 의미하게 되었다. OECD(2010)는 조금 더 구체적으로 '학생들이 주요한 주제 영역에서 지식·기술(skills)을 적용하고, 문제를 해결할 때, 효과적으로 분석·추론·의사소통할 수 있는 능력'으로 정의하고 있다.

이와 같이 사회의 발전에 따라 리터러시 개념은 점차적으로 진화, 분화되면서 복잡하고 다양한 양상을 띠게 된다. 그렇기 때문에 특정 주제나 상황을 이해하는 기본적인 매체를 문서로 한정하지 않고 다양한 영역으로 확대한다면 매체의 종류에 따른 여러 개념이 가능해진다. 즉, 주로 접하는 매체가 미디어 혹은 인터넷을 기반으로 한 디지털 시스템이라면 '미디어 리터러시', '디지털 리터러시' 등으로 명명된다. 또한 특정 분야에 따른 범주를 설정함으로써 그 분야의 전문성과 깊이 있는 탐구를 지향하는 개념으로 정의될 수도 있다. 다시 말해, 리터러시 앞에 특정 분야가 명시되면 그 영역에 관한 활용 능력 및 이에 따른 역량을 의미하게 된다.

리터러시 앞에 붙은 단어는 한정된 범주로 재정의 될 수 있는데, 그 방점에 따라 크게 두 가지로 구분할 수 있다. 하나는 접촉하는 매체를 다루고 이에 대한 정보를 이해하는 것이고, 다른 하나는 관련 주제를 다루는 영역이다. 조혜경(2024)은 사유 대상이 되는 매체를 중심에 두는 확장된 개념으로 1890년대 비주얼 리터러시, 1930년대 미디어 리터러시, 1980년대 정보 리터러시, 1990년대 디지털 리터러시, 2000년대 AI 리터러시 등을 제시한다. 이는 각각 시대적 매체를 대표하는 영상, 텔레비전 및 방송, 컴퓨터, 디지털 기술, AI 등에 기반을 둔다. 이와 관련하여 유네스코(UNESCO, 2018)는 디지털 리터러시에 대해 '직장, 일자리, 창업 등을 위해 디지털 기술을 활용하여 안전하고 적절하게 정보에 접근, 관리, 이해, 통합, 소통, 평가 및 창조할 수 있는 능력'이라 정의하고, 여기에는 컴퓨터 리터러시, ICT 리터러시, 정보 리터러시 및 미디어 리터러시로 다양하게 언급되는 역량이 포함된다고 설명하였다.

한편 특정 분야에 대한 지식적 이해 뿐 아니라 감수성 함양에도 관심을 두는 리터러시는 다문화 리터러시, 민주주의 리터러시, 환경 리터러시, 동물 리터러시 등으로 정의될 수 있다. 이는 일종의 담론 개념으로서 보통 사회적 논쟁들을 잘 파악하고 관련 분야의 쟁점들을 이해하고 논의할 수 있는 비판적 리터러시를 전제한다.

물론 확장된 리터러시 개념들은 각각의 영역으로 명료하게 구분할 수는 없다. 하지만 어떤 영역 혹은 어떤 역량에 주로 관심을 두는가에 따라 그 명칭이 정의된다. 그러므로 그 관심을 '역량'에 두는가, '주제'에 두는가는 한쪽의 선택적 문제가 아니라 양쪽의 속성이 대부분 중첩되어 있기에 그 구분의 명료성을 강조할 필요는 없다. 그러므로 '다양한 리터러시(multi literacies)'로 통칭할 수도 있다(New London Group, 1996).

(2) 글로벌 리터러시와 인격교육적 함의

앞서 살펴본 바에 따르면 글로벌 리터러시는 특정한 주제나 상황을 의미하는 리터러시가 된다. 물론 글로벌 리터러시에서 특정 매체를 다루는 '기술 및 역량'이 소외될 수는 없으나, '무엇을', '어떻게' 접근해야 하는가라는 질문으로 대변되는 '글로벌 감수성'에 더 관심을 두고 논의를 전개할 필요가 있다. 그렇다면 '글로벌'이 리터러시와 만날 때 요구되는 요소는 무엇인지 살펴보도록 하겠다.

우선, 글로벌 리터러시가 다양한 사회 현상과 문화에 대해 비평적이며 윤리적으로 참여하는 모습을 고려할 때, 표준화된 틀을 무조건 전제해야 한다는 뜻으로 이해될 수는 없다. '세계'와 관련된 많은 개념들은 전지구적 사회를 강조하며 세계를 하나의 공동체로 인식하여 논의되는 모습이 일반적인데, 이는 표준화된 잣대를 강조함으로써 이에 부합하지 않는 타국가를 일방적으로 평가할 위험성이 있기 때문이다. 우리가 일반적으로 '관용'으로 해석하는 프랑스의 똘레랑스(tolerance)도 문화의 상대성과 특수성을 존중하는 개념을 지니고 있기에 보편가치로서의 위상도 가질 수 있었다. 또한 세계시민을 강조하는 많은 교육철학들이 개인과 지역 차원의 삶에 대해 경시할 수 없다는 입장을 가지고 있음을 간과해서는 안된다(박순용, 2020). 그러므로 '글로벌'이 주는 표준화된 이미지 뿐 아니라 여러 국가의 특수성, 우리 지역에 대한 관심, 나에 대한 이해 등을 함께 고려해야 한다. 이는 결국 나에 대한 관심이 세계로 나아가는 길이라는 점을 의미하며 '세계 속의 나'를 형성하여, 나부터 지역 현안에 관심을 갖고 국제 사회의 문제까지 바라보는 세계관을 만들어가야 함이 강조될 수 있다.

나에 대한 이해는 일종의 '내적 평화(inner peace)' 개념으로 수렴될 수 있는데, 이는 증오·욕망·불안·걱정·고통 등이 부재하거나 미미하여 마음이 안정된 상태를 의미한다. 이와 같은 내면의 평화가 강조되는 이유는 평화라는 가치가 내부에서 출발해 외부로 퍼져 나가는 것으로 인식하는 동양적 사고관이 자리 잡고 있다. 이러한 맥락에서 내적인 평화는 외적인 평화와 연결되면서 타인과의 관계 및 사회 속에서 서로의 다양성을 인정하고 세계의 다채로운 역동성과 마주하게 된다. 그렇기 때문에 글로벌 리터러시는 '어떤 특정한 사회'에서 논의되는지에 관심을 두어야 한다. 세계를 읽고 해석하는 방식과 접근법이 일관된 사고로 출발하는 것이 아니라 다양한 사람들이 발을 딛고 사는 각자의 공간적 배경과 역사에 주목해야 하는 것이다. 우리나라의 경우, 냉전 시대의 흔적이 여전히 남아있는 한반도라는 공간 속에서 분단을 토대로 한 세계시민성이라는 독특한 개념을 전제해야 하고 이는 어떠한 렌즈로 세계를 읽어 나갈 것인가에 대한 질문과도 연결된다.

다음으로 우리가 보통 글로벌 스탠다드로 삼는 요소들이 무엇인가를 상기할 필요가 있다. 제2차 세계대전 이후 종결된 것처럼 보였던 식민주의는 신식민주의로 여전히 활개를 치고 있음을 간과할 수 없는데, 이러한 측면에서 살펴보면 세계시민주의는 재생산의 악령이 또 다른 형태로 진화할 수도 있음을 검토해야 한다(허창수, 2017). 특히 국제 사회를 이끌어 가는 몇몇 국가들이 중심에 서서 앞장서 온 논의들을 냉철한 시각으로 바라볼 필요가 있다. 남진숙(2024)은 확장된 리터러시 개념을 기반으로 세계시민교육으로서 리터러시 교육의 방향성에 대해 연구하였는데, 디지털 리터러시 개념에 주목하여 다양한 정보를 이해하고 비판할 수 있는 능력을 핵심에 두었다. 또한 이주호(2023)는 슈탈터(Stalder)의 디지털성 개념을 통해 디지털이라는 공간 안에서 인간 형성이 이루어지는데, 창의성과 더불어 비판적 성찰이 주요한 키워드가 되고 있음을 밝히기도 했다. 더 나아가 넘쳐나는 정보를 걸러내어 분석하고, 종합적으로 평가할 수 있는 비판적 리터러시가 현대 사회에 요구되는 능력이라는 점(Kaestle, 1991)을 상기해 본다면 글로벌 리터러시는 비판적 사고를 필수적으로 갖추어야 한다. 그렇기 때문에 글로벌 리터러시는 비판이론을 토대로 하는 교육의 필요성이 강조된다. 종속 및 해방 이데올로기를 냉철하게 바라볼 수 있는 자주적이고 책임성 있는 시민 양성에 지향점을 두어야 하는 것이다.

　마지막으로 글로벌 리터러시는 타자에 대한 이해와 공감 능력을 주요한 요소로 삼아야 한다. 이를 위해 국제 관계 속 갈등 문제를 '해결'의 차원으로 접근하는 것이 아니라, '조화'를 통한 해법 찾기에 주목해야 한다(오덕열, 2019). 그러나 국제 관계 속에서 강대국에 대한 지지가 아닌 약소국의 인권과 평등을 중심에 두는 자세 역시 필요하다. 그렇다고 해서 국제 사회의 약자라는 개념에 사로잡혀 가난한 국가의 어려움을 시혜적 입장에서 바라보는 것은 곤란하다. 국제 사회의 일원으로 함께 한다는 인식을 기반으로 국제 분쟁 문제에 접근해야 한다. 물론 이러한 사고들이 편안하게 펼쳐질 수 있는 안전한 공간의 확보가 전제될 필요가 있다. 결국 세상을 바라보는 시각은 개인의 인격형성으로부터 출발하는 것이다.

따라서 글로벌 리터러시에서 요구되는 요소들은 인격교육의 함의와 연결되어 있음이 확인된다. 인격교육은 자기지향 뿐 아니라 공감 및 친밀감에 주목한다(조정호, 2014). 또한 자율성을 확장해 나감에 있어 자기중심적 사고에서 타자중심적 사고의 변화를 지향한다(이계학, 1979). 이에 따라 '인격교육'은 '사람다움'의 가치를 중심에 두고(조정호, 2010), 서로 잘 어울리는 상태를 '아름다움'으로 정의하며, 각각의 '나'들이 어울림을 통하여 '우리'로 나아가야 함을 논의하고 있다(최봉영, 2008). 인격발달 모형은 [그림 1]과 같다. 인격의 발달은 주관성에서 객관성으로, 이기성에서 애타성으로, 타율성에서 자율성으로 변화되는 모습을 보인다.

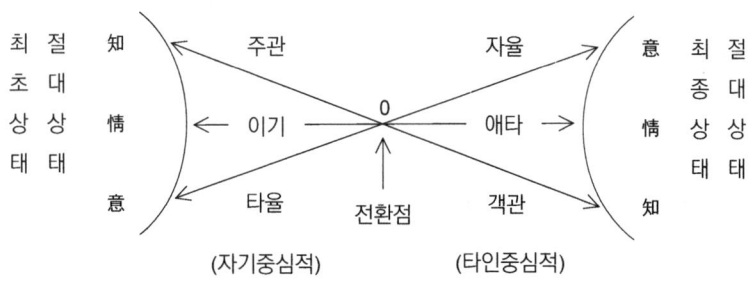

[그림 1] 인격발달의 모형(이계학, 1979: 52)

인격교육은 결국 나 자신을 '나답게' 만들고, '우리'라는 공동체를 이루어 가는데 있어 주체적인 자율성이 성장하는 데에 주목하고 있다. 즉, 사람다움으로 성장해 가는 과정 속에서 공동체에 관심을 두고 타자에 대한 공감을 자율적으로 실천하는 모습이 함양되는 것이다.

논의를 종합하여 정리하면, 글로벌 리터러시는 세계와 공감할 수 있는 역량을 읽어나가는 것을 의미하는데 조금 더 구체적으로 '글로벌 담론을 이해하고 해석하는 역량'으로 정의내릴 수 있다. 그러나 그 기반에는 미디어 및 비판적 리터러시가 토대가 되어 여러 역량이 포함되는 개념으로 바라봐야 할 필요가 있다. 이제 세계는 상호 연결되어 모두가 하나의 공동체로 인식되는 경향이 짙어졌고, 공동 의제도 자주 회자된다. 이에 따라 세계의 많은 문제들을 공감하고, 이에 대해 가슴 아파하고, 고민하고, 연대할 수 있는 자격이 세계시민으로서 요구된다. 이러한 측면에서 당연하다고 생각하는 것을 낯설게, 혹은 낯선 것을 친숙하게 바라봐야 하는 시각도 필요하다. 이렇듯 인격발달 과정에 있어 중요하다 생각할 수 있는 요소들이 글로벌 리터러시와 만날 수 있음을 확인하였다. 그렇다면 세계시민으로 성장하는 데에 목표를 두는 세계시민교육은 어떠한 과제를 갖고 있는지 검토하도록 하겠다.

3. 글로벌 리터러시와 세계시민교육의 과제

전술한 바와 같이 글로벌 리터러시는 세계의 다양한 문제를 이해하는 감수성을 높이고, 그에 대한 해결 방법들을 모색할 수 있는 역량을 함양하는 데에 목적을 둘 수 있다. 따라서 교육의 기능적 측면을 개념화하고 있다. 그러나 교육은 특정한 기능적 측면을 전달함으로써 완성되는 것이 아니다. 도덕적, 정의적 영역으로서 인격함양 및 인성적 측면을 바라봐야 한다. 즉 교육의 실천성이라는 관점에 볼 때, 글로벌 리터러시 함양은 세계시민교육(global citizenship education)의 주요한 목표로서 강조될 수 있다. 따라서 학습자들이 자신과 공동체 구성원들의 삶을 긍정적으로 변화시키는 주체가 될 수 있게 해주는 행동, 태도, 가치를 함양하도록 기술, 지식, 경험을 제공하려는 목적을 지니게 된다. 결국 세계시민교육은 교육을 통해 개인이 인류의 일원으로서 연대의식을 갖고, 지구촌 상황에 대한 인식을 바탕으로 다양성 존중과 평화의 가치를 실현하며 공존공영을 모색하려는 노력의 집약(박순용, 2020)이라 할 수 있다.

물론 세계시민교육은 개념의 명료화를 요구하는 배경 속에서 여전히 이에 대한 논쟁은 지속되지만, 한편 통일된 개념으로 하나의 정의로 수렴해 나가는 과정을 바람직하다고만 보지는 않는다(임현묵, 2020). 그러므로 세계시민교육의 다원성을 인정하며 각기 다른 시각과 관점들이 열린 토론의 장에서 논의되며 서로를 이해하는 방향으로 나아가고자 하는 모습을 지닌다. 이러한 맥락에서 세계시민교육은 이미 글로벌 리터러시의 개념을 자연스럽게 상정하고 있는 것이다. 한국에서 사용되는 리터러시라는 개념은 1950년대 '탈문맹'에서 1990년대까지의 '표준화된 리터러시'를 거쳐, 2000년대 이후 '다원적 리터러시'로 변화되는 양상을 띠고 있기 때문이다(조병영, 2021).

이러한 다학문적 접근 속에서 세계시민교육은 민주시민교육, 인권교육, 성평등교육, 평화교육, 다문화 및 문화다양성교육, 지속가능발전교육 등 인접 학문들과의 접점 속에서 주요한 연구 및 교육 주제들을 탐구해 왔다. 유네스코는 '훌륭한 세계시민(good glogal citizen)'의 조건을 '지식과 비판적 문해력, 사회적 연결, 다양성 존중, 윤리적 책임성, 적극적 참여' 등으로 정의(UNESCO, 2015)하고 세계시민교육과 연결된 학습목표를 [그림2]와 같이 제시하고 있다.

핵심 학습목표는 개인이 갖추어야 할 신념, 가치관, 세계관 뿐 아니라 비판적인 문해 역량 함양을 제시하고 있다. 이는 세계시민성 함양이 개인의 인격형성을 통해 비판적 역량을 신장시켜야 함을 간접적으로 의미하고 있다. 또한 세계를 나타내는 여러 개념들 사이에 사회정의의 가치가 토대가 되어야 하므로 이를 삶의 현장인 지역사회에서 모색해 낼 필요도 있다. 결론적으로 세계를 구성하는 '나'로부터 '지역', '국가', '세계'로 나아감을 지향해야 한다. 초국가적 세상을 바라보는 리터러시는 더 큰 공간을 살피기 위해 인간 개개인의 가치를 외면하는 것이 아니라, 오히려 잠식되어 있는 개인과 지역사회를 관심에 둠으로써 이 세계를 더 나은 공간으로 함께 만들어 나가고 있음을 강조하고 있다.

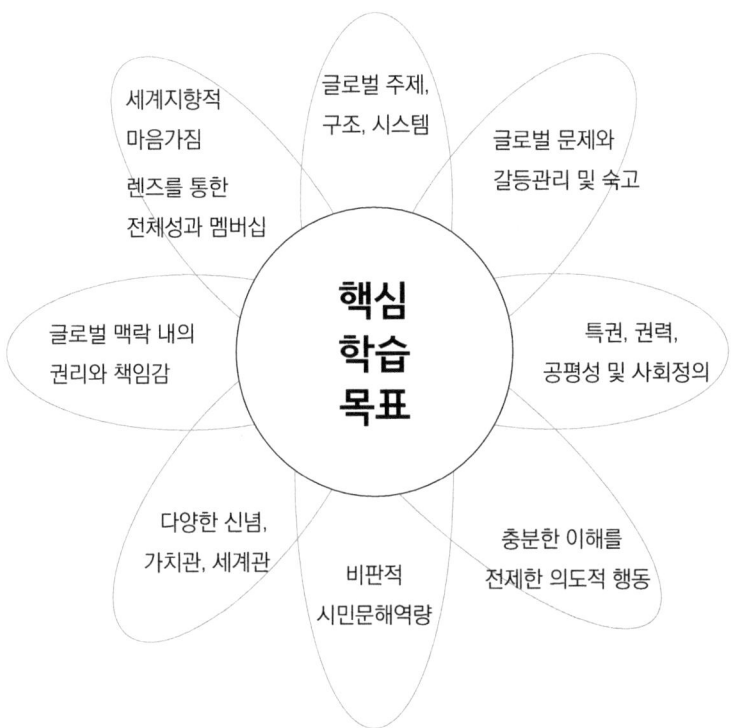

[그림 2] 세계시민교육과 연계된 학습목표(Evans et al., 2010; 박순용, 2020: 42에서 재인용)

그렇다면 이와 같은 주제들을 탐구하기 위하여 글로벌 리터러시의 요소를 기반으로 하는 세계시민교육의 방향과 과제는 무엇인지 살펴보도록 하겠다.

(1) 내적인 평화로부터 출발하는 주체성 형성

글로벌 리터러시의 주요 목표 중 하나는 자신 및 공동체 구성원들의 삶을 변화시킬 수 있는 주체가 되도록 역량을 함양하는 것이다. 이를 위해서 자기 자신을 먼저 성찰할 수 있는 환경이 마련되어야 한다. 갈등을 조율할 수 있는 '자기통제능력'은 폭력의 원인이 되는 자기 자신의 분노를 직시하게 만든다. 모든 인간은 자신의 감정을 표현하는 것뿐만 아니라 타자의 감정을 판단하며 살아간다. 이는 '거울 뉴런(mirror neuron)' 효과를 통해 타자와의 공감 능력을 설명하는 단초가 된다(한일조, 2010). 슬퍼하는 누군가를 만나면 슬픔에 공감하고, 화난 존재와 마주하면 화가 나고, 기쁜 사람을 만나면 기쁨을 공감할 수 있게 된다. 물론 모든 인간이 모방만 하지는 않기에 복사판과 같은 세상이 펼쳐지지는 않지만, '나'는 누군가에게, 또 다른 누군가는 나에게 영향력을 끼치는 존재가 되고, 이를 매개하는 역할은 공감 능력인 것이다. 결국 마음의 평온함은 타자와의 공감대를 더욱 넓게 확장하고 공동체회복의 단계까지 나아가게 된다. 인격의 발달은 나를 중심으로 사고하는 이기성에서 타자에 대한 이해에 기초한 애타성으로 나아가기 때문에 세계시민교육은 '세계'로부터 출발하는 것이 아닌 '나'로부터 출발해야 함을 명료화해야 한다.

결국 세계시민교육은 국제 사회의 갈등 전환을 위한 평화와 안정에 관심을 두고 있지만, 평화에 대한 개념은 내면적인 마음의 관점에서 접근할 필요가 있다. 이는 평화감수성 함양을 위한 교육적 과제로 수렴된다.

(2) 보편성과 특수성의 공존과 성찰의 자세

전술한 바와 같이 글로벌 리터러시는 디지털 환경에 맞는 비판적 사고를 기반으로 논의될 수 있다. 글로벌 리터러시를 담아내는 세계시민교육은 전 지구적인 문제를 향해 가는 참여적 학습을 표방하며 다양한 지식을 통해 교육과정을 구성하게 된다. 그러나 지식의 식민화를 통해 주변국 및 지역사회에서는 주체적인 학문을 형성하기에 한계가 있다는 비판점이 제기된다. 특히 서구의 글로벌 근대성에 자연스레 병합되어 보편성 담론에 매몰되어 버리면 지역 뿐 아니라 한국 사회의 주체성 역시 희미해질 가능성이 있다. 이는 비단 한국의 문제만은 아니다. 세계화를 배경으로 약소국의 불합리한 모습을 강대국의 시각으로 재단하게 되는 우를 범해서도 안 된다. 결국 세계시민교육은 글로벌 리터러시를 통해 보편성과 특수성의 공존을 항상 염두에 두어야 한다.

이를 위해 보편성에 내재하는 억압의 기제를 바라볼 수 있어야 한다. 그러나 이러한 비판의식은 타자에게만 향해서는 곤란하며, 자신에 대해 반성하고 성찰하는 태도 함양이 우선되어야 한다. 이와 같은 과정은 대화와 소통을 통해 형성될 수 있기 때문에 어떠한 논의든 공론화할 수 있는 안전한 공간의 확보가 전제된다. 국제 분쟁에 휘말려 있는 국가들의 이야기를 청취하려는 자세는 옳고 그름의 판단을 선행하기 보다는 경청을 통해 상황을 인식하고, 승패의 결과보다는 갈등 전한이라는 목표를 가지고 교육 현장이 운영되어야 한다. 결국 이러한 흐름은 내 주변에 있는 사람과 존재에 대한 공감 능력의 향상을 의미한다. 세계시민교육의 학습 목표에 제시된 권리와 책임감, 세계지향적인 마음가짐, 다양한 세계관, 충분한 이해 등의 키워드는 인격교육이 추구하는 타자 중심적 가치를 기반으로 한다.

(3) 지역 현안 중심으로부터 시작

글로벌 리터러시는 세계를 이해하고 해석하는 역량에 초점이 맞추어져 있지만, '표준화'에 매몰되어서는 안 된다. 앞서 검토한대로 표준화가 지닌 위험성은 오히려 표준화되지 않은 특정 단위를 불편한 존재로 가정할 수 있기 때문이다. 그러므로 세계시민교육은 공간적 개념을 '국제' 단위로 설정하기 보다는 내가 발을 딛고 사는 '지금-여기'의 개념을 경로해야 한다. 다시 말해 '세계'가 의미하는 탈국가 시민성은 세계시민과 지역시민을 엄밀하게 구분하는 것이 아니라 지역시민으로서의 세계시민을 상정해야 한다. 그러므로 지역 현안에 대한 사고와 판단으로부터 세계시민교육은 출발해야 하고 세계시민은 일상과 연결되어 있음을 강조해야 한다.

지역사회는 각각의 개인과 지구공동체를 연결해주는 주요한 단위이다. 실제로 삶을 영위하는 공간인 지역사회는 시민주의적 평등성과 지역 발전이라는 기대감을 수반한다. 그렇기 때문에 지역 구성원으로서 무관심 영역에 존재했던 갈등 요소가 변화 가능성을 통해 발전의 디딤돌로 전환되는 모습을 담아낸 시민교육적 논의는 지속적으로 요청된다. 물론 지역 발전에 국한된 협소한 개념만을 주요 논제로 상정하여 여러 형태로 연결된 국제적 관계망을 가리게 해서는 안 된다. 특히 지방도시 소멸이라는 국가적 위기에 봉착한 현 시점에서 지역사회로부터 시작하는 세계시민적 역량 강화는 공동체 및 지역 간 연대 차원을 넘어 함께 살아가기의 과정으로 나아가게 독려한다. 지역사회 간 연결이라는 측면에서 공유 가능한 다양한 현안들을 재고하는 역할도 더한다.

따라서 지역 거버넌스에 관한 주제들이 어떠한 맥락에서 국제사회와 연결될 수 있는지 방법을 모색하고, 국제기구의 역할은 어떠한 방향으로 나아가야 할지 고민하는 장이 열려야 한다. 이에 따라 보편적 가치들이 우리 지역에 잠재되어 있는 모습들을 탐구하고 전지구적 문제를 글로컬 시민의 역량 함양 측면에서 접근할 수 있다. 게다가 다문화사회로 급격하게 변화되고 있는 한국 사회는 다문화수용에 대한 의식을 주요한 쟁점으로 확인할 수 있으며, 생태위기와 기후 변화에 따른 환경 문제 역시 미시적 관점에서 접근 가능하다. 국제적으로 논의되는 환경 문제가 어떤 지점에서 우리 지역 환경에 영향을 끼치는지 사고한다는 측면에서 지역사회가 지닌 세계시민 역량은 바로 국제 사회의 일원으로서 갖추어야 할 역량과 맥을 같이 한다.

(4) 한반도 세계시민성의 고찰

세계시민교육에서 다양한 단위가 존중되어야 하고 여러 정체성이 존재해야 한다는 가정 하에 탈국가 시민성에만 주목하여 국가의 정체성이 희미해지는 것은 바람직하지 않다. 이에 따라 우리나라도 한반도 정체성이 기반이 된 세계시민교육의 윤곽을 잡아나갈 필요가 있다.

우리나라는 해방 직후 국가가 분단되면서 독특한 역사적 맥락과 마주하게 되었다. 이는 주권을 되찾아온 기쁨을 누릴 겨를도 없이, 한반도 이북 지역의 공산주의세력을 적대화 할 수밖에 없었던 현실로 방증된다. 결국 남한의 민주주의를 지키기 위한 시민성 담론은 유신시대에 형성된 민주시민교육의 출발선상에 놓이게 되었고(강순원, 2020), 탈분단을 논의하는 현재 이와 같은 시민교육의 패러다임은 전환될 필요가 있다. 한국의 근현대사 속에서 형성된 초기 애국적 민주시민교육과 민주화운동으로 대변되는 대항적 민주시민교육은 사회통합 및 민주사회를 지향하는 흐름을 갖고 있기에 다문화나 세계화의 흐름을 담아내는 개념으로 존립되기는 어려웠다(강순원, 2020). 이러한 배경 속에서 코이카(Koica) 등 공적개발원조(ODA)를 지향하는 시민단체들은 해외원조를 국제개발협력으로, 개발교육을 세계시민교육으로 개념적 전환을 추진하고, 실행하는 모습을 보였다. 또한 유네스코 아시아태평양 국제이해교육원을 중심으로 유네스코의 세계시민교육이 급속히 확산되기에 이른다. 이와 같이 세계시민교육은 민주시민교육과 한편으로는 공통점을 다른 한편으로는 차이점을 가진다. 즉, 민주시민교육은 정치적 일상화를 통한 민주적인 사회 건설에 목적이 있다면, 세계시민교육은 인류의 보편적 가치들을 추구하며 전 지구적인 평화 및 사회정의에 관심을 둔다(권순정, 2017).

이러한 측면에서 남북 분단은 한반도의 문제이기도 하지만, 더 나아가 아시아권의 지역 문제이기도 하고, 양극화 시기의 잔재물로 남겨진 세계사적인 문제이기도 하다. 그렇기 때문에 대한민국 국민을 뛰어넘어, 한반도 및 아시아의 시민으로, 세계시민으로 우리의 현재를 바라보아야 할 시각이 필요한 것이다. 따라서 한반도 평화를 함께 만들어가는 공동체 구성원으로서 북한, 아시아 주변국가, 국제사회 등을 염두에 두어야 한다. 조금 더 구체적으로 남북의 공동의제를 발굴하고, 복잡한 맥락 속에 얽혀있는 동아시아의 역사 문제를 공론화하여 평화와 협력을 지향해 나가야 하는 것도 세계시민교육이 지닌 과제이다. 한국에서의 세계시민교육은 한반도적 특수성과 국제 사회의 보편성, 글로벌 리터러시가 융합된 통합적 성격을 띤다. 그러므로 한반도 및 세계평화의 실현을 위해 국제사회와 연대하고 또 그 방안을 모색하며 실천할 수 있는 평화시민 양성에 목적을 두어야 한다(오덕열, 2018).

5. 나오며

세계시민교육의 글로벌 의제 형성을 지속적으로 주도해 온 대한민국은 2015년 이후 교육의 기본 원칙에 정당성을 확보하고 국가 교육정책 및 교육과정, 교사교육 등에서 주류적인 방향을 잡고 있다. 그러나 여전히 학교 현장에서 세계시민교육은 영어교사가 담당해야 할 정도로 '서구 중심의 세계화'에 발맞추는 경향도 있다.

그러나 세계시민교육은 전 지구적 영역의 쟁점들을 다루는 거대담론의 영역에만 갇혀있지 않다. 세계 읽기를 통해 글로벌 의제를 이해하고, 분석하며 해결방안을 모색하고자 하지만 지역 사회의 일상을 통해, 또 나의 성찰을 통해 접근할 필요가 있다. 이를 위해 글로벌 리터러시의 요소에도 주목해야 한다. 대량으로 생성되는 미디어 리터러시와 함께, 지식의 식민화를 냉철하게 바라볼 수 있는 비판적 리터러시가 주요한 기반이 된다.

이와 같은 접근은 인격교육이 지금까지 추구해 온 사람다움의 철학에서 출발할 수 있다. 결국 한 인간의 사람다움은 지역사회의 민주시민교육과 만나게 되고, 더 확장되어 전 지구적 문제를 탐구하는 세계시민으로의 성장을 가능케 한다. 인격이 발달하며 형성되는 타인중심적 가치관, 애타성 등은 타자와의 공감이라는 개념으로 전환되어 세계시민성의 근간을 이루게 된다. 결국 '나' 다움은 '우리'를 공동체의 일원으로 성장시키고, 지역사회의 현안을 탐구하며 세계시민의 역량을 함양하는 동력이 되는 것이다.

따라서 교육현장에서는 세계시민교육의 시작을 '나'를 바라보고 성찰하는 자존감과 가치관 형성에 두어야 한다. 타자를 바라보고, 내가 속한 지역사회와 국가를 생각할 수 있어야 글로벌 사회의 다양한 쟁점들을 보다 진정성 있게 마주할 수 있다. 이와 더불어 보편적 가치의 이해 속에서 각 공동체의 특수성이 소외되지 않았는지 살펴보는 비판적 시민의식의 함양을 주요한 목표로 삼아야 하기에 지구촌 사회에 일어나는 다양한 갈등 문제를 편하게 논의할 수 있는 안전한 공간을 확보하는 것도 중요하다. 더 나아가 지역 사회의 세계시민교육을 활성화하는 평생교육 차원의 고민들도 확대되어야 한다.

  세계시민교육이라는 이름 속에서 알 수 있듯이, 각각의 분야가 아닌 통합적 사고를 실천함으로써 성장하는 속성은 결국 세계를 '아름답게' 읽어나가고 '가치 있게' 만들어가는 글로벌 리터러시의 토대 안에서 일어난다. 그리고 그 철학 속에는 '사람다움'이 깃들어 있다.

참고문헌

- 강순원(2020),「한반도 평화시민성 교육담론: 분단시대 통일교육에서 평화시대 시민교육으로」,『국제이해교육연구』15(2), 한국국제이해교육학회.
- 권순정(2017).「도덕교육담론을 통한 시민성교육과 인성교육의 의미에 대한 연구」,『학습자중심교과교육연구』17(21), 학습자중심교과교육학회.
- 남진숙(2024).「확장된 리터러시 개념을 통한 세계시민교육의 방향성」,『교양학연구』27, 다빈치미래교양연구소.
- 박순용(2020),「세계시민교육 개념의 다원성」유네스코아시아태평양 국제이해교육원 엮음,『한국 세계시민교육이 나아갈 길을 묻다』, 서울: 살림터.
- 오덕열(2019),「평화감수성 함양을 위한 평화교육으로서의 통일교육 연구」,『인격교육』13(1), 한국인격교육학회.
- 이계학(1979),「인간발달의 최종상태에 관한 고찰」,『동대논총』9, 同德女子大學校.
- 이윤정(2024).「초등학생들의 뉴스 댓글 수용 양상과 뉴스 리터러시 교육의 시사점」,『사회과수업연구』, 12(2), 한국사회과수업학회.
- 이주호(2023),「디지털 세계 내 인간 형성 과정으로서의 교육: 슈탈더(F. Stalder)의 디지털성(Digitalität) 개념의 교육학적 시사점 고찰」,『교육철학연구』45(3), 한국교육철학학회.
- 임현묵(2020),「한국 세계시민교육의 이론과 실천 심화를 위하여」, 유네스코 아시아태평양 국제이해교육원 엮음,『한국 세계시민교육이 나아갈 길을 묻다』, 서울: 살림터.
- 조병영(2021),『읽는 인간 리터러시를 경험하라』, 서울: 쌤앤파커스.
- 조정호(2014),「라마단에 대한 인격교육적 해석」,『인격교육』8(3), 한국인격교육학회.
- 조혜경(2024),「통합 리터러시 교육을 위한 가능성 탐색」,『사고와표현』17(1), 한국사고와표현학회.
- 최봉영(2008),「한국인에게 아름다움은 무엇인가」,『정신문화연구』, 31(4), 한국학중앙연구원.
- 한일조(2010),「거울뉴런(Mirror Neuron)과 공감과 도덕교육」,『교육철학』41, 한국교육철학학회.

- 허창수(2017). 「비판교육학에 의한 세계시민교육의 이해」, 『한국콘텐츠학회 논문지』17(9), 한국콘텐츠학회.
- Kaestle, C. (1991). Standardization and diversity in American print culture, 1889 to the present. In C. Kaestle, et al. (Eds), literacy in the United States: Readers and Reading since 1880. Yale University Press.
- New London Group. (1996). A Pedagogy of Multiliteracies: Designing Social Futures. Harvard Educational Review, 66(1), 60-92.
- OECD. (2010). PISA 2009 Results: What Students Know and Can Do-Student Performance in Reading. Mathematics and Science, Vol. I, Paris: OECD.
- UNESCO. (2015). Global Citizenship Education: Topic and Learning Objectives. Paris: UNESCO.
- UNESCO. (2018). A Global Framework of Reference on Digital Literacy Skills for Indicator 4.4.2. Paris: UNESCO.

차이를 넘어 존중으로 나아가는 여정, 상호문화 감수성

문은희

1. 상호문화 감수성과 상호문화 발달단계

우리는 감수성의 세상에 살고 있다. 감수성(感受性)은 '외부 세계의 자극을 받아들이고 느끼는 성질(국립국어원 표준국어대사전)'로 정의된다. 최근에는 감수성이 배려심과 민감성이 요구되는 사회적 이슈에 따라 상호문화 감수성, 성인지 감수성, 인권 감수성, 환경 감수성 등 다양한 사회 현상에 대한 인식의 정도를 나타내는 용어로 사용되고 있다. 이 글은 그중에서도 다인종, 다민족 사회로 변화하는 한국 사회에서 점차 중요한 덕목으로 주목받고 있는 상호문화 감수성에 초점을 맞추고자 한다.

상호문화 감수성(Intercultural Sensitivity)은 타문화를 이해하고 열린 태도로 수용하며, 타문화와의 관계 속에서 적절한 사고와 행동을 실천하는 능력을 뜻한다. 이는 단순히 문화적 차이를 인식하는 데 그치지 않고, 상호 이해와 협력을 통해 문화적 갈등을 조율하며 상호 발전을 지향한다. Bennett는(1993) 이러한 상호 발전 과정을 거부(Denial), 방어(Defence), 최소화(Minimization), 수용(Acceptance), 적용(Adaptation), 통합(Integration) 등 여섯 단계로 나누어 상호문화 감수성 발달 모델(Development Model of Intercultural Sensibility, DMIS)을 제시하였다. 여섯 단계 중 1~3단계는 자문화중심주의 단계로, 이 단계에서는 상호문화에 대한 지식 부족으로 갈등이 발생하고, 문화적 맥락에 맞는 적절한 행동을 하지 못한다. 반면 4~6단계는 문화상대주의 단계로, 4단계부터 상호문화 능력이 나타나기 시작하는데, 이는 개인이 차이를 인지하고 서로 다른 관점에서 사물을 바라본다는 전제를 바탕으로 한다. Bennett는 이러한 단계를 통해 감수성이 발전한다고 설명하며, 문화적 차이에 대한 인지적·정서적·행동적 대응 능력을 향상할 수 있다고 주장한다.

본고는 상호문화 감수성의 정의와 중요성을 바탕으로, 다문화 접촉 경험을 성찰하며 상호문화 감수성을 함양하기 위해 필요한 태도와 실천 방안을 모색하고자 한다. 이를 통해 상호문화 감수성이 단순한 지식이 아닌, 시대적 요구에 부응하는 필수적인 역량임을 제시하고자 한다.

2. 사례를 통한 상호문화 감수성 성찰

1) 사례 1 – I'm from South Korea

나는 2021년 9월부터 2023년 6월까지 키르기스스탄 소쿨루크 세종학당에서 한국어 교원으로 근무했다. 키르기스스탄은 "중앙아시아의 스위스"라고 불릴 만큼 아름다운 자연경관을 자랑하지만, 도시와 시골 간 생활 수준의 격차가 큰 나라이다. 수도 비슈케크의 세련된 모습과 주요 관광지의 열악한 환경은 극명한 대조를 이룬다. 예를 들어, 수도의 고급 레스토랑은 포토존까지 갖춘 현대적인 화장실을 제공하는 반면, 도시 외곽에서는 나무판으로 엮어 만든 재래식 화장실이 대부분이다. 심지어 그런 화장실마저 건물에서 멀리 떨어져 있어 불편함과 불안감을 느끼곤 했다.

키르기스스탄은 다민족 국가로, 키르기스족이 인구의 절반을 차지하며 러시아인, 고려인, 둥간인[2] 등 다양한 소수민족이 공존한다. 여기에 중앙아시아라는 지리적 특성 덕분에 슬라브계, 아랍계, 페르시아계 등 다양한 민족과 다양한 국적의 사람들이 더불어 살아간다. 그래서일까, 낯선 이에게도 주저하지 않고 인사를 건네는 사람들을 자주 만날 수 있었다. 어디에서든 'South Korea'는 '엄지척'으로 환영받았고, 사진 요청을 받는 일도 종종 있어 마치 연예인이 된 듯한 착각을 경험하기도 했다.

---

2 중국 후이족 계통의 무슬림 집단을 가리키는 민족 분류

"Where are you from?"

"I'm from Korea"

"North? South?"

"South Korea"

키르기스스탄에서 남한인지 북한인지를 되묻는 상황을 처음 마주한 나는, 신기한 경험담으로 이곳저곳에 이야기하곤 했다. 한때 비슈케크에는 북한 대사관이 있을 만큼 북한과의 왕래가 잦았고, 북한 사람들이 많이 거주했지만, 현재는 일부만 남아 있다고 했다. 나는 추운 겨울을 보내면서 허리 통증을 심하게 앓은 적이 있었다. 키르기스스탄에서 20년 넘게 거주한 학당 관계자는 나에게 교민들 사이에서 유명한 한의원을 추천해 주었다. 한의사가 얼마나 침을 잘 놓는지 그동안의 미담을 듣던 중 북한 출신이라는 말에 나는 잠깐의 망설임도 없이 단호하게 거절하고, 대신 무면허 남한 출신 한의사에게 갔던 기억이 있다. 북한 사람과의 접촉이 외교적으로 문제가 될 수 있다는 소문도 있었지만, 사실 여부와 상관없이 '북한'이라는 단어에서 느껴지는 묵직한 반감 때문이었다. 흥미로운 점은 현지인들의 반응이었다. 그들은 나의 선택을 의아해하거나 설득하려 하지 않고, '그럴 수 있다'는 태도로 존중해 주었다. 이 경험은 상호문화 감수성의 중요한 요소인 '타문화의 행동과 선택을 존중하는 능력'을 배우는 계기가 되었다. 나는 북한이라는 단어에 감정적으로 반응하며 즉각적인 결정을 내렸지만, 그들은 나의 행동을 문제 삼지 않고 담담히 이해했다. 현지인들의 타문화에 대한 존중은 이뿐만 아니라 언제 어디서나 쉽게 만날 수 있었다. 이들의 태도는 내가 가진 무의식적 편견을 돌아보게 했고, 타문화를 이해하는 과정에서 감정적 반응이나 고정관념을 벗어나 객관적인 시각을 갖춰야 한다는 깨달음을 주었다. 키르기스스탄에서의 삶은 나에게 다양한 민족과 문화가 공존하는 환경에서 타문화를 존중하며 이해하는 자세를 유지하는 밑거름이 되었다.

2) 사례 2 - 키르기스스탄의 알라카추 문화와 상호문화 감수성

'키르기스스탄'을 검색하다 보면 '알라카추(Alaqachuu)'가 자주 등장한다. '알라카추'는 키르기스스탄과 카자흐스탄의 일부 지역에서 나타나는 전통적인 결혼 관습으로, 여성의 동의 없이 강제적으로 납치해 아내로 삼는 '납치 혼(bride kidnapping)' 문화다. 키르기스어로 직역하면 '잡아서 달아나기'라는 의미의 알라카추는 키르기스스탄 모든 지역에서 동일하게 적용되는 것은 아니다. 일부 지역에서 여전히 결혼 관습으로 남아있어 키르기스스탄은 2013년에 이를 불법으로 규정하고 형사 처벌 방안을 마련했다. 그러나 2021년 알라카추로 인한 자살 사건이 발생하면서 아직도 이를 묵인하거나 방관하고 있는 현실이 드러났다. 내가 지도했던 학생들 중에는 알라카추로 결혼한 부모님이 계셔서 알라카추 과정을 생생하게 들을 수 있었다. 현재 젊은 세대는 키르기스스탄에서 반드시 폐습해야 할 전통문화 1순위로 '알라카추'를 꼽으며, 납치 혼의 폐해를 알리고 법적 보호를 강화할 것을 지속해서 요구하고 있었다.

사실 납치 혼은 키르기스스탄뿐만 아니라 세계 여러 지역에서 찾아볼 수 있다. 중국의 패혼(掠婚), 일본의 유인혼(誘引婚), 그리고 옛 대한민국 조선시대에 '보쌈' 등이 그 예이다. 이들 모두 납치 혼이라는 측면에서 키르기스스탄의 알라카추와 유사한 결혼문화이다. 그런데도 일부 한국인들은 알라카추 결혼문화를 미개한 문화로 간주하며, 이를 근거로 키르기스스탄을 미개한 민족, 치안이 불안한 사회, 발전할 수 없는 나라로 표현하기도 했다. 그때를 생각하면 여전히 마음이 무겁다.

상호문화 감수성의 시각에서 보면, 키르기스스탄의 알라카추 전통문화를 '미개한 문화'로 비판하는 것은 두 문화 간 위계질서를 만들어 자신의 문화를 '우월한 것'으로 간주하고 타문화를 부정적으로 평가하는 전형적인 예이다. 이는 Bennett의 상호문화 감수성 발달 모델에서 '차이에 대한 방어의 단계(2단계)'에 해당하며, 문화를 '우리'와 '그들'로 구분하는 특징을 보인다. 되돌아보면, 한국의 공적개발원조 집중협력국(Official Development Assistance, ODA)인 키르기스스탄의 국제적 위치가 '빈민국=미개국'이라는 인식을 심어줬을지도 모른다는 생각이 들었다.

3) 사례 3 - 편견과 불편함의 경계

중국과 베트남 국적 유학생들로 북적이는 교내 편의점에 있노라면 여기가 중국인지, 베트남인지, 한국인지 헷갈릴 때가 있다. 외식하러 간 식당에서 "맛있게 드세요."라고 인사하는 외국인 아르바이트생의 한국어가 낯설지 않고, 출퇴근길에 마주치는 지하철 공사장의 외국인 근로자들은 마치 내가 해외에 있는 것 같은 착각을 불러온다. 외국인 정주에 시큰둥한 정부의 고용허가제 정책을 공부하던 기억이 엊그제 같은데, 이제는 중앙정부와 지자체가 지방소멸 문제를 해결하기 위해 외국인 정주 방안을 고민하고 있다. 많은 것들이 조용히, 그리고 빠르게 변화하고 있다는 느낌이다.

2년여 동안 외국인 근로자로 생활한 후 한국으로 돌아온 나는 캠퍼스에서 만나는 외국인 유학생들에게 종종 불편을 느낀다. 그 불편함은 특정한 행동이나 공간에서 발생하는 공공예절과 관련되어 있다. 연초 담배 연기를 흩날리며 캠퍼스를 거니는 모습이나 학생들이 머물다 떠난 강의실에 남겨진 흔적들(종이컵, 과자봉지, 유인물 등)은 눈살을 찌푸리게 했다. 학교는 흡연자를 위해 흡연 구역을 마련해 놓고 있지만, 캠퍼스 내에서는 금연이 원칙이다. 그래서 적어도 내게는 캠퍼스를 거닐면서 담배를 피운다는 것은 감히 상상할 수 없는 모습이다. 또한 내국인, 외국인 할 것 없이 먹다 남은 간식이나 쓰레기를 두고 가는 학생들이 있지만, 나는 유독 외국인 학생들이 떠난 자리에 더 많은 흔적이 남는다고 느꼈다. 이러한 확신은 12년 동안 공교육에서 학습한 '교실(강의실)은 깨끗하게 사용해야 한다'는 교훈이 내국인 학생들에게는 깊숙이 남아 있을 거라는 생각에서 비롯되었다.

하지만 상호문화 감수성에 관한 자료를 읽으면서 나는 '내 경험이 세상의 전부'라는 잘못된 확신을 가지고 있음을 깨달았다. 나이가 들수록 누적된 경험이 오히려 잘못된 편견과 선입견을 강화해 판단을 왜곡한다는 경각심으로 다가왔다. 내가 흡연 학생들에게 느끼는 불편함의 근본 원인은 무엇일까? 금연 구역에서의 흡연이 불편한 것인지, 기대하는 바람직한 행동에서 벗어난 것이 불편한 것인지, 아니면 그들이 외국인이라서 불편한 것인지 내 감정을 자세히 들여다볼 필요가 있었고 이 과정은 나의 편견과 선입견을 돌아보게 한 계기가 되었다. 흡연이나 강의실 청결 문제는 행동의 차원에서 발생한 것이지만, 이를 외국인 학생들과 연결 지어 판단한 것은 나의 선입견에서 비롯된 것이었다. 공공예절에 대한 기대는 문화적 배경과 교육의 차이에서 비롯된다는 점을 인지하면서, 개인적 혹은 문화적 맥락에서 이해하려는 태도가 부족했음을 깨달았다. 상호문화 감수성은 단순히 '다름'을 인정하는 것을 넘어, 그 다름을 나의 시각에서 벗어나 객관적으로 바라보고 상대방의 관점과 배경을 이해하려는 노력이다. 이 성찰의 과정에서 나는 상호문화 감수성은 한 번에 완성되는 것이 아니라, 지속적인 경험과 성찰을 통해 조금씩 나아가는 과정이라는 것과 내 안의 선입견을 내려놓으니 외국인 학생들을 바라보는 시선이 조금은 너그러워졌음을 느낄 수 있었다.

3. 실천적 상호문화 감수성을 고민하며

상호문화 감수성은 우리에게 다음과 같은 질문을 던진다. '타문화를 수용하고, 존중하는가? 다양한 문화적 맥락 내에서 문화적 차이를 민감하게 인식하고 나의 행동을 타문화에 맞춰서 적절하게 조절할 수 있는 능력을 갖췄는가?' 상호문화 감수성은 지속적인 교류와 자아 성찰을 통해 긍정적이고 적절한 태도를 개발하는 개인의 역량이다. 이러한 상호문화 감수성을 증진하려면 상호문화 의사소통 상황에서 자신의 상황을 신속하게 판단하고, 그에 맞는 적절한 행동이 무엇인지 점검하는 능력이 필요하다. 이상적인 상호문화 능력을 갖춘 개인은 다문화 사회에서 문화적 갈등을 해결할 수 있으며, 모문화와 타문화를 균형 있게 이해하고, 상호문화적 관점과 비판적 사고를 통해 문제를 인식하고 해결할 수 있다.

현재 글로벌 시민교육을 포함한 한국 사회의 다문화 교육의 궁극적 목표는 상호문화 교육을 지향한다. 교육은 문화적 차이가 존재한다는 사실을 인지하게 하는 효율적인 방법이다. 이는 사회구성원들이 주변 문화에 대한 이해를 증진해 편견을 줄이고, 인종주의, 차별, 문화적 불평 등에 대해 비판적 시각을 가지도록 돕는다. 또한 자민족중심주의 시각에서 벗어나 문화상대주의적 시각으로의 전환을 목표로 한다. 이 과정에서 핵심이 되는 것이 바로 상호문화 감수성이다. 개인이 문화적 차이를 어떻게 바라보느냐의 문제는 단순히 차이를 인지하는 것에 그치지 않고, 이를 수용하고 내면화하여 행동으로 이행하는 과정이다. 따라서 상호문화 감수성 교육은 문화들 사이에 차이가 있다는 사실을 알려주는 데 그치지 않고 태도와 행동을 이끄는 것에 효과적이다. 그런 점에서 상호문화 감수성 교육의 출발은 문화적 차이를 정확하게 이해하는 데 있다.

키르기스스탄은 2024년 기준 1인당 국내총생산(Gross Domestic Product, GDP)이 1,922달러로, 고용허가제를 통해 한국으로 인력을 송출하는 16개국 중 하나다. 수도 비슈케크를 벗어나면 한국의 70~80대와 비슷한 모습을 쉽게 찾아볼 수 있다. 이러한 통계와 환경만 보면 경제적으로 빈곤한 국가로 보일 수 있지만, 내가 경험한 키르기스스탄 사람들의 타문화에 대한 이해와 존중은 절대 뒤처지지 않았다. 이 지면에 키르기스스탄에서의 상호문화 교류 경험을 모두 담아낼 수 없지만, 북한에 대한 나의 선택을 존중하고 남한의 문화를 이해하려는 그들의 태도는 나에게 상호문화 감수성을 돌아보는 계기가 되었다. 이에 대해 감사의 마음을 전하고 싶다. 끝으로 키르기스스탄에서 만났던 독립세대 고려인의 인터뷰를 소개하며 글을 마무리하고자 한다.

"국가와 민족은 저에게 동등하게 중요합니다. 국가는 한 사람의 삶에서 중요한 역할을 합니다. 살고 있는 나라의 문화와 언어를 배웁니다. 민족은 태어난 가족에 의해 결정됩니다. 태어날 때부터 가족의 특징과 문화를 받아들입니다. 그래서 저는 러시아어를 사용하는 키르기스스탄 사람이고 민족은 고려인입니다. 한국 사람은 고려인을 '우리

민족'이라고 하는 사람도 있지만 '고려인은 다른 나라에서 살아서 다문화'라고 생각하는 사람도 많습니다. 어렸을 때는 이런 말이 저에게 상처가 될까 봐 한국에 못 갔습니다. 지금은 이런 다양한 의견들이 있는 사람들을 만날 준비가 되었습니다. 어떤 의견이든 듣겠지만, 국가나 민족에 대해 공격적으로 말하는 사람들과 다투지 않을 겁니다. 왜냐하면 이것은 국가나 민족에 해당하지 않고 개인의 특성입니다. 사람들은 다양합니다. 좋은 사람일 수도 있고 나쁜 사람일 수도 있습니다(독립세대 고려인 A)."

"나쁜 민족은 없으며 나쁜 사람만이 존재합니다. 각 사람은 자신의 의견과 이해가 있습니다. 또한 사람마다 다른 사고방식이 있습니다. 민족이나 국적마다 다른 사고방식을 갖는 것이 아니고 개인마다 다양한 사고방식을 가지고 있다고 생각합니다. 그래서 한국 사람들에게 말하고 싶습니다. 그것은 '한국에서 일하는 고려인들을 나쁘게 보지 마세요'입니다. 그 이유는 공장이나 공사 현장은 고려인들이 일하는 곳입니다. 고려인에 대한 태도가 나쁩니다. 고려인들이 열심히 일하지만, 임금을 낮추고 작은 실수로 해고합니다. 고려인들은 어떤 의견도 가지지 못하고 고려인의 말을 들어주지 않습니다. 동료라고 생각하지 않습니다(독립세대 고려인 B)."

참고문헌

- 김영순·최승은(2016). 「상호문화학습의 실천적 내용에 관한 탐색적 연구」, 『언어와 문화』 12(2), 한국언어문화교육학회.
- 장현정(2019), 「상호문화 감수성 함양을 위한 소설교육 방안」, 인천대학교 석사논문.
- Bennett, M. J. (1993). Towards ethnorelativism: A developmental model of intercultural sensitivity. Education for the intercultural experience, ME: Intercultural Press.
- Chen, G. M. & Starosta, W. J. (2000), The development and validation of the intercultural sensitivity scale. Human Communication, 3, 1-15.

저자 소개

강영훈　호남대학교 인문사회과학연구소 전임연구원

　전남대학교 국어국문학과 문학박사, 「한국 다문화 사회에 대한 서사적 진단과 전망」으로 박사 학위를 받았으며, 최근에는 사회 현실을 반영하고 해석하고 있는 텍스트들에 관심을 두고 공부하고 있다. 대표 논문으로 「스포츠와 미디어 리터러시: 미디어에 나타난 은유적 함의」, 「소수자 담론을 사유하는 웹툰의 방식: 네이버 웹툰 <어서오세요. 305호에>를 중심으로」, 「웹툰이 재현하는 청소년 성장 서사와 가족 공동체에 대한 성찰: 네이버 웹툰 <집이 없어>를 중심으로」 등이 있다.

고현범　호남대학교 인문사회과학연구소 전임연구원

　고려대학교 철학과 철학박사, 「헤겔 '논리의 학'에서 "우연성" 개념」으로 박사 학위를 받았으며, 최근까지 주체성이란 주제를 두고 헤겔 철학과 현대 철학을 연구하고 있다. 대표 논문으로 「헤겔 철학 체계에서 우연성과 주체 구성의 관계」, 「정치적 도야와 혁명-지젝의 헤겔 해석을 중심으로」, 「누스바움의 혐오 회의론」, 「칸트 미학에서 순수한 추는 가능한가?」 등이 있으며 대표 저역서로는 『휴대전화, 철학과 통화하다』, 사이먼 블랙번의 『생각』, 『선』, 스티븐 툴민의 『논변의 사용』 등이 있다.

문은희　호남대학교 인문사회과학연구소 전임연구원

　원광대학교 사회복지학과 사회복지학박사, 「장애청소년 양육자의 양육경험에 관한 합의적 질적 연구」로 박사 학위를 받았으며, 2021년부터 2023년까지 키르기스스탄에 거주하며 고려인 디아스포라와 정체성 리터러시 등을 연구하였다. 이와 함께 러시아어로 출판된 『극동 고려인 강제이주 70년 회고록: 세대를 통한 생명의 길』을 한국어로 번역하는 작업도 진행하였다. 주요 연구 대상은 여성 결혼이민자, 장애 아동 양육자, 중국 출생 북한이탈주민 자녀, 청소년기 고려인, 외국인 유학생 등 사회적 소수자였으며, 최근에는 돌봄 종사자를 중심으로 '좋은 돌봄'에 대한 연구를 이어가고 있다.

박종현　호남대학교 건축학부 교수

　홍익대학교 건축학과 박사, 「현대건축에서 나타나는 전위와 소비의 양가성에 관한 연구」로 박사 학위를 받았으며, 20세기 아방가르드 예술, 소비사회, 계급사회, 패션과 연관된 현대건축에 대한 관심으로 건축입면의 표현성과 도시의 경관에 대하여 연구하고 있으며, 최근에는 건축의 문화적 옴니보어 현상을 규명하고자 하고 있다. 대표논문으로는 「고급문화로서의 현대건축의 비생산적 소비」 등이 있다.

서진영　작가

제주대학교 관광개발학과를 졸업하고, 명지대학교 사회교육대학원에서 여가경영학으로 석사 학위를 받았다. 줄곧 전통문화, 문화유산, 지역문화에 관한 프로젝트에 참여했고, 그 결과물을 글로 써냈다. 근대 문화유산을 따라가는 여정을 담은 『하루에 백 년을 걷다』, 공예 무형문화유산 12인의 장인 정신을 담은 『몰라봐주어 너무도 미안한 그 아름다움』, 도시의 매력을 소개한 『부산 온 더 로드』 『서울, 문화를 품다』, 한국을 대표하는 노포를 취재한 『또 올게요, 오래가게』, 우리 삶에서 '로컬'을 찾아내기 위한 모색으로 『로컬 씨, 어디에 사세요?』를 썼다. 사람과 이야기를 좇아 계속해서 탐색하고 기록하는 일을 하고 있다.

오덕열　연세대학교 교육연구소 전문연구원

연세대학교 교육학과 교육학박사, 최근에는 '시민교육, 소수자 인권, 평화학, 북한학, 질적연구'를 주제로 연구를 하고 있다. 대표 논문으로 「민주시민교육, 다문화교육, 평화교육을 통해 본 통일교육의 방향과 과제. 교육연구」, 「다문화교육, 평화교육을 통해 본 통일교육의 방향과 과제」, 「민주시민교육, 다문화교육, 평화교육을 통해 본 통일교육의 방향과 과제」, 「지역 사회 세계시민 역량 지표 개발에 관한 델파이 조사 연구: 인천시 Y구 사례를 중심으로」, 「평화교육 분야 질적연구의 현황과 과제: KCI 게재 논문을 중심으로」 등이 있으며 대표 저역서로는 『평화교육 과거, 현재 그리고 미래를 그리다』, 『질적연구. 분야별 접근』 등이 있다.

윤민아   호남대학교 유아교육학과 교수

한국교원대학교 유아교육전공 교육학박사, 「폴 리쾨르의 3중의 미메시스론에 근거한 유아의 내러티브 정체성 형성 연구」로 박사 학위를 받았으며, 최근에는 디지털 교육에 관심을 두고 연구하고 있다. 대표 논문으로는 「유아교사의 디지털 놀이에 대한 인식 탐색」, 「디지털 활용 교육 경험을 통한 유치원 교사의 디지털 역량 탐색」, 「디지털 전환 시대 도래에 따른 생애 초기 학습자의 디지털 역량 탐색」, 「디지털 세상에서 유아교사로 살아가기」 등이 있으며, 대표 저서로는 「유아교육기관에서의 디지털 놀이와 활동」, 「유아교육기관에서의 디지털 업무」 등이 있다.

윤 영   호남대학교 글로벌한국어교육과 교수

연세대학교 한국어교육학 박사, 「한국어 교육에서 영화를 활용한 소설 교육 연구」로 박사 학위를 받았다. 한국어교육 내 문화교육과 문학교육을 연구하고 있으며 대표 논문으로는 「한국 민담 속 주요 가치와 한국어교육에의 활용 모색 - <해와 달이 된 오누이>를 중심으로-」, 「Current Status and Future Directions of Korean Language and Cultural Education for Multicultural Members : Focusing on Marriage Immigrants and Children of Multicultural Families」 등이 있다.

이현정   호남대학교 언어치료학과 교수

이화여자대학교 언어병리학과 박사,「잠재프로파일분석을 적용한 5~7세 아동의 언어능력에 따른 집단 탐색」으로 박사 학위를 받았다. 현재 전남대학교 국어국문학과에서 공부하면서 언어와 의사소통장애 분야를 연구하고 있다. 최근 논문으로는「학령전기 말소리장애 아동의 음운인식능력에 따른 음운처리능력과 언어능력」,「가상현실과 인간의 몸, 정체성, 상호작용」 등이 있다.

장윤경   호남대학교 간호학과 교수

연세대학교 간호학 박사,「Andersen의 취약계층 행동모형을 기반으로 한 다문화 부부의 건강 삶의 질」로 박사 학위를 받았으며, 보건정책, 건강증진, 건강형평성을 주요 분야로 하고 있다. 2015년부터는 세계시민동아리 오다가다(ODA가다)를 구성하여 대학생들과 세계시민성을 기반으로 UN의 지속가능발전목표를 학습하고 실천해 오고 있다. 또한 광주광역시 지속가능발전협의회 지속가능발전교육(ESD)위원장을 맡아 대학생, 시민강사, 교원연구회, 시민사회단체 등 다양한 영역에서 지속가능발전 실천을 위한 활동을 진행하고 있다.

장은영 　호남대학교 상담심리학과 교수

　성균관대학교 심리학과 철학박사, 타인과의 비교가 개인의 정서와 의사결정에 미치는 영향을 주제로 박사 학위를 받았으며, 임상심리전공으로 심리장애를 겪는 사람들을 평가하고 치료하는 작업을 주로 수행하여 왔다. 최근에는 긍정심리이론에 근거하여 스트레스, 외상 및 우울완화 방안을 주제로 연구하고 있다. 대표논문으로 「Mediating role of self-compassion in the association between moral injury and depression among Korean youths」, 「한국 청년세대의 능력주의적 공정 신념과 자기자비의 역할」이 있으며 대표 저서로는 『젊은이를 위한 정신건강』 등이 있다.

정미선 　전남대학교 인문학연구원 HK연구교수

　전남대학교 국어국문학과 문학박사, 「문화지리적 이종공간의 서사적 위상학」으로 박사 학위를 받았으며, 최근에는 페미니스트 지식사회학의 여러 개념들을 바탕으로 서사공간 안팎을 연구하고 있다. 대표 논문으로 「동시대 한국소설에 나타난 퀴어 즐거움의 서사적 의미망과 퀴어 느낌의 정치」, 「『독신녀』의 영화화에 나타난 1970년대 한국 문화의 젠더 정치」, 「차원을 증여하는 헤테로토폴로지의 문학—조세희 소설에 나타난 공간과 시간의 문제」 등이 있다.

좌현숙 호남대학교 사회복지학과 교수

서울대학교 사회복지학과 사회복지학박사, 「빈곤청소년의 적응유연성: 심리, 사회, 학교 간 종단적 상호작용」으로 박사 학위를 받았다. 아동 및 청소년 발달, 정신건강 분야를 연구하며 최근에는 가족돌봄청년, 자립준비청년, 아동학대에 대한 연구에 관심을 가지고 있다. 최근 논문으로는 「가족돌봄청년의 경험에 대한 맥락-패턴분석: 대리가정위탁보호아동에서 가족돌봄청년으로의 전환」, 「자립준비청년의 우울감이 자립수준에 미치는 영향과 사회적 지지의 조절효과」가 있다.

진시원 부산대학교 일반사회교육과 정치학 교수

고려대학교 철학과, 영국 켄트대학교(국제정치학 석사), 영국 워릭대학교(정치학 박사)에서 공부했다. 최근에는 정치교육, 민주시민교육, 주권자교육, 다문화교육, 시민주권교육 등에 관심을 두고 공부하고 있다. 대표 저서 및 공저로는 『세계화 시대의 정치학』, 『세계화 시대의 국제정치경제학』, 『한국의 국제정치경제』, 『정치교육의 이해』, 『왜 시민주권인가?』 『시민주권과 민주시민교육』, 『국제사회의 이해』, 『다문화주의, 다문화교육, 이데올로기, 민주주의』 등이 있다.